UN DÉBUT

A L'OPÉRA

UN DÉBUT
A L'OPÉRA

ÉTUDE

PAR

ERNEST FEYDEAU

QUATRIÈME EDITION

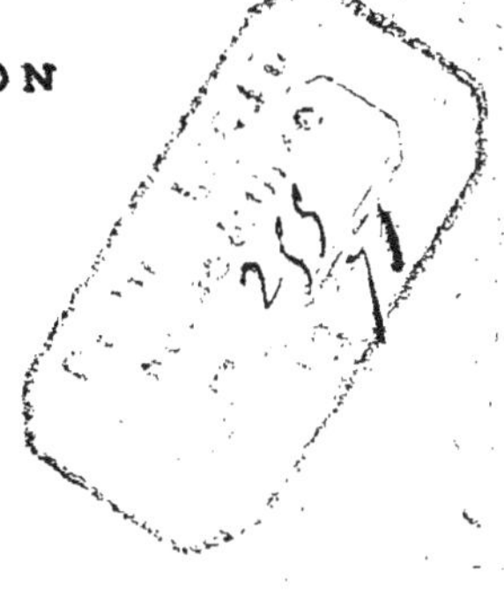

PARIS

MICHEL LÉVY FRÈRES, ÉDITEURS

RUE AUBER, 3, PLACE DE L'OPÉRA

LIBRAIRIE NOUVELLE

BOULEVARD DES ITALIENS, 15, AU COIN DE LA RUE DE GRAMMONT

1871

Droits de reproduction et de traduction réservés

A MON FRÈRE

PRÉFACE

QUE POURRA PASSER LE LECTEUR

L'AUTEUR NE L'AYANT ÉCRITE QUE POUR LUI-MÊME ET QUELQUES-UNS
DE SES INTIMES

I

C'est une chose véritablement singulière que la facilité avec laquelle, en écrivant un roman, on se persuade raconter une *histoire vécue*. L'illusion, indépendante de votre volonté, s'empare de vous dès les premières pages, et elle vous accompagne jusqu'à la dernière, vous soutenant pendant toute la durée de votre travail, si long et si hérissé qu'il soit de difficultés. Grâce à elle, chacun des types nécessaires à la confection de l'œuvre vient prendre corps, en son temps, sous votre plume ; les incidents se succèdent dans un ordre mystérieux, se nouant et se dénouant, retracés tous en vue d'une suprême péripétie ; l'auteur oublie sa personnalité, ou plutôt il la met volontairement de côté pour entrer successivement *dans la peau* de chacun de ses personnages ; et tour à tour, changeant de sexe et d'âge, il devient femme, enfant ou vieillard ; il se fait ridicule, grotesque ; il se sent le cœur large ou perverti, la conscience droite ou faussée, l'âme élevée ou grossière ; il vit ainsi, en même temps, d'un nombre quelquefois infini d'existences ; il éprouve toutes les émotions qu'il exprime, pleure avec l'un, rit avec l'autre, s'irrite, plaisante, change d'humeur et de caractère de page en page, toujours dominant son œuvre cependant, la conduisant insensiblement vers le terme qu'il s'est assigné à l'avance ; et, comme si, en écrivant, il était pourvu de deux âmes dont l'une juge, dirige, et l'autre exécute, il est réellement à la fois ouvrier et créateur ; créateur surtout, car, son œuvre fût-elle détestable, elle sort de lui tout entière, et, en la procréant, il accomplit la plus haute fonction de l'homme.

Entre tous les plaisirs qu'on puisse goûter sur la terre, je ne crois pas qu'il en existe de plus sain et de plus charmant.

Malheureusement, à peine le roman est-il terminé, que l'illusion s'envole et le plaisir cesse. Au rebours de la mère, qui ne jouit véritablement de son enfant qu'après l'avoir mis au monde, l'écrivain ne possède son livre que pendant la durée de la gestation. Une fois achevé, il ne lui appartient plus, il appartient à *tout le monde*. Le public, plus ou moins bien disposé, qui n'a coopéré en rien à son exécution, le prend et le juge à son point de vue, d'après sa passion du moment ou son caprice. Et c'est alors que pour le malheureux auteur commence un supplice particulier qui n'a d'équivalent nulle part.

En effet, on lit son livre superficiellement, en courant, et le plus habituellement on ne le lit même pas, on le feuillette. Consent-on à l'étudier, c'est avec défiance. Jamais on n'a cette idée, si simple pourtant, de s'abandonner au récit que vous fait un homme invisible, dont l'unique but est de vous distraire. Ce qu'on veut, avant tout, c'est le prendre en flagrant délit d'invraisemblance, afin de bien constater son infériorité. Ce qu'il dit, on voudrait que ce fût dit autrement; ce qu'il ne dit pas, on l'accuse de le laisser soupçonner. Son intention ne va pas plus loin que raconter une histoire qui lui paraît intéressante, que peindre ce qui est, ou, pour parler modestement, ce qu'il croit être; en le faisant, il n'entend ni approuver, ni blâmer, ni enseigner : il expose simplement l'enchaînement de certaines actions, de certains sentiments, et c'est par là seulement, comme le dit le grand Gœthe, « que cette peinture peut nous instruire. » Le public ne veut pas admettre tant d'humilité; il cherche *la petite bête* dans le livre le plus naïf. Selon lui, il ne se peut pas qu'un auteur ait noirci un certain nombre de feuilles de papier sans avoir voulu prouver quelque chose, et enfin, laissant rigoureusement de côté la seule question à examiner dans une œuvre d'art, qui est celle de l'exécution, le public ne juge pas l'ensemble d'un livre d'après le plus ou le moins de plaisir et d'intérêt que lui a causé sa lecture, mais seulement, et toujours, et avec une telle ténacité, que cette persistance dans le parti pris devient une véritable persécution pour les écrivains, en se plaçant au point de vue d'une chose excellente en elle-même, mais absolument étrangère à l'art : je veux parler de *la morale*.

Je ne sais s'il en a été ainsi de tout temps; mais, je suis obligé de le dire, les artistes sincères, qui ont horreur de la banalité, du *convenu*, qui n'admettent pas de concessions aux principes de l'art, sont profondément malheureux aujourd'hui. Tous déplorent les absurdes obligations que l'hypocrisie, l'erreur et la mauvaise foi leur imposent. Ils n'osent toujours s'en plaindre tout haut, mais ils ne cessent d'en gémir entre eux. Ce sujet douloureux est celui qui revient le plus souvent dans leurs discussions : ils ne tarissent pas plus là-dessus que les exilés sur le regret de la terre natale.

Depuis quelques années surtout, il semble qu'une véritable coalition ait été formée contre les artistes. Les étranges devoirs qu'on leur prescrit ont pris, sous la plume de certains critiques, un caractère parfaitement accusé d'intimidation. On ne leur demande plus seulement de se proposer la morale pour unique but de l'art, on exige qu'en écrivant ils se conforment aux principes de je ne sais quel goût, sous prétexte de convenances; et enfin on leur défend de peindre aucun caractère odieux, aucun de ces *tableaux affligeants pour l'esprit*, et capables, dit-on, de détourner les lecteurs du *sentier de la vertu;* comme si la peinture du mal et celle de son inévitable châtiment avaient l'étonnant privilége de roussir les ailes des honnêtes gens, étourdis papillons inflexiblement attirés par la flamme d'une chandelle!

Et ce ne sont pas seulement les critiques qui soutiennent aujourd'hui ces principes puérils; on les prône à l'Académie, on les propage dans les cours publics, on leur donne même quelquefois la sanction des discours officiels. Nous en sommes arrivés à tel point, qu'on rencontre maintenant dans les journaux des phrases dans le goût de celle-ci :

« On sait que les questions d'art nous importent peu ; les apparences ou le bruit ne nous attirent pas; nous cherchons la place d'observations utiles. »

Et celle-ci encore :

« A propos des œuvres littéraires, nous négligerons la question d'art. Derrière l'art, il y a toujours quelque chose de plus sérieux et de plus important que lui; rarement quelque chose de bon à l'époque où nous sommes. »

Et celle-ci enfin :

« Que ce livre soit bien ou mal *fagoté* comme littérature, comme art, nous ne nous en soucions ni peu ni prou, et nos lecteurs pas davantage. Le symptôme moral que représente l'œuvre nous touche seul. »

On n'eût pas parlé autrement à Thèbes, capitale du charmant pays de Béotie.

Cette question de la morale dans l'art m'avait toujours semblé assez niaise, et, chaque fois que je la rencontrais dans un livre ou dans un journal, je me hâtais de suspendre ma lecture, étant de ces gens qui tiennent comme teigne à leurs opinions et ne veulent point en démordre. Cependant un jour arriva où force me fut de lui accorder un peu plus d'attention qu'elle n'en mérite. On s'était si bien servi d'elle pour me traiter de haut en bas, à l'occasion de chaque volume que je publiais ; on me l'opposait si constamment et avec des airs si tranchants, que je voulus enfin en avoir le cœur net, et, afin de commencer par le commencement, je me mis à chercher quel pouvait être « le mortel assez abandonné des dieux » pour avoir le premier donné cours à cette énorme absurdité. A ma grande surprise, au moment où je croyais rencontrer quelque vulgaire songe-creux, je me trouvai nez à nez avec un homme de génie. En effet, c'est au sage Platon que revient l'honneur de l'étrange billevesée de la morale dans l'art.

C'est lui qui, le premier, eut cette idée sublime
de bannir les poëtes de sa république, sous prétexte
« qu'ils ne cherchent à plaire qu'à la partie frivole de
l'âme, qu'ils énervent les âmes et détruisent l'empire de la raison. » C'est lui qui, le premier, émit ce
principe étonnant, « que le but de tous les arts, de
la peinture, de la sculpture, de l'architecture, de la
broderie!... n'était autre que de rendre les mœurs
belles et bonnes. » C'est lui enfin qui, ne voulant admettre dans l'État d'autres ouvrages que les hymnes
en l'honneur des dieux et les éloges des grands hommes, contraignait les poëtes à offrir au public, « dans
leurs vers, un modèle de bonnes mœurs, ou à n'en
point faire du tout. »

J'avoue que je fus un peu ébranlé dans ma con-
viction en apprenant que l'immortel Platon était mon
premier adversaire, et déjà je rêvais de faire un
auto-da-fé de mes romans pour composer des
« hymnes en l'honneur des dieux » et entreprendre
l'éloge de M. Pelletan, lorsque je réfléchis que les
idées de Platon sur la morale dans l'art étaient en
tout conformes à celles qu'il avait émises sur la légis-
lation et la politique, et que je n'étais tenu d'obéir
aux premières qu'autant que les dernières auraient
chez nous force de loi. Or le projet de république
de Platon n'a pas, que je sache, beaucoup de chance
de s'introniser jamais en France. Cette république,
où le mensonge est permis aux magistrats, *pour le*

bien — Ignace de Loyola devait avoir lu Platon; — où l'on condamne à mort tous ceux dont le corps est mal constitué — Jésus-Christ l'avait lu peut-être; heureusement, cette lecture le séduisit peu; — où l'on pose pour premiers principes la communauté des biens et des femmes, lesquelles femmes devront « quitter d'ailleurs leurs vêtements, et aller nues, la vertu devant leur tenir lieu de robe et de chemise: » cette république où « les enfants doivent être conduits à la guerre, et où l'on doit leur faire, en quelque sorte, boire le sang, comme on fait aux jeunes chiens de meute; » où les femmes iront également à la guerre, mais seulement en cas de besoin, et dont les citoyens devront s'abstenir de tout excès dans le rire et dans les larmes, cette république me parut choquer nos habitudes et notre bon sens par trop de points pour que nous essayions jamais d'en tâter. —Alors, me dis-je, pour quelle raison, moi indigne, mais homme de bon vouloir et de bonne foi, irai-je renier mes convictions pour suivre l'une des plus oiseuses de ses lois? Passe encore si les illuminés qui la prônent avaient la triomphante idée de nous imposer en même temps toutes les autres!

Cependant il ne pouvait me suffire de connaître l'inventeur de l'énormité dont quelques braves gens se servaient pour me ravaler et me cribler de sarcasmes. A leurs yeux, j'étais devenu une sorte de bête noire, de brebis galeuse, qu'on n'eût pas dû se con-

tenter d'exiler selon la recommandation de Platon,
mais qui était tout au plus bonne à *finir sur les bancs
de la police correctionnelle;* — la phrase est textuelle!
— et, moi, naïf, je voulais tout au moins savoir pourquoi. Je ne comprenais, en effet, ni ce débordement
de bile, ni ces dénonciations charitables, ni tant d'é-
pithètes insultantes et bizarres qui m'étaient prodi-
guées, car on m'avait appelé déjà *naturiste* et jeun
chien! Je me mis donc courageusement à poursuivre
mon investigation à travers les âges, et d'abord, feuil-
letant l'histoire des premiers siècles de l'ère chré-
tienne, je ne trouvai rien. Le bon Platon sommeillait
alors avec sa doctrine; Longus écrivait *Daphnis et
Chloé;* les Pères de l'Église avaient fort à faire pour
extirper du cœur des fidèles les dernières racines,
très-vivaces, du paganisme, et le farouche Omar
incendiait la bibliothèque d'Alexandrie. Quant au
moyen âge, je le vis occupé à brûler une foule d'hérétiques et de sorciers; car alors les sorciers et les
hérétiques occupaient seuls l'attention publique : il
n'y avait pas encore de romanciers. Il est vrai que le
mot de *moralitez* perce déjà dans l'histoire de l'art, à
cette époque; mais on ne l'emploie que pour désigner des pièces allégoriques, et souvent peu chastes,
qui sont de simples exposés dramatiques des fastes
de l'histoire sainte. Et, pendant tout le cours de la
renaissance je ne trouvai rien non plus. Boccace et
l'Arioste florissaient alors en Italie, et les gens pré

tendus vertueux les laissaient tranquilles. Deux papes,
Jules II et Léon X, protégeaient les artistes, ne leur
imposant rien que de travailler; Rabelais, Montaigne,
Brantôme, Marguerite de Valois, Mathurin Régnier,
tous écrivains assez *osés*, se succédaient chez nous,
sans qu'il vînt à l'idée de personne de leur reprocher
une peinture de mœurs un peu hardie ou même un
mot licencieux; et de l'autre côté de l'eau se levait
dans sa gloire le maître des maîtres, écrivain fort peu
châtié d'ailleurs, le divin Shakespeare.

J'en passe et des meilleurs...

et ne parle même pas des peintres, des statuaires
et des architectes, dans l'œuvre desquels on trouverait de nombreux exemples d'immodestie. Tout allait
bien, alors. Les artistes étaient uniquement préoccupés de leur art. Ils n'avaient pas la moindre idée
de moraliser ou de démoraliser le public, sachant
qu'on le moralisait suffisamment en lui mettant sous
les yeux des œuvres conçues et exécutées en se plaçant au point de vue de la beauté. Du sage Platon,
nul ne parlait ni ne s'occupait, et c'était justice, car
les siècles avaient marché, et le rêve de l'élève de
Socrate ne pouvait être celui des Parisiens contempo-
rains de François Ier ou de Henri III. Mais, à partir
du moment où la Réforme est parvenue à s'implanter
dans quelques recoins de l'Europe, les choses vont
changer. Le doux Platon revient sur l'eau. On ne

le cite pas, on le pille. Et c'est ici que je rencontre les éléments les plus intéressants pour l'histoire de la *morale dans l'art.*

C'est, en effet, à la Réforme que nous devons l'heureux réveil de cette idée biscornue. Et la Réforme seule pouvait l'avoir. Le catholicisme était trop logique pour se préoccuper d'autre chose que de la foi. Pourvu que l'art ne combattît pas la foi, — et l'art, bien loin de la combattre, s'était retrempé en elle, s'était rajeuni tout entier et renouvelé à son contact, — le catholicisme avait toujours cru devoir fermer les yeux sur les écarts des artistes. Mais la Réforme était sourde de cette oreille-là. Il lui fallait tout régenter, tout *améliorer.* Son nom l'indiquait. Réforme, c'est changement. Elle se mit donc, pour commencer, à améliorer l'art. Et comment l'améliora-t-elle? En le proscrivant.

Il me suffit, pour prouver cette assertion, de reporter mes souvenirs sur les événements qui se passèrent en France entre les règnes de Henri II et de Henri IV. Qu'y voyons-nous? Une foule d'hommes austères dont la violence va, non-seulement jusqu'à proscrire tout ce qui est beau, délicat, élégant, tout ce qui découle de l'art, mais jusqu'à détruire les œuvres de l'art en toute occasion. Les guerres de religion, tant en France qu'en Angleterre et en Allemagne, entraînèrent la ruine d'un nombre infini de beaux édifices. A peine les réformés se sont-ils emparés d'une ville ou d'une bourgade, qu'ils se mettent à saccager les églises catholiques, et, en fort peu de temps, à la place des monuments éblouissants, chargés de statues, de tableaux, encombrés de châsses, de couronnes de lumière, égayés de vitraux, véritables *écrins de pierre*, s'élèvent des hangars froids et nus, des halles immenses, où rien ne vient échauffer l'œil ni l'esprit, uniformément peints en blanc, avec des bancs de bois grossiers pour tout ameublement. Ce sont là les temples de Dieu, selon le goût des réformateurs. Les costumes des fidèles qui hantent ces temples sont en rapport parfait avec leur caractère d'austérité. Plus de soie, de satin, de velours, de plumes blanches au chapeau, de bijoux étincelants sur les armes damasquinées à Milan ou à Venise; et de même, plus de manteaux galamment troussés, de gants parfumés, de dentelles. Un drap grossier de couleur sombre, des plumes noires, des bottes fortes, des justaucorps de buffle, des épées à coquille de fer; et une contenance triste et rogue, méprisante et pédante, et des visages renfrognés. Désormais aussi, plus de bals, de tournois, plus de fêtes, de musiciens errant sur l'eau, la nuit, penchés au bord des barques pavoisées, où dansent les lanternes peintes parmi les drapeaux : la guerre, le jeûne, la méditation, la prière. Plus d'amour, même légal! les époux eux-mêmes sont mornes. En s'unissant, ils n'ont pas obéi à cette douce loi de nature qui pousse invinciblement les créatures les unes vers les autres; ils remplissent un devoir, ils accomplissent une fonction. Leurs demeures, j'allais dire leurs gîtes, sont étroitement modelés sur les temples ; pas de peintures, cela parle aux sens; pas de tentures, cela réchauffe le corps; pas de dorure, cela fait rêver. Des carreaux nus sur les parquets; des vitres verdissantes aux fenêtres; des meubles non vernis, épais. Et, de même, dans les hautes armoires de chêne, on ne trouverait aucun des volumes récemment sortis des presses nouvelles! ni conteurs, ni poëtes, ni galants faiseurs de mémoires : des livres de prières, des recueils d'hymnes et de cantiques. La poésie est exilée du foyer, comme licencieuse, avec les arts plastiques et la musique. Car, je vous le demande, à quoi bon les arts? *Ils ne cherchent à plaire qu'à la partie frivole de l'âme; ils énervent les âmes et détruisent l'empire de la raison.*

Vous le voyez, c'est la doctrine de Platon. Doctrine interprétée, sans doute, dénaturée, qui n'a rien gardé du soleil de Grèce; doctrine plus oppressive, plus tracassière et mille fois plus haïssable; mais enfin elle est la même, ou plutôt elle sort tout droit de la doctrine de Platon.

Ce qu'il y eut de plus étrange dans cette affaire de la Réforme, c'est que le catholicisme, en France, au lieu de réagir contre des mœurs qui blessaient de tous points le caractère français, ce caractère composé de légèreté, de frivolité, de gaieté, gouailleur, un peu fanfaron, spirituel et commode à vivre, se laissa bonnement séduire, et se montra bientôt plus réformateur que la Réforme elle-même. Tandis qu'en Italie les choses allaient tranquillement comme devant, on s'embégueulisait chez nous. Un vent de prose nous arrivait de Genève, de Hollande, d'Angleterre, et ce vent nous gelait jusque dans la moelle des os. Vainement la nation résiste tant qu'elle peut. Elle sait qu'elle est la nation de la politesse, des belles manières, de la bravoure, du luxe, des plaisirs, de la galanterie, des arts charmants ; la nation chevaleresque, pleine de déférence pour les femmes, capricieuse comme elles, mobile comme elles, franche, de belle humeur, de fantaisie, et elle entend rester ce qu'elle est. Genève parle, Genève prêche. Avec sa voix de nez, elle la gourmande ; elle l'appelle la nouvelle Babylone, la nouvelle Sodome ; et les braillards de Londres, et les pleurards d'Amsterdam, tous ceux qui se vantent d'avoir abandonné le culte de la chair, et qui — il faut toujours que le diable se rattrape — l'ont remplacé par le culte de l'écu ; tous ces marchands puritains, embouchant alors la trompette, outragent la France et la conspuent. Pendant toute la durée de la Fronde et de la jeunesse de Louis XIV, les pamphlets, les sermons, les remontrances, les admonitions, pleuvent autour d'elle ; mais elle en rit. La France fait la guerre comme elle fait l'amour, en se jouant, et elle laisse clabauder les bavards. Son jeune roi, galant, amoureux, n'a de soucis que pour les fêtes et les femmes. Mais, à partir du jour où, vieilli, maladif, usé, blasé, il se laissa coiffer, pour ses péchés, par la Maintenon, cette béguine, Genève va triompher. Gare dessous!

On a déjà murmuré aux récits du « bon la Fontaine. » On a cruellement tourmenté « le pauvre Molière. » Ce n'est point assez. Non-seulement on ne veut plus tolérer ce qu'on nomme « la moindre licence » dans les livres de poésie et les pièces de théâtre, on ne veut plus du tout de poésie ni de théâtre. Après un intervalle de près de deux mille ans, nous retombons en plein dans la république de Platon. Racine lui-même n'est pas épargné dans le haro universel. Cependant il a fait *Esther et Athalie.* On tonne contre lui, comme on a tonné, déjà, et cette fois du haut de la chaire, contre Corneille. *Le Cid* a semblé immoral à Bossuet, et, après *le Cid, Télémaque.* Quoi! direz-vous, *Télémaque* lui-même? *Télémaque* que nous avons tous appris par cœur au collége? « Cet ouvrage, dit l'Aigle de Meaux, est indigne, non-seulement d'un évêque, mais d'un prêtre et d'un chrétien[1]! »

Voilà où nous en sommes arrivés pour avoir trop aimé Platon et trop pris au sérieux Genève. Et

---

[1] Mémoires de l'abbé Le Dieu.

désormais l'élan est donné; on ne s'arrêtera plus en chemin. Le moindre livre qu'on imprime est aussitôt flétri. C'est à qui ouvrira le premier la bouche pour lui lancer le reproche banal d'immoralité. Il n'est pas un seul écrivain qui l'évite. Après la Fontaine et Molière, après Montesquieu, c'est le tour de Rousseau, qui, lui, par parenthèse, ne l'a pas volé, car il l'a lancé à bien d'autres. Et puis ce sont Voltaire, Diderot, Lesage, l'abbé Prévost, Chamfort, Beaumarchais. Je ne cite que les plus illustres. Chacun reçoit sa pierre, chacun s'en va à la postérité avec sa vilaine étiquette dans le dos. Et enfin, dans les dernières années du xviiie siècle, la doctrine de Platon, remise en honneur par la Réforme, s'étale tout au long dans la *Théorie du pouvoir* du catholique M. de Bonald.

Celui-ci, je dois le dire, n'y va pas de main morte. Il tranche la question du premier coup. « Gouvernements ! s'écrie-t-il, voulez-vous accroître la force de l'homme ? Gênez son cœur, contrariez ses sens. Semblable à une eau qui se perd dans le sable, si elle n'est pas arrêtée par une digue, l'homme n'est fort qu'autant qu'il est retenu. » Et le voilà qui propose avec un sérieux effrayant de faire des éditions expurgées de tous les auteurs célèbres ; on extrairait de chaque écrivain ce qui est grave, sérieux, élevé, noble, touchant, et on supprimerait tout le reste. « Tout ce qui serait de l'écrivain *social* serait conservé, tout ce qui serait de l'*homme* serait supprimé ; » *et, si je ne pouvais faire le triage,* ajoute-t-il, *je n'hésiterais pas à* TOUT *sacrifier.*

Après cela, il n'y a plus qu'à fermer la porte. La dernière limite du sérieux dans le grotesque est dépassée. Sacrifier, anéantir tout ce qui fait la gloire de l'esprit humain, et le plus précieux, la fleur, la quintessence de l'esprit humain, *ce qui est de l'homme,* car le reste n'importe à personne, n'étant que pur verbiage, et cela pour nous rendre meilleurs... Mon Dieu ! je ne suis peut-être qu'une âme aveugle ou pervertie, *un jeune chien!* comme on me l'a dit dans une feuille aristocratique ; mais, la main sur la conscience, je le déclare, je n'ai jamais rien lu de plus bouffon. Et je demande formellement que l'on me ramène à Platon.

Tout jeune chien que je suis, j'essayerai cependant de dire ce que je pense de la morale. Oui, la morale est la chose supérieure par excellence, la chose noble et saine entre toutes, la préservatrice de l'homme contre lui-même et la sauvegarde des sociétés. Oui, la morale, mieux que les arts, la faculté de comparaison, la parole, distingue l'homme de la bête brute ; elle le soutient dans ses heures de défaillance ; elle le console dans ses moments de tristesse, car elle représente cette chose idéale sans laquelle la vie humaine ne serait rien qu'abjecte misère : le sentiment du beau, du bon, du bien ! Oui, c'est à l'éternel honneur de l'humanité que tous les peuples ont reconnu et se sont imposé la loi morale, et c'est par cela même qu'ils sont frères; car, en dépit de l'antagonisme des religions, de la compétition des philosophies, de la guerre éternelle que se font les gouvernements, tous les peuples, dans tous les temps, ont été soumis à une loi commune, et le bien, pour eux, a été unique, comme le soleil. On ne le leur a pas enseigné, et ils ont tous appris à le connaître. Même lorsque les hommes ne le pratiquent pas, ils lui rendent secrètement hommage en descendant au plus profond de leur conscience; et c'est avec raison qu'ils ont toujours châtié ceux qui, dans leurs actions, se sont écartés de la morale, car elle repose tout entière sur un principe sans lequel il n'est pas de famille, pas de peuple, pas d'humanité. Comme telle, la morale est sainte, elle est sacrée, et il mériterait d'être enfermé dans un cabanon de fou, celui qui refuserait de le reconnaître.

Mais analysons un peu la morale, s'il vous plaît. Je parle ici non de celle d'Épictète ou de Charondas, non de celle des païens ou des phalanstériens, non de celle des Chinois ou des Mozambiques, mais de la morale universelle. En quoi consiste-t-elle? N'est-ce pas dans une série de préceptes tous groupés autour de cette belle maxime : *Ne fais pas à autrui ce que tu ne voudrais qui te fût fait?* Pourquoi donc alors, ô critiques austères, ne l'opposez-vous jamais, dans vos écrits, qu'à un certain ordre de faits, découlant tous du même vice ou de la même passion, celle qui rapproche les sexes? N'y a-t-il que ce vice à redresser dans l'humanité? En dehors de l'amour sensuel ne peut-on rien trouver à signaler pour le flétrir? La morale ne dit-elle point, entre autres bonnes choses, par exemple : « Tu ne déguiseras point la vérité; tu ne seras pas envieux de ton prochain; tu ne lui parleras pas avec aigreur; tu ne travestiras ni ses actions ni ses intentions; tu ne lui prodigueras le blâme qu'avec mesure; tu ne le dénigreras pas à plaisir; tu n'insinueras pas doucereusement qu'il doit finir en police correctionnelle; tu ne le citeras pas à faux; toi qui ne vaux pas mieux que lui, et qui vaux peut-être moins, tu ne lui feras pas la leçon; tu ne l'appelleras pas jeune chien; tu ne donneras pas à entendre au benoît lecteur qu'un écrivain est un « monstre de débauche, » parce qu'il décrit un tête-à-tête amoureux, ni un athée, parce que l'un des personnages de son roman est assez bête pour nier Dieu, ni un coupe-jarret, parce qu'il met un de ces estimables particuliers sur la scène! » La morale ne dit-elle point encore : « Tu seras indulgent pour les fautes... d'orthographe et de syntaxe de ton confrère, afin que ton confrère soit un jour indulgent pour tes propres fautes! » Et aussi : « L'immense, le colossal, le transcendant mérite de tes écrits doit te faire prendre en patience les œuvres d'autrui ! » Et enfin : « Quand tu accompliras ta fonction de juge, quand tu rempliras les devoirs pénibles de ton sacerdoce, tu n'auras égard ni à tes ressentiments personnels, ni à ton caprice du moment, ni aux recommandations de MM. ou de mesdames tels ou telles, ni au désir si naturel de voir tes bons amis se casser le nez, ni à tes opinions politiques, en supposant que tu aies quelques opinions, ni au plaisir de nuire, d'abaisser qui veut chercher à s'élever ; tu n'auras égard enfin qu'à la vérité, et à la vérité présentée sous une forme polie, convenable, paternelle même, oui, paternelle et charitable ! »

Je suis peut-être un homme d'une moralité extravagante et exagérée ; mais, pour ma part, j'ai toujours cru que ces préceptes faisaient partie de la morale.

Pourquoi donc ne les suivez-vous pas, critiques jeunes et vieux, vous si vertueux — dans vos écrits, — vous si attentionnés à relever le moindre mot qui frise la licence ? Quand je vous vois vous acharner à faire tomber une pièce ou à *démolir* un roman, ne suis-je pas en droit de vous dire, toujours au nom de la morale, avec tous ceux, grands et petits, morts et vivants, pour qui vous vous montrez si sévères : « Soyons hommes avant d'être artistes ; mieux vaut écrire de méchants livres que de faire de méchantes actions. »

Tenez, permettez-moi de vous dévoiler le fond de ma pensée sur cette question de la morale dans l'art :

vous vous en souciez médiocrement; vous n'êtes ni aussi vertueux ni aussi convaincus que vous vous efforcez de le paraître; seulement, vous avez trouvé ce moyen de vous procurer, à bon compte, un vernis de décence et de bon ton, et vous l'employez. Cela n'engage à rien, en effet, de déclamer contre les romans de mœurs. Et puis c'est très-facile : il n'est pas nécessaire de se mettre en frais d'imagination pour cela. Tandis qu'on fait le bon apôtre en public, avec Javotte, portes fermées, on se console. Et enfin, on trouve commode d'avoir toujours entre les mains un assommoir pour enfoncer au plus épais de la foule tous ceux qui tentent d'en sortir.

Si vous vous appeliez saint Vincent de Paul ou de Rancé, je ne vous tiendrais pas ce langage. Il est permis de redresser les écarts d'autrui à qui vit dans l'austérité. Mais, par le diable! on vous connaît. Vous êtes, la plupart, de très-bons vivants, et même de très-bons enfants : critique à part. Cessez donc de nous sermonner.

La seule chose que je vous accorde pour motiver vos homélies est celle-ci : avec la société moderne, — et par ce mot de société je n'entends pas désigner l'universalité des citoyens, mais cette coterie de salons qui donne le ton à l'Europe; — avec la société moderne, donc, bien plus que de l'art, de la morale et de la vraie religion, vous vous préoccupez des *convenances*. Les salons, en effet, parlent de l'art

sans l'aimer, de la morale sans pratiquer les
mœurs, et de la religion sans y croire. Pour eux,
les convenances tiennent lieu de tout. Jadis, et tout
dernièrement encore, la langue française avait une
liberté très-grande. Je suis de ceux qui la regrettent;
nous lui devons, en dernier lieu, entre autres beaux
livres, les Mémoires de Saint-Simon et les Lettres de
madame de Sévigné : cette liberté, la langue ne l'a
plus. Il n'est plus permis de nommer certaines choses
par leur nom; il n'est plus reçu d'évoquer certaines
images, et quand, sur l'affiche du Théâtre Français,
nous lisons le sous-titre de la pièce de *Sganarelle*,
cela nous choque. Cette pruderie, je vous l'ai dit,
n'est pas le fait de notre nation; elle nous est venue
des pays protestants, de Genève et d'Angleterre; elle
ne s'attaque pas au fond des choses, mais à leur
forme, à leur surface. Comme telle, je la mets très-
fort au-dessous de la morale. Mais, enfin, elle est
installée chez nous, elle y règne despotiquement, et,
quand on est du monde, et qu'on y veut vivre en
paix, on est tenu de lui obéir.

Eh bien, je vous l'avoue, dominé par la logique
des idées, par l'enchaînement des faits, et aussi, pourquoi ne le dirai-je pas? par ma nature un peu fron-
deuse qui regimbe instinctivement contre les préjugés, les règles, les *idées reçues*, il m'est arrivé
quelquefois, en écrivant mes livres, de me préoccuper un peu plus de l'art que des convenances.

Pour moi, artiste, les convenances de l'art devaient passer avant celles de la société. J'ai pu, j'ai dû effaroucher ainsi un certain nombre d'esprits timides, pour qui les convenances sociales sont tout. Je ne désavoue, entendez-le bien, aucun de mes livres, et, s'ils étaient à refaire, je les referais tous, tels qu'ils sont. Mais, parce que, poussé par le désir impérieux, peut-être exagéré, peut-être un peu enfantin, d'exprimer ce que je sentais en moi, je me suis laissé entraîner à peindre certaines scènes de mœurs que les convenances ne permettent plus de peindre en France, seulement depuis que la France subit le joug des idées anglaises, était-ce une raison pour m'injurier comme vous l'avez fait? Allez, bonnes gens! l'artiste ébloui par son art a pu manquer aux convenances; mais vous, vous y avez manqué après lui; et vous avez manqué, de plus, à la vérité, à la bonne foi, aux égards qu'on se doit entre hommes, entre confrères. J'aime mieux mon délit — s'il y a délit — que les vôtres, car il part d'un mouvement légitime, et il a, d'ailleurs, son excuse. On peut se consoler d'avoir écrit *Fanny*, et même, si ce que je me dois ne me retenait, j'ajouterais qu'on peut en être fier. Mais si, pour mon malheur, j'avais agi, une seule fois, avec un de mes semblables, comme dix d'entre vous ont agi avec moi, je ne me le pardonnerais de ma vie!

Mais me voici bien loin de Platon. J'y retourne.

II

C'est également à Platon que nous devons l'idée de défendre aux poëtes de peindre aucun caractère odieux, aucun de ces tableaux *affligeants pour l'esprit*; et cela se conçoit, car cette idée découle tout droit du sublime enfantillage de la morale dans l'art. Platon, je dois en convenir avec chagrin, devait trouver, pour soutenir ce nouveau principe, une recrue dont l'opinion ne manque pas de valeur. Gœthe — peut-être un peu de jalousie littéraire l'avait-elle mordu — se montra, une fois, le plus *faible* ou le plus partial des critiques en rendant le jugement suivant sur la *Notre-Dame de Paris* de Victor Hugo, et, si je transcris ici ce jugement, c'est afin de me donner le plaisir de le retourner contre son auteur.

« Victor Hugo, dit Gœthe, est un beau talent; mais il est imbu des funestes tendances romantiques de son époque : voilà pourquoi il est entraîné à peindre, à ôté du beau, ce qu'il y a de *plus insupportable et de plus hideux*. J'ai lu sa *Notre Dame de Paris*, et il ne m'a pas fallu une médiocre patience pour endurer *les tourments* que cette lecture m'a occasionnés. C'est le livre le plus *détestable* qu'on ait jamais écrit. On n'est même pas dédommagé des *tortures* auxquelles il nous condamne par le plaisir qu'on pourrait éprouver à voir une peinture vraie de la nature humaine, de caractères d'hommes. Cet ouvrage est, au contraire, absolument dénué de naturel et de vérité[1] », etc., etc.

Je laisse ici de côté tout ce qui n'a pas un rapport direct avec mon sujet; cependant je suis bien aise de dire dès à présent que, malgré ce réquisitoire signé d'un grand nom, je suis de ceux qui voient en *Notre-Dame de Paris* un impérissable chef-d'œuvre. Maintenant, je demande : En quoi le Méphistophélès de Gœthe est-il moins insupportable et moins hideux que le bossu Quasimodo? En quoi le sort de Marguerite impose-t-il au lecteur moins de tortures que celui de la Esméralda? En quoi les tendances romantiques de Victor Hugo, qui l'ont poussé à réunir dans un même livre la grâce et la laideur, le sublime et l'horrible, l'idylle, le drame et la comédie, qui se voient toujours et partout associés dans la vie, diffèrent-elles de celles de l'auteur de *Faust?*

Monsieur de Gœthe, vous êtes un homme du plus beau génie; vos œuvres vous honorent comme elles honorent votre patrie, et, tant que subsistera la langue allemande, vous trouverez, à chaque génération, de nouveaux lecteurs. Mais, pas plus comme auteur de *Faust* que comme auteur de *Werther*, vous n'avez le droit de vous faire le défenseur de la doctrine de Pla-

[1] *Entretiens de Gœthe et d'Eckermann.*

ton. Platon vous eût congédié de sa république avec vos confrères, et je ne sais même pas, en me rappelant certains chapitres des *Affinités électives*, s'il vous eût préalablement couronné de bandelettes.

Cette question de l'horrible et de l'odieux se lie si étroitement à celle de la morale dans l'art, que souvent on les a confondues l'une avec l'autre.

« Le petit livre qui porte le nom de *Manon Lescaut*, lisons-nous dans un recueil de 1733 [1], commençait à avoir une grande vogue, mais il vient d'être défendu. Outre que l'on y fait jouer à des gens en place des rôles peu dignes d'eux, *le vice et le débordement* y sont peints avec des traits qui n'en donnent point assez d'*horreur*. »

Il y a quelques années, à propos d'une pièce de théâtre qui fit grand bruit, et non sans raison [2], voici ce qu'on lisait dans un journal :

« Les infâmes tripotages de ces filles perdues et de leurs chevaliers, qui ne sont que des chevaliers d'industrie, forment *un spectacle répugnant qu'il est dangereux* d'exposer à des yeux honnêtes. »

C'est toujours la même *rengaîne*, comme on voit, c'est-à-dire du Platon aigri, suri et légèrement enfiellé.

---

[1] *Recueil de nouvelles à la main*, publié sous le titre de *la Cour et Paris*, 1733.

[2] *Le Père prodigue*, par Alex. Dumas fils.

Et tout dernièrement, sans fiel ici, je le reconnais, avec bienséance même, en homme qui sait défendre ses opinions sans adopter le langage des halles, que disait M. Octave Feuillet à l'Académie :

« Je ne sais si je me trompe, mais je me persuade que, dans la fiction, comme dans la réalité, la meilleure leçon morale que l'on puisse donner aux hommes, c'est le spectacle du bien, la vue des honnêtes gens. J'ose douter que l'esclave ivre, qui jouait un rôle dans l'éducation des jeunes Spartiates, fût un enseignement très-profitable, très-heureusement approprié aux véritables instincts de la nature humaine. Un de ces instincts les plus puissants n'est-il pas celui de l'imitation? Il n'est pas rare assurément, dans les créations du roman et de la scène modernes, de voir apparaître l'esclave ivre sous des masques divers, et l'on ne remarque pas qu'il ait corrigé personne. Hélas! c'est plutôt lui qu'on imite! »

Et encore :

« Si l'on ne peut refuser son admiration à ces peintures savantes et *impitoyables* qui reproduisent trait pour trait les plaies les plus cachées et les plus hideuses du cœur humain, on aime surtout à se reposer du spectacle et des agitations de la vie dans la paix d'un monde imaginaire, et l'on aime encore à se sentir meilleur dans ce commerce fugitif d'une meilleure humanité. »

Et que répondait M. Vitet, avec autant de bien-

B.

séance, en comparant malicieusement le récipien-
daire à Alfred de Musset :

« Quel parfum plus salubre dans vos œuvres !
Quelle atmosphère nouvelle, quel calme et quelle
sérénité ! Plus de froide ironie, plus de mots dessé-
chants, plus d'images suspectes : le licencieux et le
sceptique en ont à la fois disparu. »

Et plus loin :

« Il est permis de croire que notre prosaïsme ne
nous interdit pas toujours d'être touché par les beaux
sentiments, les nobles invraisemblances, les excès de
délicatesse, et qu'un dernier écho de *la Princesse de
Clèves* peut encore arriver jusqu'à nous. »

La Princesse de Clèves intervient ici d'une façon
assez inattendue. Mais ne discutons pas des goûts.

Je pourrais opposer *Dalila* à M. Feuillet; mais
j'aime mieux généraliser la question. Je demande
quelle est l'œuvre véritablement digne de ce nom
— à part *la Princesse de Clèves* — où l'*esclave ivre*, pris
dans le sens collectif pour désigner le vice ou l'odieux,
ne tienne pas une grande place, et presque toujours
la plus grande ? Je ne recherche point encore ici l'influence que la peinture du vice peut avoir sur les
mœurs, cet examen viendra plus tard ; j'examine
seulement s'il est possible de créer une œuvre *viable*
d'où cette peinture soit exclue. Les poëtes de tous les
temps se chargeront de me répondre. Hélas ! j'en
suis fâché pour Platon et pour ses élèves, mais, par

une inconcevable fatalité, les chefs-d'œuvre n'ont guère été que la peinture des vices et des crimes. Toujours et partout, *le traître* a été le motif et le pivot de l'intérêt. C'est le mal, la haine, le chagrin du mal, et par conséquent la peinture du mal qui a presque seule inspiré les poëtes; c'est le mal sous toutes ses formes qui les a rendus éloquents. Qu'y a-t-il dans Eschyle, Sophocle, Euripide? Des dieux impitoyables et des tyrans. Qu'y a-t-il dans Aristophane, Térence, Plaute? Des voleurs, des proxénètes, des débauchés, des avares. Qu'y a-t-il dans Horace et dans Juvénal? De fort vilaines mœurs. Et dans l'*Enfer* de Dante? L'interminable récit des crimes et la peinture minutieuse de leurs châtiments. Boccace, et après lui la Fontaine, ont beau *parer* le mal, ils l'expriment. Rabelais, lui, le raille dans une langue incomparable. Quant à Shakspeare, c'est un immense monument qu'il lui élève. Les crimes et les vices, les travers et les mauvaises passions, fourmillent dans son œuvre. Et plus le crime et le vice sont grands chez lui, plus l'œuvre devient magistrale : *Macbeth*, *Hamlet*, *le Roi Lear*, *Othello*, *Richard III*, ces drames étourdissants ne nous montrent guère que des monstres. Comment se nomment les chefs-d'œuvre de Molière? *Don Juan*, *Tartufe*. Quel est le *héros* de Richardson? Lovelace. Sur quels ressorts dramatiques reposent les tragédies de Corneille et de Racine? Sur le meurtre, l'inceste, l'infanticide.

Qu'est-ce que Desgrieux? Un escroc. Et Manon Lescaut? Une *fille*. Et Turcaret? Un grotesque sinistre. Et Gil Blas? Un aventurier. Et l'histoire de René? Celle des amours du frère et de la sœur. Et celle de Colomba? La justification de la vengeance. Et quels vices, quelles infamies, quels misérables, quelles mauvaises gens, quels lâches gredins, grouillent dans l'œuvre colossale et magnifique de Balzac!

Je sais bien qu'on m'opposera Virgile, Fénelon, Bernardin de Saint-Pierre, Walter Scott et d'autres encore. Qu'importe! D'abord, quant à Fénelon, je le renvoie à Bossuet. Quant à Virgile, j'aurais bien des choses à dire sur le compte de sa Didon. Et, quant à Walter Scott, malgré l'admiration que j'ai pour ce père des historiens romanciers, je ne le proposerai jamais pour modèle, car je le trouve par trop *complaisant* pour les mœurs du moyen âge. Il ne choque pas les bienséances, cela est vrai; mais il choque la vérité, l'histoire, la justice. Ses templiers et ses hauts barons, comme le fait très-justement observer M. Michelet[1], sont de bien pâles images devant la réalité. Quoi! le mal aura régné si longtemps, il aura fait tant de victimes, et, de peur de choquer *les âmes sensibles*, nous n'oserons le démasquer? Et nous nous exercerons à le farder? Il n'est ni juste ni moral que les méchants qui ont joui d'une horrible impu-

---

[1] *La Sorcière.*

nité pendant leur vie jouissent de la même impunité devant l'histoire. On doit *tout* dire sur leur compte, ne serait-ce que pour effrayer ceux qui seraient tentés de les imiter. Pas de grâce pour eux, sous aucun prétexte! J'aime mieux la moralité farouche de Shakspeare dépeçant les scélérats et les tyrans pour nous montrer leurs plaies hideuses, que la moralité bienséante, la fausse moralité de Walter Scott se reposant « du spectacle et des agitations de la vie dans la paix d'un monde imaginaire, » ou d'un monde par trop *décemment arrangé.*

Walter Scott, d'ailleurs, tout en obéissant servilement aux préjugés de son pays et de son temps, a mis en scène au moins autant de laides âmes que de belles. Et, quant à Bernardin de Saint-Pierre, bien que *Paul et Virginie,* cet adorable chef-d'œuvre, exhale dans sa tristesse je ne sais quoi d'heureux et de pur, le mal y apparaît sous trois formes. Il y est sous la forme de la cruauté dans le caractère de la tante de Virginie, et dans celui plus épisodique du planteur de la rivière Noire. Il y est sous la forme de la volupté dans le bain de Virginie, et sous la forme de la grossièreté dans le fait du matelot nu s'agenouillant devant la jeune fille. Et pourquoi se trouve-t-il dans ce roman, aussi bien que dans tous ceux de Walter Scott? Parce que aucune œuvre littéraire, roman ou pièce de théâtre, dans laquelle n'entrerait pas la peinture du mal, serait impossible; parce que, sans relief, sans oppositions, sans contrastes, sans *repoussoirs*, elle ne représenterait rien de la vie. Elle apparaîtrait toute plate, comme une image chinoise, une de ces images hétéroclites, sans perspective et sans soleil.

J'en suis fâché pour Platon, qui eût peut-être aimé *la Princese de Clèves;* mais le chef-d'œuvre idéal qu'on nous propose pour modèle n'a pas été et ne sera jamais fait. Et, si quelque jour un artiste, par suite de je ne sais quelles combinaisons que je ne prévois pas, parvenait à l'exécuter, cela ne prouverait rien encore. L'exception confirme la règle; elle ne la détruit pas.

Mais, dira-t-on, imitez au moins Walter Scott et Bernardin de Saint-Pierre; puisque vous ne pouvez vous passer du mal, reléguez-le au dernier plan de votre œuvre; qu'il n'y apparaisse que comme contraste, comme repoussoir, et tout le monde sera content.

Je réponds : Vous en parlez bien à votre aise. Pensez-vous que, depuis tantôt deux mille trois cents ans qu'on *fait de la littérature*, il soit facile aux écrivains de rencontrer un grand nombre de *sujets neufs*, et que, de gaieté de cœur, uniquement par égard pour des susceptibilités respectables, mais qui enfin ne sont choquées qu'autant qu'elles le veulent; quand un de ces sujets, tout armé, est sorti de leur tête, ils peuvent résister au désir de l'exprimer? Les croyez-vous de fer ou de bois pour leur demander de tels sacrifices? Et pourquoi vous les feraient-ils? Ce *sujet,* dont vous réclamez l'avortement, c'est peut-être **la** colombe Clarisse se débattant entre les serres du vautour Lovelace; c'est peut-être Manon Lescaut secouée sur l'infâme charrette regardant pleurer Desgrieux; c'est peut-être René qui, dans ses cent cinquante pages, contient le germe d'une école littéraire qui sera l'honneur du xixe siècle. Est-ce qu'il sait ce que **vaut** l'œuvre dont le fantôme se lève en lui, le malheureux poëte? Est-ce que, voulant toujours y mettre tout son cœur, toute son âme, tout son esprit, il n'est pas à l'avance autorisé à supposer qu'elle sera belle? Quoi! quand il est le mieux inspiré, il fait cette œuvre à son image; il la compose de ses douleurs et de ses joies, souvent de ses agonies. Cette œuvre, c'est peut-être la gloire pour lui, c'est alors bien plus que la gloire, c'est le droit d'imposer ses idées et de modifier des âmes, en les violentant **de** ses idées. Et vous voulez qu'il la sacrifie?

En vérité, monsieur, je n'ai pas ce courage.

Mais, dites-moi, quel est l'homme qui croit en lui et recule devant son œuvre? Le chef d'armée licencie-t-il ses soldats comme un couard, parce que, pour gagner une bataille, il lui faudra verser des flots de sang? Les Cook et les Bougainville renoncent-ils à chercher une terre nouvelle, parce que, pour la découvrir, la moitié de leurs matelots mourront du scorbut? Le législateur brise-t-il les tables de la loi, parce que, tout équitable qu'est cette loi, elle pourra frapper un innocent parmi des milliers de coupables? Quoi! pour annexer un morceau de terre, on commence souvent par le couvrir de cadavres, et, pour avoir la chance de voir le monde doté d'un chef-d'œuvre, on reculera devant... quoi? un haut-le-corps du bégueulisme, devant plus que cela, je le veux bien, devant une rougeur de la vertu, qui n'enlèvera rien, au surplus, à la vertu, je l'affirme, parce que je crois à elle autant que personne, et je l'honore! Mais songez donc au nombre de gens que régénère la vue d'un chef-d'œuvre! qu'un tableau du Titien, une statue de Phidias, un opéra de Weber ou de Mozart a fait hésiter devant le mal, leur montrant jusqu'où peut s'élever le génie de l'homme, et leur rappelant qu'ils sont hommes, et que peut-être, s'ils voulaient, au lieu de la mauvaise action qu'ils vont commettre, ils pourraient...

Dépêchez-vous ici de m'interrompre en m'opposant une objection sans réplique :

— Alors, monsieur, puisque vous ne voulez sacrifier aucune de vos idées, quelque dangereuses qu'elles nous paraissent, faites-nous des chefs-d'œuvre!

Il n'y a rien à répondre à cet argument!

Il s'agit, en effet, non de choisir tel ou tel sujet

plus ou moins odieux ou consolant, approchant plus ou moins de *la Princesse de Clèves*, mais de faire — si l'on peut — de grandes œuvres, fussent-elles navrantes comme *Othello*, grossières comme *Pantagruel*, brutales comme *les Parents pauvres*, repoussantes même comme *Clarisse Harlowe*. Le beau ne peut être malsain, car le beau, quel qu'il soit, comporte le bien.

Décidez, si vous le voulez, que toute œuvre d'art, à peine née, passera devant un jury d'artistes équitables. Si elle est belle, elle sera conservée; si elle ne l'est pas, elle sera détruite. J'ai plus à perdre que personne à ce projet, car il mettra au pilon tout ce que j'ai fait ; mais je ne transige pas avec les principes, et, si vous voulez bien l'appliquer à tous les artistes, je déclare y souscrire à l'avance, et des deux mains.

Je dois me hâter cependant de prévenir une objection qu'on me fera certainement :

— Vous avez, me dira-t-on, habilement groupé des noms de poëtes et des types odieux enfantés par leur imagination, mais il n'y a pas que ces types dans leurs œuvres. A la suite de *l'Enfer* du Dante, je trouve *le Paradis*, et même, dans *l'Enfer*, entre autres épisodes touchants, je rencontre celui de Françoise de Rimini. Les vertus, dans les drames de Shakspeare, défilent côte à côte avec les vices : Ophélie, dans *Hamlet*, Cordélie, dans *le Roi Lear*, Desdémone, dans *Othello*, reposent nos âmes de la peinture du crime et les consolent. Le père du don Juan de Molière est aussi noble, aussi sublime que son fils l'est peu ; et M. de Balzac, comme tous les écrivains que vous avez énumérés, a créé presque autant de types charmants que d'odieux. Puisque vous ne voulez pas reléguer le mal au dernier plan de vos œuvres, donnez-lui au moins la peinture du bien pour correctif. Imitez, en cela, les maîtres. Le pivot de l'intérêt, n'est pas le mal, comme vous l'avez dit ; je le place plutôt dans l'antagonisme du bien et du mal.

Cette objection est vraie de tous points. C'est, en effet, l'antagonisme du mal et du bien, le contraste du beau et du laid, des vices et des vertus, qui constitue *la vérité* et l'intérêt dramatique. Celui qui, dans la vie, ne verrait que le mal, se montrerait aussi dépourvu de discernement que son adversaire. Celui qui ne voudrait exprimer que le mal, dans l'art, calomnierait la nature humaine, ne la montrant que sous sa face repoussante, et je lui adresserais, pour ma part, le même reproche d'invraisemblance et de parti pris que j'adressais tout à l'heure aux admirateurs exclusifs de *la Princesse de Clèves*. Cet homme-là serait un Platon retourné. Entre lui et Platon, je ne verrais d'autre différence qu'une opposition d'erreurs. L'un était borgne de l'œil droit, l'autre le serait de l'œil gauche. Infirmité des deux parts. L'homme n'est ni ange ni bête, dit Pascal.

Pascal a raison. L'homme est âme et sens, et le

spiritualiste qui ne voit en lui qu'une âme, comme le matérialiste qui ne voit en lui que des sens, sont également dans l'erreur. La vie humaine — assez de laideurs la déparent, assez de maux la rendent pesante pour qu'on ne la calomnie pas, — la vie humaine ne se compose pas seulement d'ennuis, de douleurs, de vaines aspirations, d'appétits grossiers, de maladies du corps et de l'âme ; elle a aussi ses consolations, ses nobles instincts, ses aspirations vraies ; sa santé, ses espoirs qui sont presque une possession, ses affections dévouées, et, par-dessus tout cela, plus haut que tout cela, l'idéal ! L'humanité n'est pas toute pourrie. Comme le soleil, elle a ses taches ; mais elle a son rayonnement, sa chaleur. Elle apparaît la même dans tous les temps. Partout, et aussi loin que remonte l'histoire, vous la retrouverez, sauf quelques différences de détails produits par des nuances de civilisation, telle que vous la voyez aujourd'hui, et ce monde imparfait, eût-il encore des millions d'années à vivre, subsisterait en vertu des mêmes lois de bien et de mal qui constituent son imperfection, mais, en même temps, sa raison d'être. Il n'est pas un seul livre, si vieux qu'il soit, de si loin qu'il vienne, qui ne confirme cette éclatante vérité. Elle brille dans le Ramayana des Indous, comme dans la Bible des Hébreux, comme dans les poëmes d'Homère. Vous me montrez les rakchases, mauvais génies du ciel de l'Inde ; moi, je vous montre à côté d'eux les ascètes. Vous me parlez de Jézabel, et d'Athalie, et du veau d'or, et des atrocités commises par tant de peuples sur les Hébreux ; j'en veux bien parler avec vous, mais souffrez que je parle aussi de la mort d'Israël, de l'épisode de Ruth et Booz, de la reconnaissance de Joseph et de ses frères. Vous ne voyez dans l'*Odyssée* que l'impudence des amants de Pénélope ; je la vois comme vous, mais je vois aussi Ulysse, arrivant chez le vieil Eumée, reconnu par son chien, et pendant que vous maudissez l'humanité, moi, je pleure.

Celui donc qui, doué de Dieu, entreprendra de peindre *la vie* dans ses livres, s'il est équitable, s'il EST HABILE, la peindra telle qu'elle est, avec son éternel antagonisme ; et c'est par cela seul qu'il touchera, car c'est par cela seul qu'il sera vrai.

Mais je vois que, d'exemples en arguments, peu à peu, Dieu me le pardonne ! je me laisse entraîner, moi aussi, à tracer les règles d'une *poétique*. Eh bien, c'est une faute, car, malgré tout ce que j'ai dit, il n'y a rien de plus vain que les *poétiques*. A quiconque voudra creuser jusqu'au fond l'éternel problème de l'art, apparaîtra cette vérité : Les artistes n'obéissent pas à des règles, à des doctrines, à des principes. Ils s'en vantent ; cela est vrai ; mais ils mentent ou se font de grandes illusions. Chacun d'eux n'obéit qu'à lui-même, à sa nature, à cet ensemble d'aptitudes, de goûts, d'affections, d'antipathies, de penchants, de

qualités et de défauts qui constituent son individua-
lité, *son tempérament, son caractère*.

C'est à cause de cela que les discussions d'art,
quand elles ne portent pas exclusivement sur l'exécution des œuvres, sont oiseuses. Elles ne modifient
rien chez personne ; elles n'apprennent rien à personne. Chaque artiste, en effet, est doué, par la
nature, d'un tempérament particulier, et il n'est
rien de plus absurde à un artiste que de chercher,
sous prétexte de morale ou d'autre chose, à fausser
ce tempérament, que d'essayer de le transformer,
parce qu'on ne sait bien faire que la chose pour
laquelle on a été créé ; et que, en s'efforçant d'en
faire une autre, on perd d'abord son originalité, et
on ne réussit jamais à en trouver une nouvelle. Le
devoir d'un artiste est de se perfectionner le plus
possible, d'étendre le cercle de ses connaissances et
de ses moyens, d'en tirer le meilleur parti, mais non
de s'exposer à perdre le caractère d'où proviennent
sa valeur et sa raison d'être. M. de Lamartine, gour-
mandant M. Victor Hugo à propos du roman *les Misérables*, se donne autant de peine inutile que s'en
donnerait M. Victor Hugo s'il s'avisait de critiquer
M. de Lamartine au sujet de *Graziella*. L'auteur des
Misérables a été créé tout exprès pour exprimer, sous
une certaine forme et dans une langue admirable,
un certain ordre de faits et de passions, et son style,
comme sa *manière*, comme les images qu'il affec-

tionne, concourent à faire de chacune de ses œuvres un ensemble d'une rare puissance et d'une merveilleuse harmonie. M. de Lamartine a été créé pour exprimer, dans une langue également admirable, quoique différente, un autre ordre de faits et de passions, et ses œuvres, sans avoir la puissance de celles de M. Victor Hugo, ont une harmonie égale. Les poëtes rivaux sont chacun ce que la nature les a faits. Ils expriment ce qu'ils sentent, comme ils le sentent, et ils ne cherchent à rien exprimer en deçà ni au delà. Ils ont chacun une originalité native, et leur talent provient, non pas de la nature plus ou moins morale ou châtiée de cette originalité, mais de sa franchise. Exiger de M. de Lamartine de peindre à outrance comme M. Victor Hugo, sans reculer devant aucune hardiesse de langue, devant aucune témérité d'images, serait aussi fou que de demander à M. Victor Hugo de s'assouplir, de s'épurer comme M. de Lamartine. Reprocher à un artiste — comme le fait invariablement la critique — de ne point exprimer ce qu'il ne sent pas, ce qu'il ne peut sentir, et sous une forme différant de celle qui lui est propre, c'est lui reprocher de ne pas transformer ses penchants, ses passions, ses affections, ses goûts, son *tempérament* enfin, et on ne transforme pas plus son tempérament que la disposition de ses traits ou la couleur de ses yeux. Le libre arbitre s'arrête à la faculté de choisir entre le mal et le bien. On peut réformer ses mœurs, on ne peut pas changer son caractère.

Ici, j'entends un concert de cris tumultueux, et je suis obligé de m'interrompre pour laisser passer la bourrasque.

— Ah! me dit-on, vous êtes jugé, maintenant. Vous avez la prétention de tout exprimer : le laid comme le beau, les vices comme les vertus, le mal comme le bien. C'est de *peindre* la vie que vous vous souciez, et non de la moraliser. Vous êtes un réaliste !

Du calme, messieurs, s'il vous plaît. Je m'en vais vous répondre avec franchise.

Je vous demanderai d'abord ce que vous entendez par ce mot *réaliste*? Je vois qu'on l'applique aujourd'hui à tant d'écrivains suivant des doctrines diverses, qu'un peu de confusion s'est faite à cet égard dans mon esprit. Voulez-vous dire que réaliste est celui qui, dans l'art, choisit exclusivement les sujets odieux, grossiers, la peinture des choses basses, des vices, des difformités physiques et morales, qui cherche moins à toucher le lecteur qu'à ravaler l'humanité, et se complaît à ne la montrer que sous ses côtés hideux, repoussants et grotesques?

Je vous réponds :

Non, je ne suis pas réaliste.

Voulez-vous dire, avec le Dictionnaire de l'Académie, qu'on doit entendre par réalisme *le système moderne, qui paraît consister à peindre la nature telle qu'elle est, ou telle qu'on croit la voir?*

Je vous réponds :

Je ne suis pas satisfait de cette définition, et je demande la permission de la modifier ainsi :

LE RÉALISME EST LE SYSTÈME QUI CONSISTE A PEINDRE LA NATURE (OU L'HUMANITÉ) TELLE QU'ON LA VOIT.

Et j'ajoute :

Oui, je suis réaliste.

Les mots ne m'effrayent pas, je vous en préviens.

Maintenant, vous me dites :

Mais vous voulez tout peindre, ce qui est séduisant comme ce qui est repoussant; vous n'entendez vous arrêter devant aucune image, si grossière qu'elle soit; vous ne choisissez pas; vous peignez sans discernement tout ce qui passe devant vos yeux. Aussi vos reproductions sont-elles dépourvues de goût, car, en composant vos écrits, vous avez manqué de critique. Il n'est pas difficile de représenter par la plume ce que l'œil rencontre partout, ce que l'oreille entend partout, dans les rues ou dans les salons. Il suffit, pour cela, d'un peu d'attention et d'une mémoire fidèle. En un mot, ce n'est pas de l'art que vous faites, c'est de la photographie.

C'est vous, messieurs, qui dites cela; mais je ne connais pas d'accusation plus injuste. Le réalisme, tel que vous le définissez, n'existe pas. Jamais aucun écrivain n'a eu l'idée de tout copier, de tout expri-

mer, et cela par une excellente raison, c'est que c'est
matériellement impossible. Prenez l'œuvre qui re-
produit le plus servilement l'humanité, celle dont les
dialogues paraissent avoir été sténographiés, prenez
l'œuvre d'Henry Monnier, votre grand cheval de
bataille dans la question du réalisme, eh bien, si
vous êtes de bonne foi, si vous avez la moindre connaissance du mécanisme secret qui donne l'apparence de la vie aux œuvres de l'art, vous ne tarderez
pas à découvrir qu'un ingénieux arrangement a
présidé à la composition de ces soi-disant procès-
verbaux, que l'auteur a dû tout interpréter, les paroles de ses personnages comme les gestes; qu'il a
dû choisir, élaguer, discerner l'oiseux de l'utile;
combiner tous les éléments de ses comédies de façon
à mettre en relief les côtés typiques des caractères.
Il a donc fait une œuvre d'art, une œuvre inférieure,
si vous voulez, car elle est absolument objective,
mais enfin il n'a pas fait une photographie.

Ici, vous vous récriez encore.

Et l'idéal! me dites-vous. Il n'y a pas dans la vie
que des besoins, des sensations; il y a des sentiments, des aspirations. « L'artiste, dans ses œuvres,
ne doit pas reproduire la cité de l'homme, mais la
cité de Dieu. Au lieu de nous raconter les vicissitudes
de ce qui est, au lieu de poursuivre, la plume à la
main, les monotones et fatigantes métamorphoses
de la réalité, il doit décrire cet autre monde qui ne

se voit pas. C'est ainsi qu'il mérite d'être appelé créateur[1]. »

J'avoue que l'idéal tient peu de place dans l'œuvre d'Henry Monnier. Mais, sans repousser l'idéal, qui n'est autre, selon moi, que la splendeur de la réalité, qui est donc une réalité d'ordre supérieur, je demande la permission de m'intéresser à son contraire. Nous avons la rage, en France, de nous circonscrire et de nous restreindre. Nous ne voulons apercevoir et goûter qu'un côté des choses, jamais les choses dans leur entier. Je ne vois rien de plus opposé au bon sens et de mieux fait pour nous rétrécir le cerveau que cette manie de l'école. Quoi! parce que j'admirerai M. de Lamartine, je ne pourrai admirer de Balzac? Parce que je serai séduit par l'idéalisme de *Paul et Virginie*, je ne devrai pas l'être par les réalités de *Notre-Dame de Paris*? Si je me plais à passer une heure devant la *Chapelle Sixtine* de M. Ingres, il me sera défendu de regarder *la Barque* de M. Delacroix? En vérité, je n'ai pas de motifs pour diminuer ainsi mes plaisirs.

Je n'appartiens et je n'appartiendrai jamais à aucune coterie, à aucune clique. Je m'élèverai toujours

---

[1] Voyez, dans la *Revue contemporaine*, livraison du 15 avril 1863, l'article de M. Antonin Rondelet, intitulé : *De la moralité dans la littérature et dans l'art*. Je ne partage aucune des idées de M. Rondelet, mais je le cite avec plaisir parce que lui, du moins, il expose ses principes avec bonne foi, et les discute avec convenance.

contre tous ceux qui voudront restreindre le domaine
de l'art. Je ne repousserai jamais de l'art aucune originalité, quelle qu'elle soit, et je ne demanderai jamais aux artistes, portassent-ils le nom de Byron ou
de Walter Scott, de Chateaubriand ou de Michelet, de
George Sand ou de Théophile Gautier; fussent-ils séparés par les doctrines les plus opposées de religion,
de politique, de philosophie ou d'exécution maté-
rielle, je ne leur demanderai jamais rien que de *bien
faire*.

Et, au surplus, allons au fond, dans cette question
du réalisme; car j'ai horreur des restrictions et des
sous-entendus, qui voilent une partie de la vérité,
quand ils ne la déguisent pas tout entière. Tout se
tient dans les sociétés comme dans les civilisations.
Les choses les plus opposées se rencontrent à une
même époque en un point, et c'est à cause de cela
que chaque époque de l'histoire a son cachet, son caractère. L'antiquité nous apparaît comme *l'âge d'or*;
le moyen âge, avec ses guerres intestines, ses pestes,
sa profonde misère, ses querelles presque toutes pué-
riles, ses abus de la force, son ignorance, sa servi-
tude, restera pour nous *l'âge de fer*. Le XIXe siècle,
selon moi, pourrait être appelé *l'âge de la matière*.
L'utile est le dieu de ce siècle. Il a tout envahi. Les intérêts prédominent partout. Les intérêts ont remplacé
toutes les choses élevées; la foi, l'amour du beau,
de la vertu, l'idéal. Les artistes pouvaient-ils se sous-

traire au prosaïsme de leur siècle? Pouvaient-ils tout
seuls réagir? Non. Disons-le, sans la moindre crainte
d'être démenti par les faits : à une époque qui a supprimé la beauté dans le costume, qui ne veut plus
de *pittoresque* dans la langue, qui ne veut plus de
langue idéale : de vers ; à une époque qui a enfanté
le suffrage universel, les emprunts nationaux, les
embellissements de Paris, les associations de capi-
taux, les chemins de fer, les télégraphes électriques,
les bateaux à vapeur cuirassés, les canons rayés, la
photographie, les expositions de l'industrie, tout ce
qui sert les sens, tout ce qui supprime les distances,
tout ce qui va vite, tout ce qui frappe fort et in-
failliblement, tout ce qui est mathématique, utile,
matériel, commode, le réalisme est la seule littérature possible.

Non pas le réalisme, comme on le définit perfide-
ment, pour le ravaler, mais tel que je l'ai défini, en
modifiant légèrement les termes du dictionnaire. Et,
malgré la critique, malgré les discours académiques
et les recommandations officielles, il faut en prendre
son parti, car il n'est pas de moyens de l'éviter, le
réalisme restera la vivante et la seule expression de
la littérature, dans la seconde moitié du xixe siècle.

Il sera sa littérature, à ce siècle, car il provient de
lui par tous les côtés. Il fait corps avec lui. Et que
ceux qui le déplorent ne s'en prennent point aux artistes. Les malheureux! ils n'ont fait qu'obéir, que

suivre le torrent. Pourquoi seraient-ils restés purs, élevés, détachés de la matière et des sens, quand le reste de l'humanité s'y enfonçait tout d'un bloc? C'est au siècle, au siècle tout seul, qu'incombe la responsabilité du réalisme.

Autrefois, le public demandait aux écrivains du goût, de la grâce, du style, un art particulier pour donner de la noblesse aux choses vulgaires, une certaine mesure dans la convention, et des déductions philosophiques.

Savez-vous ce que le public leur demande, aujourd'hui? Ah! voile-toi la face, ô grande ombre de Platon! car ton erreur provenait d'une noble illusion! On ne leur demande qu'une seule chose; mais une chose terrible, inexorable, dont le nom ne se trouve dans aucun des vocabulaires de la poésie, mais qui est inscrit en tête de tous les traités de sciences.

On leur demande l'EXACTITUDE.

Que voulez-vous qu'ils fassent? On ne lit plus Byron; on lit à peine les vers d'Hugo et de Lamartine; on sait à peine les noms de Louis Bouilhet, de Leconte de Lisle. Le poëte qui naîtra dans un quart de siècle n'aura pas quatre lecteurs. Chante-t-on dans le désert? Ne chante-t-on que pour soi?

Croyez-vous que je n'aurais pas mieux aimé, moi, rimer une « ode à Bathylle, » comme André Chénier, que vous peindre, dans *Fanny*, les tortures secrètes de l'adultère? Je vous prie de croire que, par goût, je n'y étais que trop porté. J'ai consacré les plus belles, les plus fortes années de ma jeunesse à rimer mon ode à Bathylle sous la forme sévère d'un traité d'archéologie. Mais, si j'avais continué à suivre mon goût, je m'ennuierais encore sur les rayons des bibliothèques, avec mon ode. Pas un de vous, messieurs, ne me lirait, car, ce que vous voulez, ce que vous aimez, ce qu'il vous faut pour vous toucher, c'est la *peinture exacte de vous-mêmes*.

Soyez donc heureux maintenant, et ne criez plus. Je vous l'ai donnée.

III

En dehors de la critique officielle qui s'étale dans les journaux, il en est une plus sincère, plus profitable pour l'artiste. Celle-là ne s'imprime pas. Elle lui parvient de tous côtés, sous forme de lettres, de conversations, de discussions. C'est par elle qu'un auteur peut se rendre compte de l'effet qu'a produit son œuvre sur le public. Comme tous mes confrères, chaque nouveau livre que j'ai publié m'a valu quelques observations de cette critique amicale. Chose bien remarquable! Jamais ces observations n'ont porté sur le fond de mes livres, sur leur donnée morale ou philosophique, sur la *conduite* des événe-

ments et des caractères, sur l'agencement dramatique des faits, sur la méthode suivie pour graduer
l'intérêt, sur tout ce qui constitue enfin l'âme d'un
livre. Elles ne se sont jamais adressées qu'aux *invraisemblances* et aux *inexactitudes*.

— Monsieur, vous avez dit que votre *héros* n'avait
pas mis plus de trois heures pour se rendre de tel
endroit à tel endroit. C'est une erreur. Il en faut au
moins quatre. — Mon cher ami, vous avez dit que
madame ** attachait son châle avec un camée. Cela ne
se fait plus; aujourd'hui, les femmes attachent leur
châle avec une épingle. — Monsieur, la scène de jeu
que vous avez décrite dans votre dernier roman me
plaît assez; seulement, vous avez confondu le jeu du
trente-et-quarante avec celui du *baccara*. — Pourquoi
dites-vous *abaisser un rideau de théâtre?* C'est *baisser*
qu'il faut dire. — Croyez-vous bien réellement que
l'amant d'une femme mariée puisse être jaloux du
mari? Cela ne paraît pas probable. — Etc., etc.

Ainsi, toujours le désir, la recherche de l'exactitude, et de l'exactitude terre à terre, portant, le plus
souvent, sur les détails les plus futiles; et jamais
d'observation sur le fond.

Et chaque fois que, dans un livre, j'ai voulu exprimer autre chose que ce qui se voit tous les jours,
que les événements vulgaires qui peuvent arriver à
tout le monde; chaque fois que le lecteur n'a pu s'y
retrouver lui-même et s'y complaire avec lui-même;

chaque fois que j'ai essayé de peindre, non pas même l'idéal, mais l'*exception*, et que, nécessairement, le livre a moins eu l'apparence d'une confession que d'une histoire composée, je me suis bien vite aperçu que j'avais froissé le goût du public. Le public, qui n'avait ouvert le livre que pour y chercher la réalité, ne l'y trouvant pas, l'a parcouru avec indifférence. J'étais sorti de la réalité; je ne l'intéressais plus.

IV

L'idée qui détermina Platon à chasser les poëtes de sa république, quoique fausse, était louable. « Ils énervent les âmes, » disait-il. Le philosophe croyait à l'action directe des œuvres d'art sur les mœurs, et, en obligeant les « fils d'Apollon » à offrir au public des modèles de bonnes mœurs dans leurs livres, il était conséquent avec lui-même et faisait preuve de vertu.

Malheureusement, il se trompait. Après une expérience de plusieurs siècles, il est surabondamment reconnu par les esprits intelligents et impartiaux que les œuvres d'art n'ont pas d'action directe sur les mœurs, et qu'elles n'en auront jamais. Le seul effet moral que peut produire un chef-d'œuvre est de faire concevoir l'idéal, cet élément divin, à des gens qui souvent ne le soupçonnaient même pas. Là s'arrête la puissance de l'art. Il nous touche, il élève nos âmes, comme peut le faire tout ce qui est grand; l'héroïsme pris sur le fait; tout ce qui est beau : un paysage oriental, un lever de soleil sur un amphithéâtre de montagnes, la mer roulant ses ondes bleues sous le ciel; mais l'art, si haut, si habile qu'il soit, aura beau nous mettre incessamment sous les yeux les exemples les plus frappants, même les plus séduisants de probité, de chasteté, de bienveillance, de vérité, de générosité, il ne pourra nous rendre ni probes, ni chastes, ni bienveillants, ni véridiques, ni généreux. Ces qualités nous manqueront toujours, quelque bien choisies que soient nos lectures, si elles ne préexistent pas en nous, si l'expérience, l'éducation, la réflexion, qui nous montre que les mœurs régulières et pures, l'obéissance au devoir et la pratique du bien sont les moyens les plus sûrs pour vivre heureux, ne nous les ont pas données.

Si l'art avait le pouvoir de nous obliger à nous conduire *honnêtement*, au moyen des exemples, il aurait pour premier effet de tuer nos vices. Il ne l'a pas. Molière, non-seulement n'a jamais réformé les mœurs d'un libertin, d'un tartufe, ni d'un avare; il ne les a même pas ébranlées. J'ai vu des *lionnes pauvres* applaudir la pièce de ce nom de M. Augier, des femmes du *demi-monde* féliciter Dumas, séance tenante, de son talent d'observation; et, le rideau baissé, ce n'était point au

couvent qu'elles se retiraient, mais dans leur alcôve.
La justice elle-même, malgré son appareil saisissant
et ses réalités, ne réforme pas les mœurs. Elle punit,
ne guérit pas. Le soir même où fut prononcé l'arrêt
dans une affaire d'escroquerie qui fit du bruit, j'ai vu
quelques-uns des témoins qui venaient d'essuyer la
mercuriale du ministère public, que dis-je ! celle de
leurs propres avocats ! qui les avaient entendus flétrir énergiquement la passion du jeu, et les adjurer,
de par l'exemple qu'ils avaient sous les yeux, d'abandonner cette passion funeste, je les ai vus quitter le
prétoire pour aller où? s'asseoir autour d'une table
de lansquenet. La plupart de ces malheureux avides
d'assister au spectacle révoltant des exécutions capi-
tales, qui se pressent autour du pied de l'échafaud,
sont des voleurs, des repris de justice, et, s'ils ne négligent pas une occasion de voir sauter une tête humaine sous la hache, c'est bien moins pour apprendre à renoncer au crime, que pour s'habituer à l'idée
du supplice qui les attend ! Comment les romans
guériraient-ils, quand l'échafaud n'amende pas ?

Ce ne sont pas les romans qui agissent sur les
mœurs ; ce sont les mœurs qui exercent leur influence sur les romans. Il nous faut renverser la
proposition. Chaque nouvelle tendance littéraire provient d'une variation dans l'esprit public. Le roman
n'est pas cause, mais effet. Toute littérature est le
reflet pur et simple des idées, des goûts, des besoins,

des caprices, des passions et des types du temps qui la voit naître. Elle ne crée pas ces types et ces passions. Elle constate leur existence, elle les observe, elles les exprime. Molière n'a pas inventé les marquis ridicules, plus que Balzac les *Gobsek* et les *Gigonnet*, plus que Dumas les *dames aux camellias*. Ils les ont vus, ils les ont peints dans leur vérité, chacun dans la mesure de son talent. Aucun de ces écrivains n'aurait existé, que les types qu'ils ont exprimés n'en auraient pas moins vécu, et le fait d'avoir été publiquement révélés par les poëtes, n'a certes pas innocenté les marquis de leurs ridicules et les Gigonnet de leurs vices. Il est facile de citer l'exemple de l'*ilote ivre*, et plus facile encore de décider pour les besoins d'une mauvaise cause que, loin de corriger les jeunes Spartiates, la vue de cet esclave abruti devait leur inspirer le désir de s'abrutir comme lui. Je m'inscris en faux au nom du bon sens, contre cette affirmation au moins légère. Je veux bien admettre que l'ilote ivre n'a corrigé personne, je crois l'avoir prouvé d'ailleurs ; mais je n'admettrai jamais que la vue d'un misérable hébété par le vin, étalant en public ses hoquets, sa face souillée, sa démarche vacillante, puisse inspirer à un homme à jeun le stupide désir de se plonger de gaieté de cœur dans un pareil état de dégradation.

Dites que la vue de ce misérable est un spectacle répugnant, je vous l'accorde ; mais ne dites pas qu'il est dangereux, car c'est absurde. Les madame Marneffe, les Cibot, les Rémonencq, les Grandet, les Fœdora de Balzac ; les Turcaret de Lesage ; les Harpagon, les Georges Dandin de Molière ; les Shylock, les Iago, les lady Macbeth, les Goneril de Shakspeare ; les Thénardier, les Chateaupers de Victor Hugo ; ces monstres d'impudicité, de cruauté, d'avarice ; ces sublimes imbéciles ; ces mauvaises gens, ces sans-cœur, n'ont jamais rencontré d'imitateurs. L'homme n'est pas singe à ce point d'imiter ce qu'il voit, uniquement parce qu'il le voit. Il faut, pour que le désir de l'imitation lui vienne à l'esprit, qu'il trouve dans l'imitation son intérêt ou son plaisir. En quoi peut tenter le lecteur même le plus inepte, le sort des Tartufe, des Goneril, des Iago, des Shylock, tous flétris par le poëte, servant de texte à indignation au poëte, et dont il n'expose les crimes au grand jour que pour les faire suivre du châtiment ? Ces monstres ont toujours existé ; il n'est que trop probable qu'ils existeront toujours ; mais ce n'est pas à la lecture des poëtes que remonte la responsabilité de leur existence ; c'est à l'infirmité de la nature humaine, c'est aux vices qui sont et seront toujours dans l'humanité. Les Shylock vivaient longtemps avant Shakspeare ; Harpagon pratiquait l'usure à Rome deux mille ans avant Molière : il n'est presque pas un homme de lettres qui n'ait été exploité par un Thénardier ; et Fœdora, je le jure par la blonde Ève, notre grand'mère, Fœdora est de tous les pays et de tous les temps.

La preuve, au surplus, que le roman, tant décrié de nos jours par de petits esprits, est sans influence sur les mœurs, c'est que les mœurs d'aujourd'hui sont plus pures que celles des temps où l'on n'écrivait pas de romans. En France, le roman date de Lesage, de l'abbé Prévost et de J.-J. Rousseau, morts tous les trois vers le milieu et dans la seconde moitié du xviiie siècle ; et le roman de mœurs n'a pris son expansion que sous la plume de Balzac, vers 1835. Qu'étaient les mœurs en France avant cette époque? Nous faudra-t-il rappeler les débauches sanglantes du moyen âge ; celles du règne de François Ier, et particulièrement des règnes de Charles IX et de Henri III ? Je ne parle pas de Louis XIV, de ses adultères affichés et de cette violente immoralité qui se nomme la légitimation des bâtards. Je ne parle pas non plus des saturnales de la cour du régent et de celle de Louis XV. Mais, quand je vois aujourd'hui, à défaut d'une vertu universelle qui n'a jamais existé nulle part, parce qu'elle est incompatible avec l'imperfection de la nature humaine, quand je vois ce despotisme des convenances, cette préoccupation toute nouvelle que nous avons de masquer nos vices, cette atténuation même dans le vice qui fait que les artistes commencent à le représenter comme ridicule — ce fait est grave, il est un des signes du temps ! —

quand je vois enfin la société moderne se faire de
moins en moins tolérante pour certains écarts de conduite, et tendre ouvertement à se scinder en deux
camps, celui des gens véritablement honnêtes et celui des gens qui ne le sont point, ne suis-je pas en
droit de revendiquer une part de ce commencement
d'épuration dans les mœurs, en faveur du roman
de mœurs qui n'a jamais cessé — c'est là son infériorité aux yeux des critiques orthodoxes — de pour-
chasser le vice, sous toutes ses formes, et de le mar-
quer au fer chaud.

A ceux donc qui, avec mauvaise foi et de parti
pris, se déclarent offensés par les peintures habi-
tuelles et trop réelles du roman moderne, nous nous
sentons en droit de dire : d'abord, si ces peintures
vous choquent, ne les regardez pas; rien ne vous
force à les regarder. Et, ensuite, nous ne peignons que
ce qui existe; si cela vous répugne ou vous déplaît,
changez vos mœurs, nous changerons nos livres.

Je nie absolument l'influence des romans sur les
mœurs. L'effet d'un livre, quel qu'il soit, ne va pas
plus loin que résumer certaines idées préexistantes
dans le public, leur donner un corps, une forme. *La
Nouvelle Héloïse* est venue juste à point pour restituer
à la société française pourrie de vices, et que les vices
n'amusaient plus, *le sens de la nature*, qui lui manquait. Elle a été la manifestation publique et maté-
rielle d'une réaction fatale à laquelle toutes les âmes

du temps étaient préparées[1]. La *Notre-Dame de Paris*
de Victor Hugo, dans un autre ordre de faits, a été la
protestation de la réalité historique, dont les meilleurs esprits avaient soif, contre l'histoire de convention. Elle a été, en même temps, la réaction du pittoresque contre la banalité. *Werther* n'a pas causé,
comme on l'a dit, *tant de suicides!* Il a été l'éloquente
expression de cette maladie de l'âme particulière à la
jeunesse allemande vers la fin du siècle dernier et qui
conduisit quelques jeunes fous à se suicider. L'*Histoire des Girondins* de M. de Lamartine n'a pas été
la cause de la révolution de février. Elle a été l'expression de l'ennui de la France, qui, lassée d'inutiles discours, fatiguée de demeurer abaissée devant l'Europe, et d'une inaction qui lui sera toujours antipathique, se mourait du désir de pousser
un cri de bataille et de liberté. Le livre n'est jamais
cause, mais *effet*. Il traduit l'idée, l'aspiration du
moment, et lui tient lieu de propulseur pour faire
son chemin dans le monde. Et quand le livre, *effet*,
veut essayer de devenir *cause*; quand, au lieu d'exprimer l'idée dominante, il cherche à la violenter, il
n'aboutit à rien, son effort demeure stérile. *La Pu-
celle* de Voltaire, ce poëme antinational, n'a rien pu
faire contre Jeanne d'Arc. Il était injuste, méchant,

---

[1] C'est ce que MM. Edmond et Jules de Goncourt ont parfaitement
démontré dans un livre aussi *vrai* qu'intéressant : *la Femme au dix-
huitième siècle.*

il blessait la conscience française. Aussi le poëme est-il mort, et Jeanne d'Arc vivra-t-elle à jamais dans l'amour et dans les respects du peuple français.

Cette question de l'influence des romans sur les mœurs a toujours été mal comprise, et n'a jamais servi que de texte à des esprits faux pour débiter des choses rebattues. Selon moi, ce n'est pas dans la peinture du mal que nous devons chercher le danger des romans ; le mal n'attire pas, il repousse ; le danger des romans, s'il existe, consiste uniquement dans le parti pris de représenter l'humanité « avec de flatteuses couleurs, » de la montrer enfin, meilleure qu'elle ne l'est. Ma doctrine, comme on le voit, diffère du tout au tout avec celle de M. Vitet. Je ne crois pas qu'il existe de livres dangereux pour les hommes faits. J'admets une légère restriction pour la jeunesse. La jeunesse vit dans l'ignorance, elle est avide d'apprendre, et l'expérience qu'elle ne peut acquérir dès son entrée dans la vie, elle la cherche dans les romans. Les premières lectures d'un jeune homme ont presque toujours une certaine influence sur son existence. Or, je ne vois aucun inconvénient à le prémunir contre les embûches du monde, en lui montrant le monde dans lequel il doit vivre, tel qu'il est. Agir ainsi, c'est lui mettre une arme à la main, c'est lui épargner des déceptions sans nombre. Il sait alors ce qui l'attend, sur quels événements il doit compter dans le commerce de ses semblables. Mais lui peindre le monde en l'embellissant, lui faire croire que la probité, l'honneur, la délicatesse, les beaux sentiments, le désintéressement, la vertu sont les lois les plus habituels de l'humanité, c'est lui préparer d'amères désillusions dont la tristesse laissera son empreinte sur sa vie entière. Figurez-vous un voyageur en quête de l'hospitalité qui, frappant à la porte d'une maison, croit pénétrer chez de braves gens empressés à le secourir, et qui, la porte refermée, se trouve dans un repaire de bandits. Hélas! je parle de cela par expérience. Moi aussi, comme tant d'autres créatures avides d'apprendre, encore enfant, je cherchai l'image de la vie dans les livres. Mes premières lectures étaient ce qu'on appelle à l'Académie « de bonnes lectures ». Jean-Jacques Rousseau, Bernardin de Saint-Pierre furent mes maîtres. A seize ans, je ne me lassais pas de les lire, et sur les exemplaires de leurs romans, que j'ai conservés, peut-être, en cherchant bien, retrouverai-je encore aujourd'hui la trace des larmes que me firent verser ces sublimes menteurs. Grâce à eux, la vie m'était apparue *toute rose*. Je voyais des Saint-Preux dans tous les jeunes gens, des M. de Wolmar dans tous les hommes faits, des Julie d'Étange dans toutes les femmes. Le rêve de Virginie me reprenait chaque soir, délicieusement encadré par la solitude embaumée de l'île de France; et, si je me plaisais à varier mon rêve en le rapprochant des réalités, c'était le monde enchanté

de Walter Scott, ce monde où toutes les aventures ont
un dénoûment heureux, qui m'apparaissait alors.
L'homme qui m'eût dit que le monde réel n'était pas
celui-là, je l'aurais pris pour un fou, tant j'avais foi
dans la véracité des poëtes qui m'avaient si bien
traduit mes précoces sensations, tant il me semblait
doux de les croire ! Tout à coup, au moment où j'étais
le mieux fasciné par la chimère, la réalité se leva.
Jusqu'alors je n'avais pas quitté la maison de famille.
A dix-huit ans, il me fallut prendre un état. La porte
du monde, devant moi, s'ouvrit toute grande. Je crus
mettre le pied dans un antre. L'élève de Rousseau,
l'amant d'une Virginie idéale, l'enfant qui ne croyait
qu'à l'honneur, au désintéressement, à l'héroïsme,
dont toutes les pensées étaient tournées vers le bien,
dont toutes les aspirations tendaient vers l'ennoblis-
sement de lui-même, le niais qui eût donné sa vie
pour une cause généreuse, se trouva, sans transition,
seul, sans secours et sans conseils, dans cette caverne où, sur le fumier de l'égoïsme et des intérêts,
se pourchassent tant de Shylocks !

Et, comme s'il n'eût pas suffi de cette première
désillusion pour l'épouvanter, le jour où, pour **la**
première fois, rêvant encore à Julie d'Étange,

> Il se tourna vers deux beaux yeux,
> Croyant s'y mirer dans le ciel,

il rencontra qui? Fœdora !....

C'est pourquoi, par une réaction logique, je me crus en droit de maudire mes maîtres, et me réfugiai parmi les sceptiques, les railleurs et les ennuyés. Byron seul pouvait me consoler de Rousseau. Et Byron même!... un jour, je ne le trouvai point assez amer. Il me fallut vingt ans d'épreuves, de réflexions, d'études acharnées, pour retrouver la possession de moi-même. L'équilibre intellectuel ne se rétablit chez moi que le jour où je pus arracher, jusqu'à la racine, la broussaille des illusions qui masquaient la lumière à mon esprit.

Tels sont les fruits que, pour ma part, je récoltai de la lecture prématurée de ces livres qui, selon l'aimable expression de M. Octave Feuillet, « charment l'imagination sans l'ébranler, touchent le cœur sans le troubler, amusent les hommes sans les corrompre. »

Eh bien, si, au lieu de Rousseau et de Bernardin de Saint-Pierre, le hasard avait fait tomber dans mes mains quelque robuste et sain réaliste comme de Balzac, autant qu'on peut répondre de soi, je l'affirme, j'aurais eu le cœur un peu moins troublé.

Heureusement, les jeunes gens ne lisent plus Rousseau aujourd'hui, et les jeunes filles même, m'a-t-on dit, commencent à ne plus aimer beaucoup les *héros* de Walter Scott. Il y a peu de danger que mon histoire — elle est celle de la plupart des hommes de mon âge — se répète. Les jeunes gens, aujourd'hui, ont profité des principes de Scribe. Ils sont sages, rangés, prudents, très-prudents ! Leurs rêves ne vont pas si loin que l'île de France. La littérature a fort peu d'action sur eux, quoi qu'on en dise. La maladie de René leur est inconnue. La passion, la chimère ne les tourmentent pas. A seize ans, ils n'étudient pas *les Harmonies de la nature*, mais bien la côte de la Bourse. Ce qu'ils veulent, c'est vivre, se bien porter, avoir beaucoup d'argent, devenir banquier vers trente ans, ministre peut-être à cinquante. Le terme le plus aimable de leur ambition est ce que, par un heureux artifice de style, on nomme un *beau mariage*. Et tous, ou presque tous, atteignent leur but. Et ils sont alors très-heureux.

Et c'est bien fait !

Balzac disait un jour, avec un grand sens :

« Ma parole d'honneur ! l'homme est un bouffon qui danse sur un précipice. On nous parle de l'immoralité des *Liaisons dangereuses* ; mais il existe un livre horrible, sale, épouvantable, corrupteur, toujours ouvert, qu'on ne fermera jamais, le grand livre du monde ; sans compter un autre livre mille fois plus dangereux, qui se compose de tout ce qui se dit à l'oreille, entre hommes, ou sous l'éventail, entre femmes, le soir, au bal[1]. »

Balzac avait raison. Ce ne sont pas les livres écrits,

---

[1] *La Fille aux yeux d'or*

c'est le livre du monde, toujours ouvert, qui est corrupteur; c'est l'exemple de ce qui se fait chaque
jour autour de nous; c'est l'impunité du scandale;
c'est la tentation qui s'offre à nous, constamment,
sous les formes les plus séduisantes. Qui voudra rester pur se gardera donc moins des livres que du
monde. Et au surplus, démasquons la plaie qui nous
ronge, car c'est une chose insoutenable que de se
mentir. Les hommes, quand ils ont à se perdre, ne se
perdent pas par les romans; ils se perdent par les
exemples du collége. Quant aux femmes, elles se perdent par les amitiés de femmes. Si vous tenez à la
chasteté de vos fils, ne les envoyez donc pas au collége;
et, si vous êtes soucieux de votre honneur, surveillez
attentivement toute commère qui, avec des airs ingé-
nus, se faufilera dans votre maison.

Et faites lire les rudes maîtres, ceux qui ne déguisent rien de la vie : Montaigne, Shakspeare, Molière,
La Bruyère, Voltaire, Balzac; faites-les lire à vos garçons. Et ne laissez rien lire à vos filles. Il sera temps,
pour elles, de distraire leurs loisirs avec des romans,
quand un mari, des enfants, l'expérience de la vie, ses
premières et profondes blessures les auront prémunies
contre la vanité des tentations. Celles qui sont destinées à faire des romans *en action*, croyez-moi, n'en
lisent guère. Que leur apprendraient-ils qu'elles
n'aient deviné, senti, ourdi, dans la rage native qui
les tenait dès le berceau? Ah! pauvres écrivains qu'on

D.

dit dangereux! que vous êtes simples, et que vous
savez donc, et que vous inventez donc peu de choses,
auprès de certains *anges* que j'ai connus qui, cachant
le diable en personne sous leur peau blanche, venaient
vous regarder tout doucement, d'un air étonné, avec
leurs beaux yeux innocents!

Non, nous ne sommes pas dangereux. Nous n'avons
aucune action sur les mœurs. Nous ne pouvons ni
pervertir ni corriger. Le pouvoir des poëtes les plus
puissants, les plus indignés ne va pas plus loin que
toucher, ravir un moment, tirer une larme des yeux,
produire un spasme vers le cœur, faire une fugitive
trouée de lumière à travers l'esprit. L'effet produit,
le lecteur se replie sur lui-même; puis, avec un
soupir, il se rejette dans le tourbillon du monde; il
y poursuit la route où le poussent ses intérêts, ses
passions; et c'est à peine si, de la lecture qui l'a le
plus fortement secoué, il lui reste, quelques jours
plus tard, un appréciable souvenir.

Ah! si nous pouvions corriger! s'il suffisait d'une
immense bonne volonté, du talent pour épurer l'humanité, qui de nous ne tiendrait à honneur de donner l'exemple? Les critiques, eux-mêmes, se met-
traient de la partie; car enfin, ils sont en quelque
sorte artistes, eux aussi! et, en bien peu de temps, à
la place des Gomorrhes modernes, s'élèveraient sous
le ciel d'innombrables et blanches Salentes. Grâce
aux livres, tous les hommes deviendraient loyaux,

dévoués, vertueux, affectueux; toutes les femmes douces et fidèles. Non-seulement les crimes n'ensanglanteraient plus la terre; mais le mensonge, l'égoïsme, l'immonde avarice, et l'envie, plus immonde encore, ne s'y rencontreraient jamais. Il n'y aurait plus d'appétits inassouvis, plus de pauvres. Il n'y aurait plus ni lois, ni prisons, ni bourreaux, car à quoi bon? Mais comment pouvons-nous corriger, quand ni la loi, ni les religions, ni les philosophies ne corrigent! Moïse, Zoroastre, Confucius n'ont pas corrigé! Le Bouddha, Platon, Marc-Aurèle n'ont pas corrigé! Le Christ, lui-même, si aimant, si tolérant, si profondément bon! le Christ a pu adoucir les mœurs; il ne les a pas corrigées. Les hommes sont partout et toujours les mêmes. La maladie universelle, depuis Adam, empoisonne les veines de l'humanité, et, en dépit des remèdes et des médecins, l'humanité sera toujours incurable!

Dussions-nous en mourir de douleur, misérables infirmes que nous sommes! osons donc une fois nous dire nos vérités!

V

Je vais probablement passer aux yeux de bien des gens pour un esprit paradoxal; cependant la dernière question qu'il me reste à examiner pour terminer cette préface me semble tellement simple et élémentaire, que je la considère comme une sorte de banalité.

Selon moi, les écrivains modernes, bien loin d'avoir cherché, comme on le prétend, des éléments de succès dans la peinture de certaines mœurs, ne se sont soumis que trop servilement aux préjugés de l'époque, en se mettant à la recherche de toutes les fautes, de tous les vices de l'humanité ; — non pour se contenter de les exprimer et de tirer de leur antagonisme tous les effets dramatiques possibles, mais bien pour les flétrir, et expressément pour se donner l'honorable et puéril plaisir de les châtier. Quand Gœthe racontait les « souffrances du jeune *Werther*, » lorsque l'abbé Prévost décrivait, dans *Manon Lescaut*, avec une si rare sensibilité, les résultats inévitables de la faiblesse jointe à la passion ; quand Balzac, dans le premier épisode des *Parents pauvres*, montrait jusqu'à quel point de dégradation peut être entraîné celui qui garde dans un corps de vieillard les appétits de la jeunesse ; ils n'avaient d'autre but que de peindre, le premier une maladie de l'âme, le second une infirmité du cœur, le troisième une dépravation des sens. Mais, quand M. Augier, par exemple, a écrit *le Mariage d'Olympe* et *les Lionnes pauvres* ; quand Dumas fils a écrit *le Demi-Monde*, *le Père prodigue*, *la Question d'argent* ; ils ont eu non-seulement l'intention de peindre certaines mœurs, de dessiner certains types, agissant dans un *milieu* particulier ; mais, de plus, et surtout, ils ont voulu démontrer les inconvénients attachés à ces mœurs, et exposer la triste fin qui les attend. En procédant ainsi, ils ne se sont pas contentés de faire œuvre d'artiste, mais surtout œuvre de philosophe, de moraliste. Leurs comédies ont été affaiblies par l'introduction d'une thèse ; et, pour avoir voulu corriger les mœurs, flétrir de mauvaises mœurs et punir le vice, toutes choses des plus louables, mais absolument étrangères à l'art, et qui n'ont en réalité corrigé personne, ils ont perdu de vue le but suprême de l'art, qui est la *perfection de la forme appliquée à la reproduction idéalisée de la vérité.*

Ces écrivains ont donc été bien injustement accusés d'immoralité, car ils ne s'étaient que trop préoccupés de la morale. Le souci intempestif de la morale constitue le défaut de leurs comédies. C'est à son point de vue, et non au point de vue de l'art, qu'ils se sont placés pour les écrire, et alors qu'est-il arrivé ? Pour s'être proposé un but autre que celui de l'art exclusif et désintéressé, ils n'ont pu s'empêcher de le dépasser. M. Augier est quelquefois, sans s'en douter, d'une sévérité pour le vice qui touche presque à la cruauté, et Dumas fils, dans *le Père prodigue* et *la Question d'argent,* s'est montré féroce. On ne croirait jamais, en lisant ces deux dernières pièces, que celui qui les a écrites est un

homme du meilleur cœur et du caractère le plus
indulgent.

Et ce que je dis au sujet de ces deux auteurs dramatiques pourrait s'appliquer à tous les romanciers
modernes, sauf Balzac, Edgar Poe, Mérimée et Dumas
père ; même aux plus impersonnels, même à ceux
qui ont été le plus universellement taxés d'immoralité. L'immoralité d'un livre, en effet, ne consiste
pas dans quelques détails plus ou moins accentués,
et qui font fugitivement rêver à l'amour sensuel ;
elle consiste dans l'âme, dans la conscience du
livre ; dans cette chose insaisissable qui se dégage
comme une vapeur des caractères d'imprimerie
que l'œil parcourt et qui, pour un moment, vous
éblouit, vous donne le vertige, et vous met dans le
cœur je ne sais quel besoin pervers de faire du mal
à autrui. J'ai pu lire impunément les contes les plus
graveleux de Boccace et de la Fontaine. A peine
m'ont-ils fait sourire. Mais il est un livre, un seul,
qui a réellement bouleversé ma conscience d'honnête homme ; qui m'a fait me demander si sérieusement je n'étais pas un insensé de croire au bien et
d'aimer le bien. Ce livre, le seul véritablement immoral que je connaisse, ce livre atroce qu'on dirait
dicté par Locuste à Néron, ce livre haïssable qui vous
pousse à cracher sur l'honneur, sur la vertu, sur le
patriotisme, sur tout ce qu'il y a de grand, de noble,
de sacré, c'est *le Prince*, de Machiavel.

Je disais que les romanciers modernes, même ceux accusés d'immoralité, ne s'étaient que trop préoccupés d'un but moral, dans leurs livres. Quiconque les voudra lire attentivement s'apercevra bientôt qu'à leur insu, le désir de corriger le vice les saisit peu à peu, et que, pour obéir à cette faiblesse de leur conscience, ils se font subjectifs, d'objectifs qu'ils avaient été d'abord. Je n'ai pas échappé plus que tant d'autres à cette influence de la manie de notre siècle, et c'est là ce qui constitue à mes yeux notre plus déplorable infériorité.

Cette manie, je dois l'avouer, ne provient pas seulement du public français, qui a toujours aimé à être censuré, sans avoir au surplus le moindre désir de renoncer à ses péchés mignons; elle ne provient même pas de la critique, qui n'a fait que suivre en cela les idées régnantes. Elle provient avant tout de quelques poëtes, malheureusement des plus persuasifs et des plus grands. Il ne leur suffisait pas d'être poëtes. Ils se sont annoncés comme prophètes, et il s'est malheureusement rencontré des gens qui les ont pris au sérieux. — Chanter! se sont-ils dit un jour, exprimer dans une langue adorable toutes les souffrances, toutes les désillusions, tous les espoirs de l'humanité! faire tenir l'univers avec ses splendeurs, ses horreurs sublimes, ses grâces infinies dans quelques volumes de vers, voilà-t-il pas une belle affaire! Être peintre! charmeur! magicien! créateur!

voilà-t-il pas grand'chose de beau! Alors ils ont inventé la *sainteté de l'art*, la *mission providentielle du poëte*; ils ont dit qu'eux aussi avaient *charge d'âmes*, et peu s'en est fallu que, de prophètes, les adeptes ne les missent un jour au rang des dieux.

Eh bien, non. Ils ne sont et ne seront jamais prophètes ni dieux. Hommes de génie, tout simplement, et du plus beau génie, mais pas autre chose. C'est malheureux, mais c'est ainsi; et l'influence morale, très-réelle, qu'ils ont exercée sur leur siècle, ne provient pas, comme ils le pensent, de leurs incitations à la vertu, mais de la beauté absolue que dégagent les moins didactiques de leurs œuvres.

Le *Raphaël* de M. de Lamartine, élégant sermon, me laisse absolument froid; — et je ne puis songer au *Booz endormi* de M. Victor Hugo, qui n'enseigne rien, sans que mes yeux se remplissent de larmes.

Trop de morale dans les œuvres; pas assez de moralité dans les mœurs: voilà ce que l'on peut dire de plus caractéristique sur le temps présent.

Avril 1863.

UN DÉBUT
A L'OPÉRA

UN DÉBUT

A L'OPÉRA

I

BARBERINE

Dans les premiers jours du mois de mars de l'année 1840, une nouvelle survint à Paris qui mit en grand émoi les artistes et les habitués de l'Opéra. Une danseuse de vingt ans, l'une des plus jolies et des mieux faites qu'on eût jamais vues sur la scène, arrivée récemment de Moscou, allait débuter au théâtre de la rue Lepeletier. Les journaux vantaient son talent et parlaient de sa beauté comme d'une merveille ; mais le public, mis en défiance par l'abus de réclames toutes récentes, ne semblait pas disposé à l'admirer sur parole. Il est nécessaire, pour l'intelligence de ce qui va suivre, de rappeler en peu de mots quelle était alors la situation du corps de ballet, à l'Opéra.

Mademoiselle Taglioni était partie pour la Russie depuis

trois ans. Fanny Elssler l'avait remplacée dans la faveur du public; elle s'appliquait de son mieux à la faire oublier. En septembre 1838, elle essaya de donner une interprétation nouvelle au rôle de *la Sylphide*; puis, deux mois après, enhardie par cette première tentative, elle dansa le ballet de *la Fille du Danube*, et, moins heureuse alors, elle fut sifflée. Les partisans de sa rivale ne voulaient pas qu'une autre artiste — quel que fût d'ailleurs son talent — se permît d'interpréter à sa manière les rôles dans lesquels elle s'était, pour ainsi dire, incarnée. Ces amateurs de la danse académique — de la *danse des femmes*, comme on disait alors, — trouvaient Fanny Elssler peu décente. Selon eux, la chorégraphie ne devait pas parler aux sens : c'était un art abstrait qui, bien compris, s'adressait à l'âme seule et n'avait d'autre but que de rendre les hommes meilleurs, en plaçant sous leurs yeux la réalisation d'un certain idéal de grâce et de pureté. Fanny Elssler ne manquait cependant pas d'admirateurs, — surtout depuis qu'elle s'était avisée de danser les pas espagnols récemment mis à la mode par Dolorès Serral; — mais ces derniers, qui, au rebours des premiers, déclaraient la danse un art concret, destiné à exprimer les passions et à donner du relief à la beauté des formes humaines, reprochaient à la danseuse de dénaturer le caractère de son talent en l'appliquant à des créations qui n'avaient pas été faites pour elle. Fanny Elssler, ne pouvant parvenir à mettre d'accord tant de gens qui avaient de bonnes raisons pour ne pas s'entendre, partit pour l'Amérique, et l'Opéra demeura livré à des sujets de second ordre qui, n'ayant aucun caractère tranché, ne passionnèrent personne. On s'en aperçut aux recettes, qui baissèrent de jour en jour.

Le public était encore sous l'impression de l'essai malheureux de Fanny Elssler, lorsque le bruit se répandit que la débutante allait, elle aussi, se mesurer avec le souvenir de Taglioni, en faisant sa première apparition dans le rôle de la Sylphide. Il y eut alors une inquiétude générale et comme une protestation menaçante au fond de tous les cœurs qui ne battent que pour l'Opéra. L'étrangère allait-elle suivre les errements de l'illustre créatrice du rôle? ceux de sa rivale? ou, à son tour, allait-elle faire subir à ce rôle une troisième interprétation? On comprendra facilement que les interrogations, les suppositions et les dénégations durent aller bon train, quelques jours avant l'époque décisive, au foyer de la danse, à l'orchestre des habitués, à celui des musiciens, au club et dans les coulisses. La curiosité des intéressés était d'autant plus excitée, que Barberine — tel était le nom de la débutante — ne se contentant pas d'être belle et merveilleusement faite, s'était toujours montrée, disait-on, d'une sagesse exemplaire. Aucun homme ne pouvait se vanter de lui avoir baisé le bout des doigts. De plus, elle s'entourait de mystère. On ne l'avait jamais vue au *cours*, où les premiers sujets vont s'exercer tous les jours aussi bien que les coryphées. Elle prenait des leçons particulières chez M. Mazilier, son professeur, ne recevait personne chez elle; et, d'ailleurs, sa digne et respectable mère, mademoiselle Adélaïde Chaussepied, une habile praticienne qui avait gagné ses durillons en sautant sur les scènes les plus courues de toute l'Europe, et le sieur Gaskell, son impresario — son Barnum, comme on dirait aujourd'hui — ne la perdaient pas de vue une minute, et veillaient avec le plus grand soin à ce qu'elle ne compromît pas son succès.

Si ce luxe de précautions était déployé par ces deux personnes expertes, c'est que la débutante avait à redouter une rivalité plus grande encore, et mille fois plus dangereuse que celles d'artistes d'un talent reconnu et accepté du public : à savoir, celle des médiocrités et des talents du second ordre, très-désireux de se pousser au premier rang. La gloire, où qu'elle soit, et quelque genre de pirouette qu'elle emploie pour se manifester, est assez volontiers bonne personne. Elle ne descend guère à tendre des piéges aux jeunes talents. La médiocrité, au contraire, a l'âme féroce. Elle ne pardonne pas à autrui la possession des qualités qui lui manquent, et elle se montre généralement impitoyable envers le succès. Aussi les trois ou quatre danseuses qui, après le départ de Taglioni et d'Elssler, avaient pu se croire appelées à tenir les premiers emplois de la danse, — étant les seules qu'on pût employer à l'Opéra, — en apprenant qu'une huitième merveille du monde arrivait du fond de la Russie pour leur enlever une place qu'elles considéraient comme la leur, ne surent-elles pas maîtriser leur désespoir et se réunirent-elles, afin d'organiser une cabale pour la faire tomber.

Afin de bien faire comprendre au lecteur ce que c'est que cette chose si redoutée des auteurs et des acteurs qu'on nomme *une cabale*, il ne sera pas inutile d'énumérer les diverses influences qui s'agitaient alors autour de ce monde d'intrigues et d'intérêts qu'on nomme l'Opéra.

Ces influences étaient de plusieurs sortes, et plus ou moins actives. Nous les citerons, autant que possible, dans l'ordre hiérarchique de leur puissance.

1° *L'administration supérieure.* Autrement dit, le ministère qui subventionnait l'Opéra sur son budget. L'artiste que favorisait ce ministère pour une raison ou pour une autre — souvent fort étrangère à l'art de la chorégraphie — n'était pas toujours celui que préférait le public ; mais le ministre pouvait lui être d'un grand secours dans ses rapports avec le directeur. — Il est bon de rappeler ici que le ministère d'alors (1840) sut gagner une voix à la chambre des députés, moyennant un bel et bon engagement qu'il obligea le directeur de l'Opéra à contracter avec une danseuse.

2° *Le directeur.* Personnage agissant nécessairement en vue de ses intérêts particuliers, et conformant ses actes à ce qui doit, selon lui, assurer les bénéfices de sa gestion ; mais subissant souvent, trop souvent ! la pression des protecteurs des demoiselles placées sous sa férule, et surtout la pression des familiers de son entourage. Règle générale : de même que les généraux ne se montrent à leurs troupes qu'entourés d'un essaim de jeunes et brillants officiers, tout directeur de l'Opéra ne marche, et ne peut marcher, sans être accompagné d'un cortége d'amis.

3° *Les sujets de la danse.* Je comprends dans cette appellation toutes les danseuses, depuis les premiers sujets dont l'âge varie entre vingt et quarante-neuf ans, et qui gagnent de trente à cinquante mille francs par an, jusqu'aux plus petites des figurantes qui comptent de dix à quinze ans, et ne gagnent souvent pas plus de vingt sous par jour. Elles assistent toutes aux leçons et aux répétitions, et, selon que la débutante leur est plus ou moins sympathique, elles la démonétisent à l'avance ou *la font mousser* — en style de coulisses — et préparent ingénieusement ainsi les dispositions du public et des habitués.

4° *Les protecteurs du corps de ballet* : jeunes ou vieux. Presque tous sont des habitués de l'Opéra. Les plus redoutés, pendant les représentations, habitaient, à l'époque dont nous parlons, la *loge infernale*. Cette loge, célèbre alors et fort dégénérée comme influence aujourd'hui, est la dernière baignoire d'avant-scène placée à gauche du spectateur. En 1840, les dix ou douze locataires de cette loge incommode, presque tous aimables, bons enfants, bons vivants, et fort peu infernaux, décidaient les chutes et les succès par leur abstention ou leurs applaudissements. Ils faisaient classer les *sujets*, les faisaient même renvoyer du théâtre quand ils n'avaient pas eu le bonheur de leur plaire. Ils tenaient l'infortuné directeur dans une dépendance presque absolue, par les artistes de la danse et du chant qu'ils daignaient particuliérement protéger. Le jour même où le directeur manifestait quelques faibles velléités d'émancipation, ces artistes, obéissant à leurs amants, se disaient malades. La représentation manquait, les abonnés s'indignaient, le public murmurait, les *marchands de billets* réclamaient : force était au directeur de se soumettre.

5° *Les auteurs, compositeurs, professeurs, maîtres de*

ballets. Tous connaisseurs ou passant pour tels, faisant ou défaisant les réputations, donnant des rôles aux danseuses à leur volonté ; les premiers protégeant naturellement *leurs petites amies*, et les derniers, leurs élèves.

6° *Les habilleuses, coiffeurs,* et autres serviteurs des artistes, aux gages de l'administration, se chargeant volontiers de colporter les cancans et les médisances de loge en loge, et se montrant nécessairement dévoués aux gens qu'ils servent.

7° *Le chef de claque.* Personnage considérable, à l'Opéra surtout, soumis en apparence au directeur, mais se servant presque toujours de lui — sans qu'il s'en doute — selon que les artistes l'ont plus ou moins largement rémunéré pour les soutenir ou servir leurs rancunes.

8° *Les abonnés.* Gent élégante, composée de la meilleure société de Paris, mais corvéable et taillable à merci, gouvernée par le touchant esprit de douceur et d'imitation qui, si l'on en croit Rabelais, animait jusqu'aux derniers-nés des moutons de Panurge ; assistant sans se plaindre, souvent trente fois de suite, à l'audition du même opéra, interprété par des *doublures* enrhumées ; mais capable de contribuer au succès d'un artiste par ses applaudissements, qui, pour n'être pas toujours excessivement intelligents, ni même très-impartiaux, font cependant presque autant de bruit que ceux des chevaliers du lustre.

9° *Les feuilletonistes.* Bons enfants, comme l'ont appris à leurs dépens tous ceux, grands ou petits, qui ont eu la malencontreuse idée de monter sur un tréteau quelconque pour parader devant le public. En 1840, ils se

1.

montraient généralement assez indulgents en matière d[e]
ballets, n'y entendant pas grand'chose. Néanmoins, o[n]
ne pouvait guère compter sur eux — à moins qu'i[ls]
n'eussent bien dormi, bien digéré, que le vent ne fût fixé [à]
l'ouest, et que tout n'allât bien pour eux dans le meilleu[r]
des mondes possibles.

10° Enfin, *les feuillistes*. Je suis obligé d'employer [ce]
mot, inventé par Beaumarchais, faute d'un autre mie[ux]
approprié; la langue française, au rebours de ce que l'[on]
croit, étant une langue fort pauvre en fait de nuance[s.]
Beaumarchais entendait par *feuillistes*, non pas la gé[né]
ralité des rédacteurs de journaux, — il s'en fallait du t[out]
au tout! — mais cette classe d'individus qui se sert d'[une]
plume, à peu près comme les bandits se servent d[u]
stylet pour rançonner les voyageurs. Ceci est suffisa[m]
ment clair, je pense, et l'on me comprendra de reste. [Un]
autre motif m'a également déterminé à adopter ce né[olo]
gisme : c'est que mademoiselle Adélaïde Chaussep[ied,]
mère de la débutante, qui était une personne pleine [de]
sens, ainsi qu'on le verra plus tard, ne manquait jar[mais]
de s'en servir pour qualifier les individus en quest[ion.]
Quand elle voulait désigner un rédacteur de journal, [un hon]
nête homme, elle disait : un *journaliste*; et, quand [elle]
entendait citer un vénal écrivassier, elle disait : un *fe[uil]
liste*. Ceci dit, une bonne fois pour toutes, je continue[.]

Donc, *les feuillistes*. En 1840, il y en avait un cer[tain]
nombre qui vivaient aux dépens de l'administration e[t des]
artistes les plus largement rémunérés de l'Opéra. — [J'i]
gnore s'il en est encore ainsi aujourd'hui. — L'adm[inis]
tration surtout les accablait de politesses de toute s[orte.]

En revanche, à l'occasion de chaque nouveau début, elle leur insinuait qu'ils seraient bien aimables de parler dans un sens ou dans un autre. Je dois dire, pour me conformer à la vérité, que quelques-uns d'entre eux, à force d'avoir obéi — ou désobéi — aux prières de l'administration, avaient fini, disait-on, par amasser quelques milliers de livres de rente.

Malheureusement pour la débutante à laquelle nous essayons d'intéresser le lecteur, elle était placée en de très-mauvaises conditions pour tourner de son côté les plus puissantes des influences que nous venons d'énumérer. On savait que le contrat passé par sa mère trois ans auparavant, avec le sieur Gaskell, son impresario, expirait quelques mois plus tard, le jour où la charmante Barberine aurait atteint sa majorité. Si donc ses débuts étaient très-brillants, comme il y avait lieu de l'espérer, l'administration supérieure comprenait que — soit que Barbérine résiliât ou renouvelât son bail avec Gaskell — ses prétentions seraient excessives. Si la danseuse avait pu se lier avec l'Opéra, dès le lendemain de ses débuts, pour un certain nombre d'années, l'administration eût eu intérêt à la soutenir. Mais il n'en était pas ainsi. Dans l'espoir de lui faire signer, le jour de sa majorité, un engagement médiocrement rétribué, l'administration, éclairée par l'expérience qu'elle avait faite à ses dépens treize ans auparavant, lors des débuts de mademoiselle Taglioni, devait enrayer le succès de la débutante, empêcher qu'il n'allât trop loin. Quant au directeur, il devait naturellement faire les mêmes calculs que l'administration. Il avait besoin d'une première danseuse... Mais celle-ci lui resterait-elle et à quelles conditions, si le public s'engouait pour elle dès le premier jour? Le directeur — comme l'administration supérieure — désirait trouver en Barberine une émule d'Elssler et de Taglioni, *une mine à succès*; mais il avait intérêt à ne le dire que six mois plus tard, quand on aurait pu lier la danseuse pour longtemps et avantageusement à l'Opéra. Il était donc probable qu'il pèserait de toutes ses forces sur l'esprit du public pour lui persuader que le talent de Barberine promettait, mais n'était point arrivé encore à son épanouissement, et que la claque ne la soutiendrait qu'à demi, mollement. Et les autres influences qui se partageaient alors la domination de l'Opéra étaient toutes hostiles à Barberine. Ainsi, elle avait contre elle, cela va sans dire, tous les sujets de la danse, et même du chant, auxquels il importait de ne pas se laisser éclipser par une nouvelle *étoile*; et, à leur suite, les protecteurs de ces demoiselles, très-influents en matière de débuts; les maîtres de ballets, intéressés à faire tomber une artiste qui ne sortait pas de leur classe; les habilleuses, coiffeurs, etc., plus à craindre qu'on ne le croit. Quant aux claqueurs et aux *feuillistes*, ils étaient absolument dans la main du directeur, et nécessairement leur action ne devait pas être très-favorable à Barberine. Restaient les abonnés et les feuilletonistes; mais sur ceux-là encore la danseuse ne pouvait compter à l'avance, car ils trouvaient un peu présomptueux à une fille presque inconnue de débuter à l'Opéra par le rôle où Taglioni s'était illustrée, et dans lequel Fanny Elssler ne s'était fait applaudir qu'à la suite d'une lutte violente.

Les moyens employés par le sieur Gaskell pour neutraliser ces influences hostiles étaient malheureusement jusqu'alors assez médiocres ; non pas que l'esprit d'intrigue fît défaut au bonhomme ; il avait livré déjà des combats plus chanceux et les avait gagnés ; mais il connaissait peu de monde à Paris, et ses ressources étaient limitées. Ses rapports avec le directeur étaient fort guindés. Il comptait bien soudoyer la claque et faire quelques politesses aux *feuillistes ;* mais il sentait qu'il ne serait servi qu'à demi, car il était de passage à Paris, et l'on ne pouvait compter sur sa munificence dans l'avenir. Ses calculs, jusqu'alors, avaient consisté à entourer la danseuse d'un grand mystère, à empêcher que personne ne pût porter un jugement quelconque sur son talent avant le jour des débuts, et à prendre un air rassuré quand on manifestait devant lui quelques craintes sur les dispositions du public. Afin de mieux suivre son plan de surprise, il n'avait pas voulu souffrir que Barberine, selon l'usage, se rendît chaque jour à *la leçon*. Le maître de ballet Mazilier, l'un des mimes les plus distingués de l'Opéra, lui donnait chaque jour, chez lui, une leçon particulière, ainsi que nous l'avons dit, et, comme il avait toujours été très-bon camarade, il s'intéressait vivement à sa nouvelle élève. Aussi, à toutes les interrogations qu'on lui adressait dans les coulisses, se contentait-il de répondre : — *Je suis sûr du succès !* — ce qui ne contribuait pas peu à exaspérer les rivales de Barberine.

Il y avait cependant, avant le jour des débuts, une épreuve préparatoire où ses ennemies l'attendaient. C'était la répétition générale du ballet de *la Sylphide*. Les connaisseurs de l'Opéra se préparaient à la juger là, et la plupart d'entre eux, quel que fût le talent qu'elle dût y montrer, étaient bien décidés à la décrier à l'avance. Mais Gaskell trouva le moyen de soustraire à demi Barberine à cette épreuve. D'abord, il exigea du directeur, comme c'était son droit, qu'aucune personne — sauf les danseurs et danseuses figurant dans le ballet — n'assistât à la répétition. Ensuite, il donna le conseil à Barberine, qui connaissait parfaitement le rôle pour l'avoir dansé à Varsovie et à Moscou, de le danser le moins possible, de se contenter d'indiquer les pas. Le désappointement fut donc assez grand chez les curieux quand ils virent la danseuse ébaucher simplement son rôle. On ne pouvait pas plus la juger définitivement sur cette épreuve, qu'on ne peut juger la voix d'un chanteur qui se contenterait de fredonner. Néanmoins, à deux ou trois reprises, comme si elle n'eût pas été parfaitement maîtresse d'elle-même, Barberine se laissa entraîner à prendre certaines poses, à s'enlever un peu, de sorte qu'on pouvait déjà se rendre compte qu'elle était consommée dans son art, ou plutôt que déjà, pour elle, quand elle le voulait, son art n'était plus qu'un jeu.

Enfin, la veille de la représentation arriva : c'était un mardi. Toute la journée, Gaskell avait couru les cafés à la recherche des *feuillistes*; il avait eu une longue conférence avec le directeur; une autre, plus longue, plus secrète et non moins intéressante avec le chef de claque; et, afin de faire prendre courage à *son sujet*, il lui avait envoyé des fleurs et un riche bracelet de fort bon goût. Le dîner devait les réunir tous deux à mademoiselle Chaussepied, qui avait toujours pris au sérieux son rôle de mère. Nous profiterons de cette occasion pour esquisser le caractère de ces trois personnes et raconter succinctement l'histoire de leur passé.

II

PROFIL D'IMPRESARIO

Jean-Géréon Gaskell n'avait pas de patrie. Il était né en mer, par un gros temps, le 28 juillet 1790, aux environs des Bermudes, sur un navire hollandais qui faisait la traversée de la Jamaïque à Rotterdam, d'un père anglais et d'une mère française, tous les deux domestiques chez un riche colon.

Gaskell devait ressentir toute sa vie l'effet des mauvais présages qui accompagnèrent sa naissance. Son existence fut ballottée comme une barque sans gouvernail; le hasard se joua de lui comme le vent se joue d'un flocon d'écume; il eut la ridicule destinée des poissons volants, qui, sous l'eau, sont pourchassés par les dorades, et, dans l'air, par des pirates à longues ailes. Aussi ne dormit-il jamais que d'un œil, pour éviter les coups de bec et les coups de dent.

Son éducation avait été un peu négligée, c'est-à-dire que, ayant perdu ses parents de bonne heure, il l'avait faite lui-même, et, comme l'habit d'un poëte, elle se composait de pièces et de morceaux. Les morceaux de cette éducation n'étaient même pas très-bons : ainsi, Gaskell avait appris la déclamation avant de s'occuper de l'orthographe. Il est vrai que ses dispositions ou plutôt son goût naturel le poussait vers l'art dramatique, et que, pour être un bon acteur, il n'est pas besoin de savoir à fond la grammaire. Le rêve de la vie de Gaskell fut de monter sur les planches: A dix-huit ans, il y monta.

Mais ce fut pour son malheur! Comme il arrive à bien des gens qui prennent leurs désirs pour des aptitudes, Gaskell, que la lecture de Racine avait rendu à moitié fou d'enthousiasme, n'eut jamais le moindre talent. Coiffé du casque tragique, il ressemblait à ces empiriques qui débitent des remèdes contre le mal de dents. Il marchait avec la gravité d'un matamore, et déclamait les vers avec une voix de fausset qui semblait celle d'un enfant rachitique. Enfin, il manquait de mémoire et d'aplomb. Cela fit qu'il eut fort peu de succès auprès du public, et que, dans la troupe d'acteurs nomades où il s'était engagé, on ne tarda pas à lui retirer les premiers rôles pour lui confier les *utilités*. D'essais en essais, toujours malheureux, malgré son excessive bonne volonté, Gaskell arriva à descendre dans le trou du souffleur. Il ne pouvait descendre plus bas. Encore, s'il avait eu les qualités requises pour remplir ce dernier emploi! Mais il soufflait toujours trop haut ou trop tard. On le congédia. Il résolut alors de franchir d'un seul bond tous les degrés de l'échelle dramatique, et de se faire d'emblée directeur. Il le fut, en effet, d'une troupe — de bêtes féroces. Mais il se dégoûta bientôt de ce nouveau métier : son éléphant mourut d'une peine de cœur, — on l'avait séparé de sa femelle; — son singe se sauva sur les toits d'une maison voisine et ne reparut plus; son tigre de Bornéo dévora la moitié de la tête de son conducteur. C'était trop! Gaskell vendit le reste de sa ménagerie pour en réunir une autre. Celle-là, quoique composée de créatures un peu plus humaines que la première, n'en fut pas plus facile à conduire. Au contraire! cependant Gaskell y parvint. Le voilà donc, à quarante ans, désillusionné, fort anxieux de son avenir, et produisant sur la scène une foule de personnages de tout âge et des deux sexes qui se croyaient tous des gens de génie. Gaskell, fatigué de ses nombreux changements d'état, résolut de perfectionner sa dernière industrie le plus possible et de ne la quitter jamais. Exploiter les talents des autres devait être la suprême et la dernière occupation de sa vie. La troupe d'acteurs ambulants qu'il avait composée était complète; on y trouvait des pères nobles, des financiers, des Gérontes, des jeunes premiers, des traîtres, des Léandres, des Crispins, des Jocrisses, des mimes; et de même des soubrettes, des duègnes, des princesses, des confidentes, des Dugazons. Tout y était, jusqu'à deux sacripants dont l'un, maigre, efflanqué, ne pesait guère plus de soixante livres, et l'autre, énorme et furibond, faisait craquer sous son pas de géant le parquet de la scène. Grâce à Géréon Gaskell, les vaudevilles de Scribe et les drames de M. Victor Séjour firent enfin apprécier la saine littérature française du tropique du Cancer à celui du Capricorne.

Gaskell eut, toute sa vie, une passion malheureuse

pour le théâtre. Rien ne valait pour lui les méandres obs-
curs des coulisses, le plancher boueux de la scène et les
portants chargés de quinquets. Il avait été créé pour ces
choses-là ; sa suprême ambition, nous le savons, eût été
de jouer les premiers rôles. Diriger une troupe d'acteurs
était une sorte d'équivalent, et il en dirigea de toute es-
pèce : de vaudeville, de drame, d'opéra-comique et d'o-
péra. Mais, malgré de nombreux succès, il ne parvint
jamais à faire fortune ; et, un beau jour, à Varsovie, sa
troupe ingrate l'abandonna tout entière, parce que, depuis
huit jours, il ne lui avait presque pas donné d'argent. La
douleur de Gaskell fut alors très-grande, et il était sur le
point de renoncer à jamais aux entreprises dramatiques,
quand le hasard le conduisit chez un maître de ballets très
en vogue, avec qui il s'était quelque peu lié, et qui était
en train de donner leçon à une foule de charmantes petites
filles de tous pays, qui composaient les chœurs de la danse,
au grand théâtre de Varsovie.

A peine Gaskell fut-il entré dans la salle où se donnait
la leçon, qu'il remarqua une enfant de seize ans, mince,
blonde, petite, à l'air soumis et pudique, admirablement
découplée, qui répétait un pas difficile avec la patience
d'un ange et ce talent déjà formé qui annonce une artiste
de premier rang. Il y avait cependant encore en elle bien
des choses à reprendre : des incertitudes, des gaucheries ;
mais elle avait un *ballon* incomparable, une élasticité sur-
prenante, un *parcours* des plus étendus, et Gaskell fut
émerveillé. La mère de cette enfant assistait à la leçon.
C'était une ancienne coryphée de quarante ans environ,
qu'un embonpoint funeste avait peu à peu éloignée du

théâtre. On ne l'employait plus que de temps à autre, pour conduire les jeunes danseuses des chœurs au grand théâtre de Varsovie. Elle avait l'air immensément fatigué ! et, à sa mise plus que modeste, il fut facile à Gaskell de deviner qu'elle vivait avec sa fille dans une gêne qui ressemblait fort à la misère.

Gaskell quitta la leçon tout rêveur. La jeune fille qu'il venait de voir lui apparaissait comme un moyen infaillible de relever sa fortune détruite. Outre qu'elle l'avait un peu pris par le cœur, il sentait que, bien dirigée et perfectionnée, elle pourrait rivaliser un jour avec les *étoiles* alors brillantes dans le ciel de Terpsichore. Quelle occasion pour lui ! Il alla demander l'adresse de la mère au théâtre, et, comme elle ne dansait pas ce soir-là, il résolut de lui rendre visite sans tarder, et, afin de prendre sa position présente *sur le fait*, il s'arrangea de façon à frapper à sa porte à l'heure même de son dîner.

Il vit là tout ce qu'il espérait voir. La mère et la fille, réunies dans une chambre modeste chauffée par un poêle, prenaient un maigre repas arrosé de thé. On était en hiver, une petite lampe était allumée, et, à sa triste lueur, on voyait toute la chambre en désordre, encombrée de malles ouvertes, d'où sortaient des costumes de théâtre fripés. Des jupons de danseuse étaient accrochés aux espagnolettes des fenêtres. Des ustensiles de toilette : pots de rouge, brosses, serviettes, pains de savon, se mêlaient sur une commode boiteuse avec les débris du repas. On eut de la peine à débarrasser la troisième chaise du logis des hardes qui l'encombraient pour l'offrir au visiteur ; et celui-ci ne remarqua pas sans émotion la pâleur maladive,

produite par la fatigue et les privations, qui donnait au
visage de la petite un air souffreteux et attristé.

Gaskell entra sur-le-champ en matière. Il avait résolu,
dit-il, d'abandonner sa troupe d'acteurs ingrats pour se
dévouer exclusivement à une seule artiste, perfectionner
son talent et assurer son avenir. Si la jeune fille le voulait, ce serait elle qu'il adopterait. Comme elle avait encore beaucoup à apprendre, et que son entretien et celui
de sa mère coûteraient cher, Gaskell ne s'engageait à rien
qu'à avoir bien soin d'elle jusqu'à sa majorité. Il aurait
pour elle la sollicitude d'un père. Gaskell avait toujours
poussé au plus haut point l'adoration du *beau sexe*. Si peu
qu'une femme eût de jeunesse et de beauté, il voyait en
elle un *ange!* et, quand il lui parlait, tout en lui exprimait un ravissement attendri, un respect touchant, il se
fût littéralement jeté dans le feu pour obéir à son caprice. Ce bonhomme, de complexion tendre, avait une
figure poupine, toute ronde, avec un teint rose, des traits
fripés, un petit nez retroussé, et un affable sourire per-
pétuellement épanoui sur ses lèvres sensuelles. Sur son
front lisse et découvert voltigeaient quelques boucles de
cheveux fins et tout blancs, et, avec sa mise simple et
négligée, il avait l'air d'un bon bourgeois sans idées. Il
fallait l'œil exercé d'un observateur pour découvrir sous
son enveloppe inoffensive les passions qui, chaque nuit,
prenaient un corps pour peupler son sommeil de rêves
incohérents.

Ses propositions furent immédiatement acceptées par
la mère de Barberine et par Barberine elle-même. Gaskell
avait l'air si bon! il s'apitoyait avec une si franche sincé-

rité sur la condition précaire de ces deux femmes! il avait des paroles si affables! et il donna tant d'espoir d'un brillant avenir à ses auditrices, qu'elles ne purent lui résister. Il fut convenu, séance tenante, que mademoiselle Adélaïde Chaussepied et sa fille Barberine passeraient à Varsovie la fin de la *saison* pour laquelle elles avaient été engagées, et que, dès le jour même, Gaskell se chargerait de toutes leurs dépenses. L'engagement qui liait Barberine à Gaskell pour trois ans et demi fut signé le lendemain, et, aussitôt qu'il eut vendu son bagage théâtral, décors et costumes, et cédé son privilége à un confrère, Gaskell, se trouvant avoir par devers lui, toutes dettes payées, une vingtaine de mille francs, tint loyalement sa parole envers les deux femmes, en leur créant une existence confortable dont elles avaient perdu l'habitude depuis bien longtemps.

A partir de cette époque, Gaskell se conduisit avec ses compagnes comme s'il avait été le frère de l'une et le père de l'autre. Adélaïde n'avait pas d'exigences qu'il ne satisfît; il donna à Barberine les meilleurs maîtres, ménagea ses forces, soigna sa santé, et fit d'elle, en fort peu de temps, une charmante fille, heureuse, gaie, et une danseuse de premier ordre. Comme Lulli, son illustre devancier dans l'art de diriger les baladins, Gaskell avait pour principe invariable qu'il faut, avant tout et surtout, contenter les gens dont on a besoin, et que le meilleur moyen de diriger les femmes est de ne jamais raisonner avec elles, et de leur faire une vie agréable et paisible. Il tenait la mère par la gourmandise, et, afin qu'elle ne le contrariât pas dans ses idées, il s'ingéniait à inventer une

foule de petits plats dont elle était très-friande. Gaskell,
ayant beaucoup voyagé, comme on sait, et étant lui-même
un fin gourmet, avait d'assez belles connaissances en cui-
sine composite. Il eût charmé Brillat-Savarin par ses
idées et rendu des points à Carême. Quant à Barberine,
malgré son charme et sa beauté, il ne s'avisa pas de lui
conter fleurette. Gaskell avait un autre principe excellent,
également emprunté à Lulli, et dont il s'était toujours
bien trouvé dans son existence d'impresario : c'était de ne
jamais confondre les affaires d'amour avec les affaires
d'argent, les unes et les autres étant faites pour se nuire.
Aussi, malgré les facilités qui s'offraient souvent à lui,
aucune actrice de sa troupe n'obtint-elle de sa part que
des petits soins et des politesses. Il plaçait ses amours
ailleurs, sournoisement, et parfois en assez bas lieu. Mais,
s'il respecta la mère et la fille, il s'arrangea de façon
que chacun les respectât avec lui. Jamais chien de Bé-
douin ne fit meilleure garde. Il est admis aujourd'hui que
les mères qui veillent le mieux sur leurs filles sont celles
qui ont le moins veillé sur elles-mêmes ; aussi les mères
d'actrices se sont-elles fait, dans ce sens, une réputation des plus solides. Gaskell rivalisa avec la mère de Barberine pour préserver la charmante enfant des amoureux;
Leurs calculs à tous deux provenaient cependant de désirs
bien différents. Adélaïde avait l'idée de *placer* sa fille
avantageusement, quand sa réputation serait faite. Gaskell ne voulait pas qu'aucune influence vînt jamais contre-
balancer la sienne auprès de l'aimable enfant. Il serait
obligé de renoncer à ses beaux projets d'avenir le jour
même où Barberine prendrait un amant. C'est ici le mo-

ment de montrer la profondeur des desseins de Géréon Gaskell. Il aimait Barberine d'un amour démesuré. Sans l'avoir jamais laissé soupçonner à elle, à sa mère ni à personne, il caressait sournoisement l'idée de l'épouser. Un mariage avec Barberine, outre qu'il satisfaisait sa passion, assurait sa fortune, et il ne doutait pas que l'enfant, poussée par la reconnaissance de ses bons soins, n'y consentît. Mais il redoutait Adélaïde, qui visait plus haut pour sa fille, et, afin de ne rien compromettre, il avait résolu d'attendre la majorité de Barberine pour lui faire ses *ouvertures*. On conçoit maintenant avec quelle impatience, quel trouble, quelles angoisses Gaskell attendait l'épreuve décisive qui devait assurer la réputation de Barberine ; et combien il redoublait de soins pour elle, au moment où elle allait être affranchie par la loi de la tutelle maternelle et des engagements contractés par sa mère envers lui.

III

BEAUX PROJETS D'AVENIR

Au moment où l'impresario et ses compagnes arrivèrent à Paris, il s'était fait de grands changements dans leur position. Gaskell, grâce aux succès de Barberine à

Varsovie, Saint-Pétersbourg, Vienne et Moscou, avait mis de côté, déjà, une somme assez rondelette; il avait donné à *la petite* un état de maison respectable, composé de deux domestiques femelles entièrement dévouées à ses intérêts. L'appartement qu'elle occupait rue Laffitte, à l'hôtel *Byron*, était des plus confortables; celui de Gaskell, situé sur le même palier, ne l'était pas moins. Un coupé, loué au mois, était à la disposition de Barberine, qui faisait chaque jour, après sa leçon, une promenade aux Champs-Élysées. La mise d'Adélaïde Chaussepied était extravagamment cossue : les fleurs s'y mêlaient aux rubans et aux plumes d'autruche. Celle de Barberine était plus modeste, plus simple, et très-élégante; enfin ni l'une ni l'autre ne se refusait rien des petites douceurs de la vie. Je n'ai pas besoin d'ajouter que Barberine, heureuse de sa jeunesse, de sa beauté, de ses succès, était toujours enjouée et contente; et que sa mère, calculant sans relâche les bénéfices énormes du sieur Gaskell, trouvait qu'elle avait fait avec lui un marché de dupe, et se montrait de plus en plus exigeante. Nulle prévenance ne la touchait maintenant. Elle passait son temps à contrarier l'impresario. Elle avait espéré d'abord qu'il l'épouserait; puis, ses agaceries n'ayant pu vaincre sa réserve, elle l'avait pris en grippe, et le dénigrait partout, tant qu'elle pouvait.

La veille du jour des débuts de Barberine, Gaskell commanda à l'hôtel un dîner fin. Il comptait sur la bonne chère pour faire agréer à Adélaïde les plans qu'il avait formés en vue d'assurer le succès de la représentation. Malheureusement, Adélaïde, dont la réplétion avait abîmé l'estomac, était devenue très-acariâtre et plus difficile à nourrir qu'un chien de salon. Les petits plats ne lui plaisaient plus. Les primeurs lui semblaient fades. Rassasiée de mets succulents, elle regrettait secrètement les lentilles et le bœuf aux choux. Néanmoins, ce jour-là, la vue de la table élégamment servie ajoutait une teinte empourprée à la couperose de son visage, et Gaskell, en s'asseyant entre elle et sa fille, remarqua ce fait inquiétant avec une certaine satisfaction.

— Notre porte est fermée pour tout le monde, dit-il au domestique qui servait.

Puis il se tourna vers Adélaïde, sur la tête de qui s'épanouissait un bonnet majestueux, décoré de roses et de muguets.

— Goûtez ces huîtres d'Ostende, ma chère, je suis allé les chercher moi-même à la halle.

Adélaïde avala quatre douzaines d'huîtres et déclara qu'elles n'étaient pas fraîches. Puis elle mangea deux assiettées de soupe à la tortue, et enfin, pour stimuler son appétit, elle se fit des tartines de beurre et de caviar. Quant à Barberine, comme Gaskell l'avait mise au régime, elle prit un consommé dans un bol d'argent et but un verre de vin de Bordeaux.

— Il faut manger pour prendre des forces, dit Gaskell à Barberine. Tu en auras besoin demain soir. Une danseuse fatiguée s'essouffle vite, et tu sais qu'il n'est rien de plus horrible qu'une danseuse qui souffle.

— Dirait-on pas, interrompit Adélaïde avec aigreur, que ma fille n'a pas de poumons?

— Je ne dis point cela, ma chère. Au contraire, car je

sais que Barberine est merveilleusement conformée. Mais les sujets les mieux constitués sont soumis, comme les autres, aux inconvénients de la fatigue. La danseuse doit toujours être toute grâce et toute légèreté. Danser, pour elle, doit être facile, et même agréable, comme respirer pour nous autres. Au surplus, se hâta-t-il d'ajouter, ces recommandations sont oiseuses; car Barberine est une elfe! une plume! une fée! Vous offrirai-je un peu de cette barbue? C'est une crème.

— Je n'ai plus faim, dit Adélaïde.

— Tant pis, car le dîner est excellent.

— Vous vantez toujours vos dîners! Que ne nous dites-vous plutôt le résultat de vos démarches.

— Eh bien, fit Gaskell en se renversant sur le dossier de sa chaise, j'ai laissé notre directeur dans les dispositions les plus favorables, et nous avons arrêté ensemble, avec le chef de claque, l'ordre et la marche des applaudissements.

— C'est là tout? fit Adélaïde.

— Attendez donc. Je crois pouvoir compter absolument sur la claque. Nous aurons cent paires de mains dégantées au parterre, vingt à l'orchestre, et trente en haut, dans les cintres. Elles me coûtent cinq francs par paire. Vous voyez que je n'ai rien ménagé.

— Et les feuillistes? dit Adélaïde.

— Je les ai tous vus, dit Gaskell, depuis le plus indifférent jusqu'au plus hargneux.

— Que vous ont-ils promis?

— Rien du tout.

— Comment, rien du tout?

— C'est moi qui leur ai promis quelque chose.

— Ah! quoi?

— Ces détails sont inutiles. Qu'il vous suffise de savoir que nous pouvons compter sur eux.

Adélaïde leva les épaules.

Gaskell, afin de la calmer, tira de la poche de son habit une énorme liasse de journaux.

— Je vais vous lire, lui dit-il, quelques articles qui ne vous feront pas un médiocre plaisir.

Et, prenant en main son lorgnon, il se pencha sur la table où les feuilles publiques étaient étalées.

— « L'Américain Barnum est dépassé! s'écria-t-il avec un geste emphatique. Le sieur Gaskell, impresario, arrivé de Moscou il y a huit jours, a mis le comble à sa prodigalité en engageant, il y a trois ans, la danseuse la plus séduisante et la plus phénoménale... »

— Comment, phénoménale? exclama Adélaïde. Êtes-vous fou? Je voudrais bien savoir, par exemple, ce que ma fille a de phénoménal!

Gaskell se leva, salua Barberine, puis sa mère, et répondit d'un ton pénétré :

— Son talent.

— Il fallait donc le dire, murmura Adélaïde.

— Je continue, dit Gaskell.

Et il reprit son lorgnon.

— Où en étais-je?... Ah! voici : « Mademoiselle Barberine n'est pas seulement la femme la mieux faite et la plus jolie qu'on ait jamais vue sur la scène française; elle est encore la danseuse la plus consommée dans son art, celle qui doit effacer du théâtre les étoiles les plus éclatantes que l'œil humain ait jamais été à même d'y admirer. Sa danse est celle d'un sylphe; sa figure n'a pas d'égale ; jamais de plus beaux yeux n'ont brillé sous un front plus pur que le sien ! Le sieur Gaskell... »

— Il n'est question que de vous dans ce bête d'article! interrompit Adélaïde.

— Attendez donc ! Chacun aura son tour.

Et il reprit :

— « Le sieur Gaskell, en homme intelligent qui sait concilier le soin de ses intérêts... »

— Ah! oui! fit Adélaïde.

Gaskell la regarda de travers.

— « Le soin de ses intérêts et ce que toute âme honnête doit à la jeunesse, au sexe, au talent... »

— Je t'en fiche! dit encore Adélaïde.

— « Au sexe, au talent; le sieur Gaskell... »

— Toujours Gaskell !

— « N'a pas voulu laisser échapper une si belle occasion de doubler sa fortune... »

— Ça, c'est vrai ! mais tripler serait mieux.

— « De doubler sa fortune, en assurant celle de la jeune et intéressante pupille dont il dirige la barque à travers les écueils et les orages qui sont l'accompagnement nécessaire de toute célébrité. C'est au prix énorme, excessif, de cinq cent mille francs qu'il a conquis le droit... »

Mais Adélaïde n'en put entendre davantage.

— Comment, cinq cent mille francs? s'écria-t-elle. Où sont-ils donc, ces cinq cent mille francs? Avez-vous perdu toute pudeur, que vous faites imprimer des abominations pareilles?

— Ma chère, vous ne comprenez rien à la réclame, dit Gaskell.

— Si seulement, continuait Adélaïde, il nous-en avait donné le cinquième, le dixième, quelque chose enfin. Mais non! Il faut lui rendre compte du moindre sou que l'on dépense, et il a le toupet de se vanter de nous donner des cinq cent mille francs!

Barberine, habituée depuis longtemps à de telles discussions, ne pouvait s'empêcher de rire. Mais Gaskell, indigné, avait remis ses journaux dans sa poche.

— Du tout! du tout! dit Adélaïde, je veux connaître la fin de cet article. Ça ne se passera pas comme ça. J'enverrai une rectification au journal. Cinq cent mille francs!

Et, avec un geste de reine, elle ajouta :

— Lisez, monsieur.

Gaskell, pour avoir la paix, se soumit; mais il prit un autre journal.

— « Une scène touchante et qui ne manquera pas de réjouir les vrais amis de l'art s'est passée, il y a huit jours, dans la cour de l'hôtel des *Postes*. Là était réunie la majeure partie de ce que la société russe et la société allemande comptent d'illustrations et de célébrités de toute sorte. On attendait l'arrivée de la célèbre danseuse Barberine et de sa digne mère... »

—Le mot y est-il? demanda Adélaïde.

Gaskell le lui montra du doigt sur le journal et continua :

— « Et de sa digne mère. A peine la malle de Strasbourg eut-elle été signalée, que la foule élégante s'entassa devant la porte de l'hôtel, et on craignit un moment qu'il n'en résultât quelque accident. Rien de tel, heureusement, n'est venu troubler la joie universelle. Mais quel spectacle que celui qui fut offert à nos yeux! La jeune émule de Taglioni fut entourée, fêtée, choyée, embrassée par les noms les plus illustres des nations du Nord! C'était à qui la contemplerait de plus près, toucherait sa main ou le bord de ses vêtements. Sa respectable mère pleurait...

— Voyons si ça y est! dit encore Adélaïde.

Gaskell désigna la ligne tout en poursuivant sa lecture.

— « Quant au sieur Gaskell, le célèbre impresario à qui le public français devra le plaisir d'admirer la jeune danseuse, il se tenait à l'écart, ainsi qu'il convient au mérite modeste; mais il n'en était que plus ému. Chacun se sépara au bout d'un quart d'heure avec promesse formelle de se revoir. Des groupes nombreux ont stationné toute la soirée dans la rue Laffitte, devant l'hôtel *Byron*, où mademoiselle Barberine est descendue. »

— Que dites-vous de celui-là? demanda Gaskell.

— Je l'aime mieux que l'autre, répondit Adélaïde.

— Alors je vais vous en lire encore douze ou quinze. Ils sont tous de ma façon.

Barberine fronçait ses charmants sourcils.

— Vous les lirez plus tard à maman, dit-elle. Mangez, maman; le dîner refroidit.

Adélaïde se remit aussitôt à fonctionner; mais la paix, un moment troublée, puis consolidée, ne devait pas tarder à subir de nouvelles atteintes. Gaskell ayant commis l'imprudence de critiquer la conduite de certaines demoiselles de l'Opéra, Adélaïde, qui n'entendait pas raillerie sur la question *affaires*, lui rompit de nouveau en visière.

— Vous nous la donnez belle avec vos airs de vertu! s'écria-t-elle. Qu'une artiste choisisse, bon! Qu'elle prenne son temps, s'entoure d'informations, très-bien! Rien de mieux! il n'y a rien, en cela, à reprendre! Qu'elle attende plusieurs mois, s'il le faut, et même des années, avant de se placer, je le veux bien : cela prouve qu'elle a de la prudence! mais... — ici elle scanda chaque syllabe de ses mots : — mais qu'elle fasse la mijaurée, la sainte ni-touche, la Jeanne d'Arc, laissez donc! C'est bon, cela, pour celles *qui trouvent des mille et des cents dans leur berceau.* Une danseuse! son premier devoir est de plaire! Ma fille, rappelle-toi toujours cela!

Gaskell faisait la grimace d'un singe qui cherche à ava-ler une noix.

— Cependant, permettez, ma chère...

— Je ne vous permets rien, riposta Adélaïde, si ce n'est de me passer une aile de ce perdreau.

— Barberine serait inexcusable de se mal conduire, objecta Gaskell.

— On ne se conduit jamais mal, quand on suit sa vo-cation.

— Mais sa vocation n'est pas de se jeter à la tête du premier godelureau qui lui fera les doux yeux, peut-être! exclama Gaskell.

— Non, mais elle est de suivre les traces de ses devan-cières : des Sallé, des Coupée, des Guimard, des Saint-Germain, des Liancourt, des Beaupré, des Laguerre, qui furent toutes l'honneur de l'Opéra

Adélaïde Chaussepied, depuis quelque temps, occupait

ses loisirs à lire et à relire un bouquin du xviiie siècle,
relié en veau, avec portraits, qu'elle avait acheté chez
une revendeuse, et qui portait le titre de *les Dames
heureuses*. Ce livre, devenu rarissime, et qui n'est, au
fond, qu'un ramassis d'anecdotes, avait fini par lui tourner la tête ; et maintenant elle ne rêvait plus pour sa fille
qu'une de ces fortunes scandaleuses qui firent écrire tant
d'épigrammes à de pauvres rimeurs dans le courant du
siècle dernier.

Gaskell savait cela, et, de tous les sujets de contrariété
que lui donnait Adélaïde depuis quelque temps, l'objet de
son étude acharnée n'était pas le moindre.

— L'honneur de l'Opéra!... s'écria-t-il.

Et, avec un ricanement de crocodile, il répéta :

— L'honneur de l'Opéra!...

— Oui, reprit Adélaïde entre deux bouchées de truffes,
il est temps que l'on revienne enfin aux vrais principes!
Nous avons mangé assez de misère, ma fille et moi. —
Ici elle avala une truffe énorme. — Il faut que cela
finisse!

— Mais cela me semble fini, objecta Gaskell.

Adélaïde posa sa fourchette.

— Ne savez-vous donc pas, s'écria-t-elle, ce que gagnait une première danseuse, autrefois?

— Si! je le sais.

— Alors, je m'en vais vous le dire, continua Adélaïde.
Mademoiselle Sallé ayant quitté Paris pour donner des
représentations à Londres, chaque soir où elle devait
danser, on se battait à la porte du théâtre, et les places
étaient conquises à coups d'épée. Le premier soir, après

la représentation, ce ne furent pas des fleurs qu'on lui jeta, ni des bonbons, monsieur, ni des couronnes... Non! écoutez! ce fut une grêle de bourses pleines d'or. Elle en ramassa pour plus de deux cent mille francs!

— Ça! c'est de l'argent noblement gagné! dit Gaskell, Je n'ai rien à dire à l'encontre.

— Et mademoiselle Saint-Germain! continua Adélaïde, qui s'échauffait en parlant, à grand renfort de verres de vin de Bordeaux. Savez-vous ce que le banquier Crozat fit pour elle?

— Cela m'est bien égal! dit Gaskell.

— Ça ne me l'est pas, à moi! Il fit tapisser son boudoir, non avec de vulgaires étoffes de soie, non avec des peintures qui pourtant ont bien leur prix quand elles sont bonnes; mais, enfin, il ne le fit pas. Eh bien, il fit tapisser son boudoir avec des billets de banque, monsieur!

— Ça devait être joli! riposta Gaskell.

Adélaïde l'acheva :

— Et il y en avait pour plus d'un million!

— Un million!. murmurait Gaskell en secouant les épaules.

Mais Adélaïde n'avait pas tout dit.

— Et mademoiselle Liancourt, une figurante! reprit-elle. — Oui, une simple figurante! Savez-vous quel était son hôtel? C'est celui qui existe encore, occupé aujourd'hui par la mairie du 2e arrondissement. Allez le voir, monsieur, et vous m'en donnerez des nouvelles. Et celui de mademoiselle Dervieux, rue de la Victoire, n° 34. Et mademoiselle Laguerre, qui mourut à vingt-huit ans et laissa trois millions! Celle-là était une cantatrice, mais ça ne fait rien. Elle avait mille écus d'appointements. Et mademoiselle Beaupré, une autre figurante! Savez-vous dans quel équipage elle se rendait à Longchamp? Sa voiture, monsieur, était toute en porcelaine.

— Elle devait être bien solide! dit Gaskell.

— Oui, elle était solide.

— Comme sa vertu, probablement!

— La vertu n'a que faire ici, monsieur! Et il y avait des peintures mythologiques sur cette porcelaine! Et elle était traînée par quatre chevaux de couleur isabelle, harnachés de velours blanc, monsieur! Et c'était le prince de Monbarrey qui avait fait à mademoiselle Beaupré ce petit cadeau. Ah! ma fille! quand je te vois en rêve dans un semblable équipage, je crains de devenir folle...

— Je le crains aussi, dit Gaskell.

— Assez de railleries, monsieur, riposta Adélaïde. Je les trouve déplacées, la veille du jour où ma fille va conquérir le droit d'aspirer à tout.

— Mais à quoi diable voulez-vous qu'elle aspire? s'écria Gaskell. Voyons, n'êtes-vous pas mille fois coupable de donner à cette enfant de telles idées? Vous avez toute la journée le nez fourré dans un bouquin imbécile, et vous prenez tout ce que vous y lisez pour des vérités.

— Ce ne sont peut-être pas des vérités? demanda Adélaïde.

— Je n'en sais rien, moi; mais ce que je sais, c'est que les temps sont changés. Aujourd'hui, l'on tient à l'argent; on ne tapisse plus les boudoirs avec des billets de banque; on ne se fait plus voiturer dans la porcelaine. On a tort! mon Dieu! on a tort! je n'en disconviens pas! Mais enfin,

c'est ainsi, et, depuis vingt ans que je m'occupe d'affaires
de théâtre, je vous mets au défi de me citer plus de douze
danseuses qui aient fait de riches mariages...

— Eh bien, douze, n'est-ce point assez ?

— Mais songez donc, ma chère amie, que, en regard de
ces douze, il y en a plus de deux mille qui, renvoyées laides, vieilles et fourbues de l'Opéra, ont exercé les profes-
sions d'habilleuse, d'ouvreuse de loges, de portière, de
marchande à la toilette, est-ce que je sais, moi? et qui
sont mortes dans la misère. Pourquoi ne parlez-vous pas
de celles-là ?

— Ma fille sera dans les douze.

— Mon Dieu ! je ne demande pas mieux, moi : ce contre
quoi je m'élève, c'est contre les conseils immoraux que
vous lui donnez.

— Comment ! les conseils immoraux? C'est lui donner des conseils immoraux que de lui recommander de
faire fortune ?

— Oui, dans le sens du moins que vous indiquez.

— Mais, pourvu qu'elle se marie bien, c'est-à-dire ri-
chement, je ne l'empêche pas de se marier.

— Eh ! croyez-vous qu'après-demain matin il va nous
tomber de la lune quelque Prince Charmant qui mettra
sa couronne à ses pieds? Sans doute, elle le mérite !
Nulle ne le mérite mieux qu'elle ! Mais ce ne sera pas,
parce que... parce que ce ne sera pas. Non ! Donnez-lui
des idées plus pratiques. Dites-lui de continuer à demeurer sage, comme elle l'a toujours été, du reste, car cette
enfant, dans son petit doigt, vaut mieux que vous et que
moi, réunis ; qu'elle continue à travailler, à demeurer

jolie et alerte. Et quelque jour, quand elle aura amassé par son travail une fortune honnète, elle trouvera un bon mari, — non pas un de ces mirliflores qui n'ont que du vent dans la tête et la malerage dans l'estomac, — mais un mari sérieux, posé, de son rang, qui ne rougira jamais d'elle ; quelque homme expérimenté, d'un âge mûr, qui la servira dans son art et lui épargnera les tracas d'affaires. Cela vaut mieux que de lui conter des billevesées.

— Ouais ! fit Adélaïde. Le beau conseil ! Si je vous écoutais, ma fille, faite pour embellir les jours d'un duc et pair, épouserait, comme tant d'autres, quelque danseur.

Gaskell fit un geste de dénégation violente ; mais elle continua :

— Un mari de son rang ! Pour l'encombrer d'une nichée d'enfants, n'est-ce pas ? Un mari qui lui ferait porter des socques, afin d'économiser le prix d'une voiture ? Un mari qui la nourrirait de veau et de carottes ?

— Pourquoi pas ? Le veau aux carottes, bien accommodé est très-sain pour l'estomac, dit Gaskell.

— Eh bien, mangez-en si vous l'aimez ! répondit Adélaïde.

Barberine, qui avait quitté la table depuis la reprise de la discussion, et s'était assise dans le salon, à côté de la salle à manger, — préparant la coiffure qu'elle devait porter le lendemain, — haussa les épaules. Tout ce qu'elle entendait ne lui plaisait pas. A voir les légers trépignements de ses petits pieds, les soupirs contenus dont elle accueillait les discours de Gaskell et de sa mère, celui qui eût pu l'observer aurait dit que ses idées étaient aussi éloignées de celles de la vieille figurante que de celles de l'impresario. Il y avait longtemps déjà qu'Adélaïde avait annoncé que Barberine aurait de bonne heure, elle aussi — *sa petite tête.* — Pour traduire cette expression métaphorique en bon français, nous dirons que, à notre avis, il suffisait de rencontrer une seule fois les yeux bleus et fixes de la jeune fille pour affirmer que, dans toutes les choses sérieuses de la vie, elle était bien résolue à n'agir jamais que d'après ses inspirations.

IV

MONSIEUR NICOLAS!

Le soir de la représentation des débuts, tant désirée, arriva enfin.

La salle tout entière avait été louée à l'avance, et les marchands de billets avaient fait monter le prix des dernières stalles à des chiffres extravagants. Ces débuts offraient au public un double intérêt, à cause de ceux de Carlotta Grisi, qui avaient eu lieu quelques jours auparavant au théâtre de la Renaissance, et d'après lesquels les connaisseurs n'hésitaient pas à prédire à la future Giselle un bel avenir. On était désireux de comparer les deux débutantes, et la curiosité publique, excitée par les réclames de Gaskell, par tout ce qu'on disait de la beauté, de la *sagesse* surtout de Barberine, s'apprêtait [à se repaître, avec le secret désir de trouver un défaut — quelque chose à critiquer, tout au moins, — dans la merveille qu'on avait eu le tort de lui trop vanter.

A huit heures, les deux camps se trouvèrent en présence dans la salle, où l'on eût cherché vainement une place vide, et qui était, comme toujours, splendidement éclairée. D'un côté, il y avait ce public ondoyant des premières représentations, et, de l'autre, derrière la toile encore baissée, une enfant qui devait se défendre et se protéger toute seule. Les dispositions des diverses fractions influentes du public étaient à peu près les mêmes. Sauf la claque, qui avait reçu des ordres précis de faire un demi-succès, les habitués, les journalistes, même les feuillistes — malgré les *politesses* de Gaskell — et la loge infernale, avaient résolu, comme d'un commun accord, de se déterminer sur les circonstances. Les amis du directeur, entassés dans sa loge, au rez-de-chaussée, derrière le rideau, demeuraient impassibles, le cou roidi dans leur cravate blanche; les figurantes et les coryphées, réunies au foyer de la danse, étaient un peu ébranlées par l'effet qu'avait produit Barberine à la répétition. Seul, un homme dont nous n'avons pas encore parlé jusqu'ici, et qui devait, sans s'en do ter, jouer un grand rôle dans le résultat de la bataille, debout à l'orchestre, le dos tourné à la scène, au milieu des protecteurs du corps de ballet, formulait son opinion avant l'épreuve et se faisait écouter.

C'était un homme bien connu alors de tous ceux qui fréquentaient l'Opéra, et qui s'était même fait un certair renom d'excentricité dans le monde des gens de plaisir. Il avait alors une cinquantaine d'années, les cheveux grisonnants, le teint coloré, et le cou engoncé dans une haute cravate de soie noire. Il parlait d'une voix nasillarde et doctorale, comme un professeur habitué à n'être jamais contredit ; et il avait une manière de cligner ses petits yeux bleus qui donnait à sa physionomie un air de supériorité que bien des gens trouvaient désagréable. Tout ce qu'on savait de lui, c'est qu'il possédait une soixantaine de mille francs de rente, et se nommait M. Nicolas ; et ce nom de baptême, un peu bourgeois, qu'il portait comme nom de famille, ne contribuait pas peu à lui donner une apparence d'originalité. Mais sa grande originalité, celle qui l'avait fait connaître au public, c'était sa passion immense, insensée, désordonnée pour l'Opéra. Le monde entier, pour lui, tenait entre les murs de ce gros vilain pâté de maisons circonscrit par les boulevards, les rues de la Grange-Batelière et Lepeletier : son rêve, depuis dix ans déjà, était d'en être nommé *directeur* ; et il allait partout, dans les ministères, les coulisses du théâtre et les salons, disant que l'art du chant était perdu, et surtout celui de la danse. Lui seul pouvait les remettre dans la bonne voie, car il avait un système à lui, qu'il avait développé tout au long sur un gros cahier de papier, et il le faisait lire à qui voulait pour se créer des prosélytes. Mais, hélas ! personne à Paris n'avait jamais voulu croire au système de M. Nicolas ! et il voyait depuis dix ans les directeurs se succéder, sans qu'on rendît justice à son mérite. On le trouvait trop révolutionnaire et trop brouillon. Alors il eut l'idée de faire passer violemment sa théorie

dans la pratique, et, ayant fait abattre quelques cloison
dans son appartement, il y établit un théâtre où les plu
jeunes danseuses des chœurs venaient donner des repré
sentations chorégraphiques devant ses amis.

Cet essai réussit peu. Les soirées de M. Nicolas, un mo
ment à la mode, ne purent convaincre les endurcis d
l'excellence de son système. La malveillance s'en mêla
Les feuillistes, toujours prêts à mordre les gens de géni
méconnus, — qui négligent de compter avec eux, — pré
tendirent méchamment que M. Nicolas avait bien moin
voulu régénérer l'art que réunir dans sa maison, sou
prétexte de *tableaux vivants*, une sorte de harem à l'u
sage de ses intimes. Puis les persécutions commencèren
L'administration, ennuyée de la guerre qu'on lui faisai
défendit aux danseuses de figurer aux soirées de M. N
colas. Il réclama, peut-être un peu bruyamment, et le di
recteur d'alors lui porta le coup le plus cruel en lui in
terdisant l'entrée des coulisses de l'Opéra.

Il serait impossible d'exprimer la douleur du régénéra
teur de la chorégraphie en apprenant cette triste nouvell
Lui! Nicolas! le seul homme peut-être au monde qui pr
nait la danse au sérieux, et voyait dans cet art quelqu
chose de plus abstrait et de plus élevé qu'un prétexte
exhibitions de jambes! lui qui ne demandait que l'occa
sion de tenter l'entreprise de régénération à ses frai
exposant noblement sa fortune pour faire triompher s
principes, on lui interdisait l'entrée du sanctuaire! Nap
léon à Sainte-Hélène ne regrettait pas la patrie absent
avec des angoisses plus cruelles que M. Nicolas, dans
stalle d'orchestre, ne regrettait le droit de franchir la p

tite porte qui mène de la salle à la scène ; et bien des fois,
excité par ses amis, car il n'en manquait pas, il eut la
tentation saugrenue de sauter par-dessus la tête des musiciens pour s'élancer sur les planches. Mais le respect
de soi-même, heureusement, le retint toujours ; et, triste,
grognon, atrabilaire, en homme qui sent sa vie manquée,
il recevait chez lui le matin, pour se consoler, les coryphées et les *rats* les plus pauvres. Il leur donnait des conseils paternels sur la manière de se conduire avec leurs
amants et de l'argent quand elles en manquaient, ce qui
arrivait assez fréquemment. Du reste, rien de plus calomnieux que les bruits qu'on avait fait courir sur la chasteté
de M. Nicolas. Autant il était heureux de favoriser les liaisons de ses petites protégées avec ses amis, autant il se
gardait religieusement de telles liaisons pour lui-même.
Il voyait dans les danseuses des instruments de sa pensée,
et rien de plus. Aucune d'elles, en recevant sur son front
le baiser qu'il y déposait, ne sentait dans ce baiser autre
chose que la caresse d'un père.

La conséquence de ce qui précède, c'est qu'une guerre
sans merci ni trêve fut déclarée entre M. Nicolas et l'Opéra,
guerre de ruses, de stratagèmes, impitoyable, guerre de
sauvages. Après avoir retiré à M. Nicolas ses entrées de
faveur dans les coulisses, on refusa de lui relouer sa stalle
d'orchestre, en disant qu'on en avait disposé et qu'il n'y
en avait plus d'autre à son service. Réduit à faire prendre
une place au bureau, chaque jour où l'on dansait, M. Nicolas éprouvait toutes les peines du monde à se caser
dans le coin de droite occupé par ses amis ; et il voya-
geait de place en place en gémissant et en maugréant ;

mais il se vengeait. C'est lui qui protesta le plus haut
contre les ovations de la claque; chaque fois qu'elle battait des mains, il *chutait* en levant les épaules; il influen-
çait ses voisins par son attitude et ses discours; il inspirait même, dit-on, des articles malveillants aux petits
journaux qui croyaient en lui, voyant en lui un de ces
grands persécutés comme il s'en trouve dans les plus
nobles des causes. Si M. Nicolas protégeait une danseuse,
vite la direction la mettait à la porte; au contraire, les artistes qui n'avaient pas eu le bonheur de lui plaire devenaient les enfants gâtés de la direction. Toute femme
soupçonnée d'avoir gravi les trois étages qui conduisaient
à son appartement était immédiatement condamnée par
le directeur à jouer des rôles de rebut; et réciproque-
ment, toute femme qui avait refusé de faire visite au
grand prêtre de Terpsichore était bientôt écrasée par
ses critiques. Gaskell connaissait cette situation en arrivant à Paris; aussi sa perplexité fut-elle grande. Présenter Barberine à M. Nicolas, c'était la meilleure manière
de lui mettre à dos son directeur; et ne pas la présenter,
c'était lui faire un puissant ennemi. Gaskell hésita longtemps. Ce qui le détermina à se ranger dans le parti de
la direction contre son adversaire, c'est qu'il apprit que ce
dernier avait trouvé le moyen de se brouiller récemment
avec les *lions* les plus chevelus. — tous les lions étaient
alors chevelus — de la loge infernale. Ces messieurs avaient
trouvé mauvais qu'un homme qui ne faisait pas partie de
leur bande se mêlât de gouverner l'Opéra. Ils défendirent
à leurs petites protégées de lui rendre visite. M. Nicolas
ayant alors cessé d'applaudir quelques-unes d'entre elles,

et s'étant permis de dire tout haut, à l'orchestre, qu'elles n'avaient plus le moindre talent, il y eut de longs rugissements dans la tanière. Là aussi, on mit M. Nicolas à l'index, on déclara son système absurde, on encouragea le directeur à le vexer; et il suffit à ces messieurs de voir M. Nicolas favoriser une danseuse pour qu'ils la fissent tomber. Si Gaskell eût osé se présenter secrètement chez le grand homme pour lui dire qu'il sympathisait avec lui, il l'eût fait; mais il craignait une indiscrétion; aussi s'abstint-il prudemment, sans se dissimuler cependant qu'il avait contre lui un rude adversaire.

Il est important maintenant de bien déterminer la situation respective des partis qui, à l'occasion des débuts de Barberine, allaient se livrer bataille. Les loges, du haut en bas, étaient remplies d'abonnés, troupe élégante, oisive, indifférente, facile à entraîner pour les meneurs, mais incapable de déterminer un mouvement par elle-même. Au parterre, était aligné le bataillon des claqueurs, avec son général au centre, bataillon d'une docilité à toute épreuve, mais qui pouvait être neutralisé ce soir-là, car le rôle qu'on lui avait prescrit était des plus difficiles. S'abstenir, en effet, est-ce qu'il y a de plus aisé pour la claque, comme applaudir à outrance; mais louvoyer entre deux écueils, tantôt stimuler les spectateurs et tantôt les retenir, enrayer le succès sans en avoir l'air, et cependant ne pas l'empêcher complétement, exige une tactique savante, pleine de ruses et de ménagements, surtout quand on a autour de soi un public prime-sautier, comme l'est d'ordinaire le public français, et devant soi une artiste capable de le passionner par sa jeunesse et son talent. L'orchestre pouvait être considéré comme hostile, surtout le coin de droite où se tenait M. Nicolas, entouré de ses commensaux et des protecteurs du corps de ballet.

Avant le lever du rideau, on pouvait voir dans ce coin les têtes se pencher les unes vers les autres, comme pour comploter; et quelques-uns des plus jeunes gens froncer les sourcils et discourir. L'autre coin de l'orchestre, occupé par les feuillistes, n'offrait pas une animation moins grande : là, sans parti pris, on se montrait instinctivement disposé à la critique; on raillait déjà la merveille si maladroitement louée la veille, et qui se posait, disait-on, comme la rivale d'Elssler et de Taglioni. Sa chute eût fait épanouir bien des cœurs à qui tous les succès sont odieux, et une malignité bien naturelle faisait circuler là, déjà, mille propos aigus et mordants, sifflants comme les cris des serpents qui s'étirent au soleil. Seule, l'avant-scène de gauche, au rez-de-chaussée, qui n'était autre que la fameuse loge infernale, demeurait impassible. S'il y avait là un parti pris, c'était celui de se déterminer sur les événements, et les dix lions entassés dans cette loge étaient calmes et sereins, comme il convient aux gens qui sentent leur force.

Il était donc évident, pour les gens expérimentés, que c'était de la loge infernale que devait partir la chute ou le succès. Les lions fourniraient l'appoint qui manquerait au parti vainqueur pour achever son triomphe. Gaskell, instruit par ses émissaires, connaissait nécessairement cette circonstance; aussi, penché derrière le rideau baissé, interrogeait-il de tous ses yeux les physionomies et les dos impénétrables de ceux qui tenaient son avenir dans leurs mains. Ceux-là, il n'y avait eu, pour lui, nul moyen de les séduire ; — ils étaient incorruptibles. — Il se le disait avec douleur, quand les trois coups furent frappés ; un immense remuement se fit entendre alors derrière la toile, la scène se vida lentement, et, aux premières mesures de l'orchestre, l'impresario, pâle et tremblant, rentra dans la coulisse, où venait de descendre, éblouissante dans sa toilette et sa beauté, la jeune et souriante Barberine.

V

UN LION

Lorsque le rideau se leva, découvrant l'intérieur d'une petite ferme écossaise, une immense curiosité se manifesta dans la salle, pleine à crouler. La débutante était en scène, vêtue de gaze blanche, agenouillée aux pieds d'un jeune paysan endormi. Deux mille lorgnettes furent immédiatement braquées sur elle. Avant de juger son talent, chacun voulait apprécier sa beauté. L'effet fut instantané et unanime. Le charmant visage de Barberine, ses yeux bleus, son corsage admirablement modelé, ses bras ronds et potelés, sa taille souple et bien assise, ses jambes de Diane, ses pieds d'enfant, émerveillèrent les

plus difficiles. Les danseuses parfaites sont très-rares.
en est peu qui réunissent la jeunesse, la grâce à la beau
du corps et des traits. Après une seconde d'examen, u
sorte de soupir de satisfaction s'exhala de toutes les po
trines, mêlé de chuchotements qui couvrirent la voix
l'orchestre. Puis tout rentra dans le silence : la Sylphi
s'était levée.

Le jeune paysan dormait toujours. Debout auprès
lui, Barberine se tint un instant immobile, le regarda
avec amour. Son costume était d'une fraîcheur ébloui
sante : on aurait dit qu'elle avait taillé sa jupe dans
tulle d'un nuage, et recouvert son petit pied du péta
d'un magnolia. Sa jupe bouffait autour d'elle, et déco
vrait deux jambes fines, nerveuses, aux attaches flexible
Une couronne de volubilis s'enlaçait à ses cheveux blond
sur son dos palpitaient deux petites ailes de plumes
paon, et, les bras élevés, tournant lentement sur
pied, le corps incliné en avant, elle commença à voltig
autour du dormeur, agitant ses ailes comme pour rafra
chir son sommeil ; puis, se penchant vers lui, elle dépo
un baiser sur son front, et, pour se dérober à sa pou
suite, s'élança par la cheminée.

Cette première scène, fort courte, laissa toute la sal
en suspens. Charmé par la beauté de la danseuse, chacu
à part soi, doutait déjà de son talent ; car le public fra
çais, poussé par un singulier sentiment de jalousie i
stinctive, se refuse généralement à accorder aux artist
deux aptitudes ou deux qualités. Cependant Barberi
avait fort bien exécuté la *variation* qui constitue tout l'i
térêt de cette scène. Jamais mademoiselle Taglioni, ava

elle, et mademoiselle Livry, vingt ans plus tard, n'y montrèrent plus de grâce, de rectitude et d'aplomb. Barberine
avait même ajouté à la grâce naïve qui est le premier élément du rôle de la Sylphide, un certain air de mutinerie
des plus nouveaux à l'Opéra, et des plus charmants. Par
la taille, les traits, la décence, la légèreté, les manières
élégantes et faciles, elle se rapprochait de madame Petipa, qui fit une si grande sensation à Paris l'hiver dernier.
C'était le même air enfantin, enjoué, attrayant! c'étaient
les mêmes yeux, toujours étonnés! les mêmes gestes, si
gentils! le même pied, toujours alerte. Mais le public, qui
craint par-dessus tout d'être violenté, ne voulait pas se
prononcer sur une tentative aussi brève. La claque seule,
suivant à la lettre les instructions données par le directeur,
applaudit froidement, pendant dix secondes. Les loges,
comme les fauteuils d'orchestre, demeurèrent impassibles.
Les lions ne bougèrent pas : on les eût dits de pierre. Quant
au grand Nicolas, il leva méchamment les épaules, et, se
penchant vers ses voisins de droite et de gauche, il commença à grommeler.

Barberine, qui n'était point habituée à de tels accueils,
eut envie de pleurer en rentrant dans la coulisse. Au lever
du rideau, en voyant se développer devant elle les gradins
de l'immense amphithéâtre où se pressaient tant de têtes
anxieuses, elle avait attendu vainement la triple salve et
les hourras qui la saluaient d'habitude; et, quand elle se
leva, promenant un moment ses yeux sur tous ces yeux
qui dévoraient sa demi-nudité, elle avait cherché en vain,
parmi eux, un seul regard ami qui l'encourageât. En une
seconde, elle vit tout dans les moindres détails : depuis

les musiciens penchés sur leurs instruments jusqu'aux têtes groupées dans les cintres; le triple rang de loges peuplées de femmes en toilette, et les vomitoires de l'orchestre où s'entassaient des hommes debout et tête nue, Mais nulle part elle ne sentit rien, que l'expression d'une curiosité avide, et il lui fallut un grand courage pour dominer sa terreur et se mouvoir sur la scène dans sa grâce et sa légèreté.

Ce courage l'abandonna en rentrant dans la coulisse. Gaskell était là, plus terrifié qu'elle, et sa mère gourmandait rudement l'impresario, l'accusant de la froideur du public. Barberine s'assit dans un coin, entre deux *portants*, devant une table où l'on avait placé un miroir; le coiffeur et les habilleuses s'emparèrent d'elle, pour rectifier le léger désordre de sa toilette; elle mit un peu d'eau dans sa bouche; sa gorge se serrait à l'étouffer. Les coryphées, qui attendaient le moment d'entrer en scène, la regardaient avec malignité, les machinistes avec insouciance; le directeur, dans sa loge, demeurait grave comme un pontife. Elle eut peur : elle se demanda si elle n'allait pas remonter dans sa loge et refuser de paraître.

Pendant la durée des deux scènes suivantes, dans lesquelles ne figure pas la Sylphide, et qui durent environ dix minutes, il y eut de grands chuchotements à l'orchestre. Une cabale se montait là, autour de M. Nicolas, enchanté de faire pièce à la direction, comme à la débutante, qui n'avait pas sollicité son patronage. Les lions étaient toujours impassibles et lorgnaient la salle. Seul, un d'entre eux, nonchalamment accoudé à l'angle de la baignoire le

plus éloigné de la scène, et qui n'avait pas quitté des yeux
Barberine pendant tout le temps qu'elle dansa, se leva en
la voyant quitter la scène, et, prenant son chapeau sans
mot dire, sortit de la loge.

C'était un jeune homme de vingt-cinq ans environ, de
moyenne taille, bien fait, aux traits corrects, dont la mise
était irréprochable et le maintien aisé. Sa tête petite et
ronde posait bien sur sa cravate blanche, très-basse, qui
laissait son cou à demi nu; une barbe molle et frisée, de
couleur châtain, recouvrait son menton d'un duvet flo-
conneux et léger; de petites moustaches découvraient sa
bouche exquise; mais ses yeux bleus, quoique très-doux
et très-beaux, avaient une singulière expression, indéfinis-
sable et inquiétante. En ce moment, comme s'il eût été sous
la préoccupation d'une pensée tenace, il tenait les regards
fixés devant lui, en marchant, et un air d'indomptable
résolution était imprimé sur ses traits. Il descendit rapidement l'étroit escalier qui, de l'orchestre, mène au vestibule, traversa le vestibule à grands pas, remonta l'autre
escalier, et, après avoir promené des regards de méfiance
autour de lui pour voir s'il n'était point observé, il tourna
le bouton de la porte qui sépare la salle de la scène, et s'é-
lança dans les coulisses.

Deux minutes ne s'étaient point écoulées entre le moment où Barberine quitta la scène et celui où le jeune
homme se dirigea de son côté; mais, quoique la danseuse
parût être l'objet de sa préoccupation, il ne sembla pas
se soucier de se présenter devant elle. Enjambant les
corps des machinistes étendus sur le parquet, entre les
portants, — pendant que le ballet suivait son cours sur la

scène, — il s'arrêta à quelques pas du groupe formé par la danseuse, les habilleuses, Adélaïde et le coiffeur, et, posant le bout de ses doigts délicatement gantés sur le bras de Gaskell, il l'entraîna à quelques pas, derrière un amas de décors où Barberine ne pouvait les voir.

Gaskell était de plus en plus agité et désolé. A ses inquiétudes, très-motivées, étaient venues s'adjoindre les aigres reproches d'Adélaïde ; et le silence de Barberine, le chagrin qui se lisait sur son visage, n'avaient pas peu contribué à faire perdre la tête au bonhomme. C'était en vain qu'il s'était efforcé de la rassurer : la confiance qu'il voulait faire passer chez elle, il ne la possédait pas lui-même ; et Barberine s'était contentée de lever les yeux au ciel pour répondre à ses incohérentes paroles d'encouragement. De grosses gouttes de sueur perlaient sur le front dégarni de l'impresario ; ses mains, agitées de contractions automatiques, se renvoyaient son chapeau et son mouchoir, et, se parlant à lui-même, il prononçait des mots sans suite, entremêlés de vagues interjections. Venir échouer à Paris, devant le roi des publics, après avoir obtenu de si grands succès à l'étranger, c'était, de tous les malheurs possibles, celui qu'avait le moins prévu le bon Gaskell ! et il se trouvait dans la piteuse situation d'un général qui voit une victoire certaine lui échapper dès les premiers coups de feu.

Cependant il reprit un peu de calme sous le regard confiant du jeune homme qui se tenait devant lui.

— N'êtes-vous pas M. Gaskell, monsieur ? lui dit-il.

Et, Gaskell s'étant incliné, il reprit :

— J'ai voulu vous faire le premier mon compliment. Mademoiselle Barberine est charmante et danse à ravir.

Ces paroles encourageantes furent accueillies par Gaskell comme la manne par les Hébreux, quand ils vaguaient dans le désert. Sans se rendre encore bien compte du motif qui avait poussé l'étranger à l'aborder, il comprit instinctivement que celui-ci venait lui apporter du secours, et sa figure de poupée s'illumina d'un rayon de contentement.

Le jeune homme, cependant, souriait, mais avec une certaine hauteur, en gonflant un peu les narines.

— Je crains, reprit-il avec une légère contraction des sourcils, qu'une cabale ne soit montée contre elle; je puis même dire que j'en ai la certitude...

Gaskell l'interrompit.

— Et par qui, mon Dieu! et pourquoi? Je n'ai rien négligé pour assurer son succès; j'ai fait des sacrifices énormes; mais ce directeur ne comprend rien à ses intérêts! et les journalistes d'ici... Tenez, monsieur le comte...

Il lui donna ce titre de confiance, ne supposant pas qu'un homme aussi parfait pût être rien moins que comte; et, s'il avait osé suivre son inspiration, il l'aurait appelé duc. Mais l'autre, souriant encore, l'interrompit à son tour :

— Je ne suis que vicomte, dit-il, et je me nomme Arthur de Saint-Bertrand.

— Vous mériteriez de porter une couronne de prince, monsieur, fit Gaskell.

— Nous perdons des moments précieux, dit l'autre. Votre pupille est digne à tous égards d'obtenir les honneurs d'un triomphe. Elle est jolie, bien faite, et son talent la place au premier rang. Voulez-vous donc la laisser exposée aux attaques d'une cabale? Elle s'est fait déjà cent ennemis dans la salle. On ne pardonne ici ni le talent ni la beauté.

Gaskell voulut se récrier; le vicomte continua :

— Je connais *ce* public. Si vous laissez aller les choses, mademoiselle Barberine sera chutée en dansant le *pas de l'ombre*, et on la sifflera au second acte. Est-ce là ce que vous voulez?

Gaskell se secoua dans ses vêtements comme un singe pris dans un filet.

— Comment, on la sifflera au second acte? Mais c'est une abomination, monsieur! Une si douce enfant! si belle! et qui s'est fait applaudir déjà par quatre têtes couronnées!

Le vicomte reprit, toujours souriant :

— Les têtes couronnées ne sont rien ici.

— Mais alors, s'écria l'impresario, c'est donc un guet-apens que l'on nous a tendu? Ce public est donc inepte?

— Non. Il est très-indifférent; voilà tout. Mais permettez : le temps se passe, et je n'ai pas tout dit.

— Oui, vous n'avez pas tout dit, monsieur le vicomte. Continuez donc, je vous en prie.

— Eh bien, si vous voulez, je puis assurer le **succès** de votre pupille.

— Vous, monsieur? s'écria Gaskell.

— Moi.

— Vous, tout seul?

— Moi seul dans toute cette salle, je le puis.

— Et comment ?

— Il ne me faut prononcer qu'un mot pour cela.

— Oh ! dites-le, ce mot, monsieur le vicomte.

Et Gaskell se jeta sur les mains du jeune homme, qu'il serra avec effusion. S'il l'eût osé, il lui aurait certainement baisé les bottes.

— Je ne voulais rien faire sans être sûr de votre approbation.

— En est-il donc besoin, monsieur, quand ma vie, celle de cette adorable enfant, celle de sa digne mère sont suspendues au même fil ?

— Rassurez-vous donc. La face des choses va changer. Mais je n'ai plus un moment à perdre.

Il fit alors quelques pas pour s'en aller, puis il revint.

— Je dois vous dire que je mets à mon concours une petite condition, reprit-il.

— Laquelle ? demanda l'impresario.

— Voici : vous ne direz à personne, pas même à mademoiselle Barberine, à mademoiselle Barberine surtout ! un seul mot de ce que je vous ai dit. Vous comprenez ? Le succès est à ce prix.

Il souriait encore, et, cette fois, avec une nuance un peu plus accentuée de raillerie. Gaskell paraissait étonné.

— C'est très-facile, dit-il enfin.

Puis un doute traversa son esprit. Il connaissait les hommes et savait que, d'habitude, ils ne font rien pour rien. Il ajouta :

— Et comment devrai-je m'acquitter envers vous, monsieur le vicomte?

Il balbutiait en disant cela, craignant maintenant que le vicomte ne fût un *feuilliste* déguisé.

— En n'oubliant jamais ce que je vais faire, répondit l'autre. Le seul plaisir de vous obliger et d'être utile à cette belle enfant me font agir.

Alors, faisant un signe amical et protecteur à Gaskell, il disparut en marchant sur la pointe des pieds.

Malgré cette affirmation, l'impresario eut l'idée que la bonté du vicomte pouvait cacher une intention un peu usuraire. Mais il n'avait plus le choix des moyens pour atteindre le but souhaité. La certitude du triomphe rayonnait dans ses yeux quand il rejoignit Barberine.

<hr>

VI

ÉMOTION DANS LA LOGE INFERNALE

La conversation du vicomte avec Gaskell n'avait pas duré plus de cinq minutes. Quand le premier rentra dans sa loge, il y trouva ses amis discutant et riant. Le ballet continuait en ce moment par une scène de pantomime dans laquelle une sorcière disait la bonne aventure aux jeunes filles de la ferme écossaise, et cela paraissait intéresser fort peu les lions. Le vicomte, en reprenant sa place, s'aperçut qu'il était l'objet de la discussion.

— Tu n'as pas perdu de temps pour te présenter ! lui dit l'un.

— Et pour faire ta cour, ajouta un autre.

— L'existence devient impossible avec Arthur, reprit un troisième.

— Barberine est-elle jolie de près ? demanda un quatrième.

— A-t-elle de l'esprit? reprit le premier.

— Allons ! Arthur en est amoureux, et il s'est déjà déclaré. Il faut en prendre son parti.

Et tous de rire, avec une aigreur secrète.

Le vicomte secouait la tête en reprenant sa place. Lui dont l'humeur était toujours égale, il paraissait mécontent et ne disait mot.

— Tu as donc été mal reçu ?

— Allons, parle !

— Pourquoi faire le mystérieux ?

En ce moment la scène se vidait : le fermier James était resté seul; la Sylphide allait reparaître; les lions le savaient, mais la contenance du vicomte les intriguait si fort, qu'ils ne songèrent même pas à reprendre leurs lorgnettes.

— Je n'ai pas quitté la salle, dit Arthur. Je n'ai donc pas vu mademoiselle Barberine; et nécessairement je ne lui ai pas dit un mot.

Il fut interrompu par une exclamation de doute unanime.

— Je vous l'affirme sur l'honneur.

Les lions se turent.

— Alors, où es-tu allé? dit l'un deux.

— Je suis allé là-bas, en face de vous, dans le couloir de l'orchestre, pour m'assurer d'un fait dont je me doutais depuis le lever du rideau; et, si vous ne m'avez pas aperçu, c'est que vous y avez mis de la mauvaise volonté.

— Quel fait?

Le vicomte réunit toutes les têtes anxieuses sous son regard, et dit :

— Le Nicolas veut faire tomber la danseuse !

Il y eut un court moment de silence. Les lions se regardèrent, hochèrent la tête, froncèrent les sourcils. En ce moment, Barberine rentrait en scène, se laissant glisser du haut d'une fenêtre, le long du mur. Le jeune fermier la poursuivait, lui prenait les mains; elle le repoussait; et il y avait dans la pantomime de la jeune fille une charmante pudeur mêlée de grâce et de tristesse.

La salle ne bougeait pas.

Le sujet de *la Sylphide* est un des meilleurs sujets de ballet qui aient jamais été représentés sur la scène française. Il repose sur une idée touchante et très-poétique. Son action s'explique naturellement, d'elle-même, et se prête aux tableaux les plus gracieux.

« — Pourquoi es-tu triste? disait James à la Sylphide, en se servant de gestes très-compréhensibles.

» — Ne le devines-tu pas? Tu vas te marier.

» — Que t'importe?

» — Hélas ! tu ne peux comprendre mon amour.

» — Quoi ! tu m'aimes?

» — Du premier jour où je t'ai vu, ma destinée a été

attachée à la tienne. Visible ou non, je suis sans cesse auprès de toi; ce foyer est mon asile; le jour, je t'accompagne au fond des forêts, sur les rochers de nos montagnes; la nuit, j'éloigne de ta chaumière les esprits malfaisants, je veille au chevet de ton lit, et tes rêves d'amour, c'est moi qui te les envoie. »

James écoutait la Sylphide avec émotion, mais le devoir lui défendait de l'aimer; il le lui avouait, et l'on voyait pleurer la Sylphide.

Barberine, dans ce dialogue muet, avait été toute grâce, toute poésie, toute jeunesse. Taglioni se retrouvait en elle. C'était Taglioni telle qu'on l'avait longtemps admirée, mais plus jeune et surtout plus belle. La perfection de ses formes s'ajoutait à la rectitude de son jeu. Son sourire d'enfant mêlé de larmes; ses poses d'oiseau tourmenté par le vent qui cherche vainement à toucher la terre du bout de l'ongle; la hardiesse avec laquelle elle tombait sur l'orteil, s'y maintenant comme une flèche qui branle sur son fer; tout cela était fait avec un art, un bonheur à désarmer les plus fourbues de ses rivales. Mais la salle restait muette, et M. Nicolas riait. Soudain on entendit autour de lui des chuchotements de mauvais augure.

— Arthur a dit vrai ! tel fut le cri sourd qui retentit au fond des consciences de ses amis.

— C'est qu'elle est charmante ! dit l'un.

— Et faite ! Voyez donc ses jambes !

— J'en ai assez, de ce Nicolas ! fit un autre.

En ce moment, sur la scène, James le fermier disait à la Sylphide qu'il ne pouvait s'empêcher de l'aimer. La joie reparaissait sur son doux visage, et, s'enlevant toute droite, elle commença à danser sa seconde *variation*.

Les lions n'attendirent pas qu'elle la terminât! Au moment où, rasant du bout de ses petits pieds le bord de la rampe, elle vint gracieusement tourner devant eux, dix paires de mains gantées sortirent de la baignoire d'avant-scène, une salve d'applaudissements retentit; la claque suivit, puis les loges. Barberine s'était arrêtée. Elle salua gentiment, avec tout son cœur, en se tournant vers ses protecteurs. Il y eut des exclamations, des cris. Gaskell joignit les mains et remercia Dieu, dans la coulisse où il était posté, subissant avec une patience d'ange les rebuf-fades d'Adélaïde; le directeur, charmé, se pencha vers ses amis en souriant avec une réelle satisfaction. Barberine venait de conquérir un avantage immense. Pour son bonheur, M. Nicolas le consolida en le lui disputant.

Pendant que la Sylphide, surprise dans les bras de son amant par *le traître* du ballet, s'était blottie sous un manteau qui couvrait un large fauteuil, on vit le Nicolas se pencher à droite, puis à gauche, et des murmures inconvenants sortirent du groupe de ses amis.

— Décidément, ce Nicolas est un idiot! dit-on dans la loge infernale.

— J'ai de lui plein le dos! dit-on encore.

— Il faut en finir avec lui!

Graves paroles, prononcées par de telles bouches!

— Laissez donc! dit alors le vicomte, — il vous fera souffler par ses amis toutes vos maîtresses, les unes après les autres. Il décidera bientôt, seul ici, des succès; et vous ne direz pas un mot!

— Oui? fit un colonel en retraite qui portait sur l'oreille

un chapeau déformé, afin de se donner un air crâne. — Eh bien, s'il bronche au *pas de l'ombre*, sacrebleu!...

— Que ferez-vous?

— J'irai dire à ce sournois de directeur qu'il nous faut ce soir un succès.

— Et s'il ne le veut pas? reprit un grand diable à la boutonnière duquel s'épanouissait une énorme fleur de *camellia*.

— Nous le mettrons en pénitence pendant quinze jours, répliqua un petit bonhomme vif et grassouillet, en se tirant la moustache. — Ni Pauline, ni Célestine, ni Agathe, ni Léontine, ni Eugénie, ni Maria, ni Galope première, ni Galope seconde, ni Tourne-à-gauche, ni Pointe-en-l'air, ni personne de présentable ne sautera sur ses planches, tant que nous nous y opposerons. Nous le tenons par nos maîtresses, et, s'il est assez bête pour nous contrarier, il n'aura pas beau jeu avec nous!

— Colonel! vous avez eu une idée, dit le vicomte.

— Oui, j'ai eu une idée! répondit le colonel. Sacrebleu!...

— Je la partage, ajouta le vicomte.

— Et vous faites bien, mon cher.

— Alors, c'est entendu?

— Oui, c'est entendu!

— Il y a complot?

— Complot!

— Colonel, quel est le mot de ralliement, s'il vous plaît?

— Le mot de ralliement? Mille trompettes! c'est : Mort à Nicolas!

— Bravo! rugit-on autour de lui.

— Au diable le grand prêtre de Terpsichore !

— Ameutons le parterre contre lui !

— Faisons-le jeter à la porte !

— Mais je veux bien ! dit le vicomte en souriant.

— Il paraît que nous allons nous amuser, dirent entre eux quelques journalistes qui avaient tout entendu, de l'orchestre.

Et, entraînés par le bon exemple, ils se mirent à rire; et, eux aussi, ils murmurèrent :

— Mort à Nicolas !

La bataille, qui avait ainsi débuté par de folles escarmouches, allait s'engager vigoureusement à la dernière scène du premier acte. Tout le monde connaît cette scène charmante, demeurée célèbre dans les annales de la chorégraphie. Le *pas de l'ombre* en est le sujet principal. Nous nous contenterons d'en indiquer la situation. Les habitants du village sont réunis pour célébrer les fiançailles de James et d'Effie. Les vieillards sont assis autour des tables et vident en causant quelques pots de bière; les jeunes gens dansent. Mais James est préoccupé et semble chercher des yeux sa maîtresse aérienne. Tout à coup, jaillissant du mur, la Sylphide s'élance à travers les groupes des danseurs. Visible pour le seul James, elle met le désordre dans la contredanse. Son amant, oubliant Effie et la cérémonie des fiançailles commencée, court après la Sylphide, qui disparaît, revient, se glisse dans les groupes comme une vision impalpable. James la croit ici, elle est là; il la touche, elle s'évanouit. Chacun s'étonne. On lui dit qu'il doit passer son anneau au doigt d'Effie; il tient cet anneau dans sa main, hésite, la Sylphide, bondissant du fond de la cheminée, lui arrache l'anneau et se sauve. La raison de James se trouble. Effie s'indigne et s'irrite. La Sylphide revient encore. Elle agace le jeune fermier, disparaît en se jetant à travers un pilier, rentre par la fenêtre, toujours légère, capricieuse, et finit par se dérober avec son amant dans la foule qui se presse autour d'Effie.

Ce pas de trois, ingénieusement intercalé au milieu d'un divertissement dans lequel le danseur, placé entre deux femmes, est poursuivi par l'une et court après l'autre, est l'un des plus heureux que l'on ait imaginés. Mademoiselle Taglioni s'y montrait une artiste supérieure par la chasteté de ses poses, la pudeur de son maintien, la précision rhythmique mêlée d'abandon qui est restée le caractère particulier de sa danse. Barberine, si elle ne dépassa point son illustre devancière, l'égala, au dire des connaisseurs impartiaux.

— Que de choses, dans un menuet! s'écriait don Juan d'Autriche, revenant de voir danser Marguerite de Valois.

Il paraît que les ballets ont eu, de tout temps, le privilége d'arracher aux spectateurs des exclamations.

— Quel rhythme de mouvements! disait-on à l'orchestre.

— Quel *parcours !*

— Quelle *élévation !*

— Quel *ballon !*

Et, dans la loge des lions, on entendait :

— Quelle prestesse !

— Quels nerfs d'acier dans cette jambe si frêle !

— L'idéale figure !

Le vicomte disait :

— C'est une merveille ! Elle trouve le moyen d'être originale dans un art aussi borné !

— Sacrebleu !... murmurait le colonel en retraite.

Cependant, aérienne et vigoureuse, enivrante et chaste, mutine et retenue, son sourire éclatant sur sa lèvre qui semblait une grenade pleine de perles ; les bras harmonieusement déployés, la pointe du pied droit fiché en terre, l'autre cambré, pendant que la jambe éblouissante remuait voluptueusement sous la neige de sa tunique, Barberine allait, venait, voltigeait ; et l'on entendait sonner le parquet sous son pied léger, qui, se détendant comme un arc, la lançait dans l'espace. Aux accords ravissants de la musique, — la musique de *la Sylphide* est un chef-d'œuvre, — elle se coulait en souriant dans les groupes, baissant le front et découvrant, par derrière, l'étroite semelle de ses chaussons de satin. L'œil ne savait à quelle beauté se prendre dans son corps si pur et si jeune. Ses bras, ses mains, ses pieds, ses yeux, ses dents, tout cela voltigeait, ondulait, se mêlait, attaquant le regard à la fois ; et parfois, dans la rapidité de ses mouvements tournoyants, sa jupe s'étalait tout à coup sous ses bras tendus, comme un immense parasol de mousseline blanche. Un souffle semblait la pousser. Elle s'abandonnait à lui, et, tout le temps que dansa cet enfant, il y eut deux mille regards cloués sur elle.

— Saint Antoine n'y résisterait pas ! disait un dévot fourvoyé là, en se contorsionnant dans sa stalle.

Habeneck le chef d'orchestre, tapait du pied sous son

pupitre. Comme il avait la meilleure place, il oubliait de tourner les feuillets de sa partition.

— Pourquoi n'est-elle pas venue me voir?

Les ouvreuses étaient suspendues aux lucarnes des loges. Du haut des cintres, les pompiers, décasqués, ployés en deux sur les barres d'appui, s'émerveillaient.

— Mille sacrebleu!... rugissait le colonel en retraite.

Cependant M. Nicolas avait résolu de ne point admirer. Faisant un grand effort pour maîtriser l'émotion qui le gagnait, il se tourna vers son voisin — un bon jeune homme plus stupéfait que ne dut l'être Jonas dans le ventre de la baleine.

— C'est trop fort! lui dit-il. Après Fanny Elssler, qui nous a montré une sylphide passionnée, voici cette mijaurée qui nous montre une sylphide joyeuse! Le grand art de Taglioni est perdu!

— Elle est diablement jolie! objecta timidement le bon jeune homme.

— Mais la distinction, monsieur, la distinction, où est-elle? Je suis peut-être aveugle, mais je ne la vois pas. Et l'élégance! et le geste académique! où sont-ils? Non! il n'y a plus que du caprice. Cette fille n'a rien d'élevé, rien de classique. Ce n'est point une danseuse, c'est une grisette qui croit sauter aux Porcherons.

— Ça ne fait rien! Elle est tout de même bien jolie, riposta l'adolescent.

— La beauté du visage n'est rien, monsieur! répliquait le Nicolas d'un ton aigre. C'est la mesure, la méthode, l'art, monsieur, la rectitude, entendez-vous, la rectitude qui est tout.

— Je ne dis pas, mais…

— Non, monsieur. Cette virtuose n'a ni *élévation*, ni *parcours* suffisamment étendu. Elle ne sait même pas faire un *si-sol* ni un *taqueté*. Ses entrechats sont mous, monsieur. Ses *fouettés* sentent la fatigue. Regardez-moi ce *jeté battu* ! Comme c'est fichu !

— Cependant…

— Vous ignorez, monsieur, les vrais principes. La danse n'a pas pour but d'exciter les sens. Elle doit les laisser dans une parfaite insensibilité. La danse n'a pour but que de montrer de nobles formes dans des poses académiques et gracieuses. Elle a pour but aussi de développer les lignes les plus harmonieuses du corps humain. Au fond, la danse — ainsi que l'a dit un maître — est un rhythme muet, une musique que l'on regarde. Comprenez-vous ? Elle doit exprimer non les passions, mais les sentiments : les regrets, la peur, le trouble, l'adoration, la soumission.

Une salve d'applaudissements lui coupa la parole. L'enthousiasme gagnait toute la salle, courant de loge en loge. Il y avait quelque chose de magnétique dans l'impression de plaisir qui débridait tous les yeux.

— Oui, applaudis, public ! disait Nicolas, tu verras où cela te mènera !

—Bravo ! bravo ! criait-on, du parterre aux quatrièmes loges.

— Avant deux ans, on dansera ici le cancan !

Cependant le *pas de l'ombre* tirait à sa fin. Barberine le termina par une surprise. Elle substitua hardiment aux pirouettes traditionnelles une série de légers soubresauts exécutés d'avant en arrière, mais avec une telle grâce, une telle élasticité, un tel sourire de contentement, qu'elle enleva la salle émue et charmée. Il y eut alors un tel tumulte, que les plus vieux habitués de l'Opéra avouèrent, depuis, n'en avoir jamais entendu de pareil. La claque, méprisant les ordres donnés, était debout, applaudissant. Les femmes agitaient leur mouchoir au bord des loges. On eût dit qu'on se battait à l'orchestre. Du haut des avant-scènes partaient des cris. Les lions avaient tous passé la tête et les griffes en dehors de leur tanière. Et tout cela faisait un bacchanal, un sabbat d'enfer. Tout à coup, entre deux salves, on entendit des murmures, des *chut!* et tout en haut, vers les *fours*, retentirent deux coups de sifflet.

En ce moment, on rappelait Barberine, et, conduite par M. Petipa, qui remplissait le rôle de James, elle s'avançait au bord de la rampe pour saluer le public. La protestation brutale, inusitée des sifflets la fit hésiter. On la vit chanceler sur ses jambes pourtant si nerveuses! et Petipa fut obligé d'entourer sa taille de ses bras pour la soutenir. Ses regards émus semblaient dire :

— Pourquoi me sifflez-vous ? J'ai fait de mon mieux !

Elle fut bien vite vengée. Une formidable explosion de cris et de bravos protesta contre l'agression dont elle avait été victime. Les musiciens eux-mêmes y prirent part en frappant légèrement leurs instruments de leur archet. Les figurantes, entraînées par l'exemple, oublièrent leur rancune et battirent des mains sur la scène. Ce fut une communion générale. Nicolas, atterré, montré au doigt, désigné par toute la salle, s'affaissa dans son fauteuil. On ne le revit jamais. On eût dit que le plancher l'avait englouti. Ses amis, rouges et confus, se précipitèrent vers le couloir de l'orchestre. Et le rideau se déroula au milieu d'un tel vacarme, que ceux d'entre les machinistes qui vivent dans les *dessous* du théâtre crurent pour un moment que le feu avait pris à l'Opéra.

VII

LE DEUXIÈME ACTE DE LA SYLPHIDE

A peine le rideau eut-il été abaissé, que, de la loge infernale, des avant-scènes et de l'orchestre, tous ceux qui avaient leurs entrées dans les coulisses se précipitèrent vers la petite porte où veille le gardien du sanctuaire. Ils étaient là plus de cinquante, vernis, frisés, cravatés de blanc, discutant, échauffés, se poussant. C'était à qui arriverait le premier pour voir de près la danseuse. Ils firent irruption sur la scène à demi obscure où s'agitait une armée de machinistes, dans un désordre tumultueux. Des rampes de gaz dont la lumière était rabattue par les abat-jour flamboyaient à hauteur de l'œil ; des toiles immenses montaient vers les frises ; du parquet, partout entr'ouvert, jaillissaient des rochers de carton, des arbres aux proportions démesurées. Les coups de sifflet, les cris, les appels qui se répondaient, partaient d'en haut, d'en bas, de droite et de gauche ; et derrière la toile, rigidement tendue, on entendait confusément le bourdonnement de la salle, semblable à la voix de la mer dans l'obscurité de la nuit.

Tout au fond de la scène, vers le milieu d'un couloir médiocrement éclairé, quatre degrés descendant vers la droite conduisaient au *foyer de la danse*, dont la porte était ouverte à deux battants. C'est là que les habitués privilégiés s'entassèrent : les uns, le dos plaqué aux murs du couloir, les autres aux deux bords des degrés, les plus impatients dans le foyer. Mais Barberine ne s'y trouvait pas. Brisée par l'émotion autant que par la fatigue, elle était montée dans sa loge. Ce fut là que Gaskell, à moitié fou de joie, la retrouva. Il la serra sur son cœur. Adélaïde, écarlate comme une tomate mûre, était naturellement dans la loge. Son visage bouleversé présentait le mélange comique du contentement et de la fureur. Elle vomissait un torrent d'injures sur le rustre inconnu qui s'était permis de siffler sa fille, et glorifiait en même temps le public impartial qui venait de lui faire un si beau succès.

Aussitôt qu'elle eut aperçu Gaskell, elle s'élança vers lui, et, lui serrant le bras de manière à le faire crier :

— C'est une abomination ! lui dit-elle. Siffler ma fille ! (Elle avait, de ce dernier mot, plein la bouche.) Vous n'en faites jamais d'autres ! Votre rage d'avarice vous tient toujours ! Que n'aviez-vous mis des claqueurs à l'amphithéâtre des quatrièmes ? Ils auraient assommé le mécréant.

— Allons, ma bonne amie! nous n'avons pas sujet de nous plaindre, dit Gaskell.

— Vous, c'est possible! mais il n'en est pas de même de moi. Vous n'êtes pas sa mère, vous! Les lâches! s'é-cria-t-elle en se débarrassant de son châle; et dire qu'il n'y a pas de loi pour punir de telles actions!

Cependant Barberine, en entrant dans sa loge, s'était laissée tomber sur une chaise. Elle avait le cœur trop plein. Ses forces l'abandonnaient. Mais Gaskell, compre-nant le danger de son état, ne perdit pas la tête.

— Allons, mon enfant, lui dit-il, tu dois être fière et heureuse. Mais tu as encore un acte à danser. C'est le plus difficile. Lève-toi, marche, ou tes jambes vont se roidir, sarpéjeu!

Faisant alors un signe d'intelligence aux deux habil-leuses, il souleva doucement Barberine de son siége et la plaça debout devant une psyché. La malheureuse enfant était trempée de sueur. Sa poitrine haletait. Ses che-veux, qui s'étaient dénoués en dansant, tombaient par mèches sur son cou et se collaient, par places, sur son visage. Sa jupe pendait en lambeaux sur ses genoux. Ses souliers de satin, éclatés, laissaient passer le bout de ses orteils. Ses mains, ses bras, ses pieds tremblaient, agités de frémissements automatiques. Cependant, l'œil en feu, les narines dilatées, souriant, retenant à grand'peine une larme au bord de ses cils, elle se mit à marcher dans la loge, entraînant après elle sa mère et les habilleuses, comme un noble étalon qui vient de remporter le prix sur le *turf*, et s'agite nerveusement entre les mains des pale-freniers.

Quand on l'eut essuyée, épongée, rafraîchie, calmée, Barberine, s'asseyant de nouveau, étendit une couche de blanc sur ses épaules, ses bras, ses mains et son visage. Le coiffeur releva ses cheveux. On reprisa tant bien que mal sa jupe de tulle. On lui chaussa des souliers neufs. Elle s'était levée encore et ne tenait pas en place, n'écoutant ni les vociférations de sa mère, ni les exclamations de Gaskell, mais leur adressant à tous deux des sourires de contentement. Tout à coup l'*avertisseur*, passant dans le couloir, heurta à la porte :

— Mademoiselle, dit-il, *le deuxième va commencer.*

Il était très-important pour Barberine de se montrer, ne fût-ce qu'un moment, à ses admirateurs. Elle jeta sur la psyché un dernier regard, afin d'apprécier l'effet de sa toilette; puis, rassemblant les plis de sa jupe entre ses mains, le dos courbé, elle se mit à courir à travers les couloirs étroits, suivie par sa mère et Gaskell; et, souriante, l'œil ardent, belle à éblouir, elle entra dans le foyer de la danse, encombré de monde et splendidement éclairé.

Elle était attendue là depuis bien longtemps. Aussi, à peine l'eut-on entrevue sur le seuil, que le cercle des habitués l'entoura. Ils se présentaient tous les uns après les autres, et tous l'accablaient d'éloges et de félicitations. Elle répondit gentiment, ployant ses jolies jambes pour saluer, avec sa voix flûtée et ses yeux bleus, que le bonheur rendait humides. Sous les lustres du foyer, dont la lumière jaillissait sur les murs lambrissés de glaces, elle se mouvait avec une grâce d'enfant. Chacun l'admirait, l'enviait, jouissait du plaisir qui débordait de sa personne. Seules, quelques danseuses — dont elle venait de ruiner l'espoir — se tenant à l'écart, lui décochaient des regards d'acier, des regards inconscients et chargés de haine. L'une d'elles, cependant, une Italienne! dominant mieux ses sensations et plus politique que les autres, s'en vint à elle, lui prit les mains, les serra, l'appela sa chère camarade, et, avec un bel élan d'expansion simulée qui fit sourire, lui demanda la permission de l'embrasser.

Tandis que Barberine, se suspendant d'une main à une barre en fer couverte de velours, faisait des *pliés* et des *battements* devant un miroir pour se tenir en haleine, chacun admirait ses belles formes et les exaltait. Gaskell, transporté, hors de lui, perdant toute prudence, ne contribuait pas à demi à faire valoir la débutante; il se fourrait dans les groupes, et pérorait en gesticulant. Adélaïde, qui avait repris son châle, trônait majestueusement sur une banquette. Elle recevait les félicitations de quiconque daignait lui en faire, avec l'air tant soit peu protecteur d'une reine qui revient de l'exil rappelée par la nécessité. Chacun, du reste, même les plus titrés des habitués, après avoir complimenté Barberine, s'en venait gracieusement saluer sa mère. Il ne fut pas jusqu'au directeur qui, abandonnant sa réserve, et toujours escorté par ses amis, n'allât serrer la main de la danseuse, et, aussitôt après, celle d'Adélaïde Chaussepied. Mais, dans toute cette foule ravie et bourdonnante qui décrivait un grand cercle autour des deux femmes, Gaskell chercha vainement le beau vicomte. Le vicomte ne se montrait pas au foyer. Alors Gaskell se demanda quel intérêt le jeune homme pouvait avoir à se dévouer, comme il l'avait fait, au succès de Barberine, et pourquoi, à l'heure du triomphe, il ne venait pas, comme les autres, et avant tous les autres, prendre sa part des remercîments.

— J'aurais pourtant bien du plaisir à l'embrasser! se dit-il.

— Avez-vous perdu quelque chose? lui demanda Adélaïde, inquiète de le voir fureter dans les coins.

— Non, bonne amie, je n'ai rien perdu, répondit Gaskell.

— Alors, demeurez en repos. Vous coudoyez tout le monde. Ne saurez-vous jamais vous tenir dans la bonne société?

Le second acte commence par un sabbat de sorcières. Le foyer se vida peu à peu. Les habitués avaient regagné leurs places. Bientôt il ne resta plus dans le sanctuaire que Barberine, Adélaïde et Gaskell. Barberine s'exerçait toujours à faire des *pliés*. C'est alors que l'impresario vit passer devant la porte une ombre d'homme qu'il reconnut pour celle du vicomte, et il s'élança sur ses pas.

— Ne voulez-vous point, monsieur, lui dit-il, recevoir les remercîments de celle que vous avez sauvée? Elle serait bien heureuse de vous exprimer sa reconnaissance.

— Je me garderai bien de cette imprudence, répondit le vicomte en entraînant Gaskell derrière une porte où nul ne pouvait les voir. Ne connaissez-vous donc pas mes bons amis? S'ils ont rendu justice à mademoiselle Barberine, croyez-vous que ce soit à cause de son talent ou de sa beauté? Non. La certitude que son succès ne peut toucher directement personne d'entre nous les a, seule, déterminés. S'ils soupçonnaient un instant qu'un seul homme au monde porte intérêt à votre pupille, ils dénatureraient ses intentions, n'admettraient pas qu'il agît sans l'espoir d'une récompense bien douce, et vous verriez aussitôt un silence de glace succéder aux applaudissements.

Comme il vit alors un soupçon se manifester sur le visage de Gaskell, il ajouta sur-le-champ :

— Vous vous demandez pour quel motif, moi seul ici, j'ai eu l'idée de contribuer à son succès, et vous craignez, sans doute, que ce ne soit en vue de la récompense dont je parlais tout à l'heure? Rassurez-vous. Outre que mademoiselle Barberine mérite, à tous égards, de prendre à l'Opéra la première place, j'ai été conduit à la défendre par un désir qui ne doit rien avoir d'inquiétant pour elle et pour vous. C'est un pur désir de vengeance. Son triomphe fera le désespoir d'une femme que je hais mortellement.

Disant cela, ses yeux si beaux et si doux prirent, à l'insu du vicomte, une incroyable expression de ruse et de fausseté. Il y avait en eux ce je ne sais quoi de cruel et de doucereux qui luit dans les yeux des serpents. Mais Gaskell était peu physionomiste. Il laissa voir sur son visage que l'explication du vicomte le satisfaisait absolument. Nous avouerons cependant qu'elle n'était pas moins qu'un mensonge. Le vicomte reprit, en souriant :

— Je ne saurais trop vous recommander la prudence. L'Opéra de Paris ne ressemble pas aux autres scènes lyriques. Le juger d'après les théâtres de l'Allemagne et de la Russie serait une faute; pis que cela : une aberration. Vous êtes ici, cher monsieur, dans le joli pays des intrigues et des médisances. Tout le monde y espionne charitablement ses voisins. Nul n'y croit aux sentiments désintéressés. Les bons sentiments n'y brillent que par leur absence. Parmi mes bons amis, il en est quelques-uns qui prennent au sérieux l'art de la chorégraphie. Mais ne croyez pas qu'ils y entendent rien. Chez eux, c'est affaire de mode, de fashion. Ce sont les plus inexpérimentés, les plus naïfs. Les autres, ceux-là sont les plus à craindre, viennent ici simplement comme les Turcs vont au bazar des femmes, à Constantinople. Ils y font leurs petites emplettes, leurs échanges. C'est commode, n'est-ce pas? Maintenant, quand une nouvelle beauté, qui réunit, par extraordinaire, le talent à la grâce et à la jeunesse, comme mademoiselle Barberine, par exemple, apparaît pour la première fois dans ce grand bazar, c'est à qui, parmi ces messieurs, essayera de toucher le premier son cœur et empêchera les autres de poursuivre le même but. Ils se contentent, à la rigueur, de ne rien obtenir, mais c'est à condition que personne n'obtiendra rien. Aussi, se surveillent-ils mutuellement avec un soin des plus édifiants, et, quand ils ne peuvent parvenir à... rien empêcher, se vengent-ils, d'ordinaire, sur la femme qui a commis le crime de préférer l'un d'eux à chacun d'eux. Qu'est-ce que vous en dites ?

— Je m'étais toujours douté de cela ! fit Gaskell d'un air entendu.

— Gardez-vous donc de rien compromettre du succès qui commence, répliqua le vicomte. Mademoiselle Barberine a encore un acte à danser, et une seule représentation ne suffit pas pour consacrer un triomphe. Soyez prudent. Soyez muet. Dans quelques jours, quand la presse, le public auront consolidé son succès de telle manière qu'il soit impossible à personne de le contester, je vous demanderai moi-même, si vous n'y voyez pas d'inconvénient, la faveur de me présenter à votre pupille. Mais, jusque-là, ne dites **rien**, évitez même de me reconnaître et de me parler.

Ce fut avec un ton de persiflage et d'amabilité des plus séduisants que le vicomte débita ce petit discours. Il était, comme toujours, simple et charmant, mais, peut-être plus que jamais, très-inquiétant. Gaskell, cependant, étant fort candide, ne s'effraya pas. Loin de là! il fut fasciné par les bonnes manières du vicomte, et stupéfait de la solidité de son jugement. Combien il eût donné pour oser l'appeler son ami, lui confier les secrets sentiments qu'il avait voués à Barberine! Cependant, le vicomte, ayant pris congé de Gaskell, retourna dans la salle. Et Gaskell fut tiré de son extase par la voix aigre d'Adélaïde. La scène des Sorcières était terminée, et la Sylphide, tenant le fermier James par la main, reparaissait devant le public.

Nous ne parlerons que sommairement du second acte du ballet. On sait que le décor de cet acte représente un site sauvage où flotte, dans la nuit brumeuse, le demi-jour bleuâtre, argenté de rayons de lune, où se plaisent les elfes et les follets. A gauche, la gueule sombre d'une caverne bâille au milieu des touffes de l'aubépine et de l'églantier. Un vieux hêtre, sur le côté, projette à travers la clairière ses bras noueux chargés de feuilles roussies.

La Sylphide descend le long des rochers en battant des ailes. Elle voltige sur les fleurs, se glisse sous la voûte de la cascade, se suspend gracieusement aux branches des arbres, regarde curieusement ce qui se passe au fond des nids, déployant les séductions infinies que comporte sa double nature de femme et de fée. Cet acte, très-poétiquement disposé, assura le triomphe de Barberine. Chacune de ses apparitions, de ses *rentrées*, fut une occasion d'applaudissements furieux. Vaincus, les amis du grand Nicolas absent n'essayèrent même plus de lutter. Et même quelques-uns d'entre eux, plus indépendants que les autres, entraînés par l'enthousiasme, toujours sympathique, se laissèrent aller à battre des mains. Le charmant tableau du lever du soleil dans la forêt, où les compagnes de la Sylphide s'ébattent parmi les fleurs, eut un succès fou; et le pas de deux qui le suit porta aux dernières limites du possible le triomphe de Barberine. Dans un art, au fond matériel et grossier, qui, peu à peu sacrifia la plastique aux tours de force, la jeune fille fit révolution, par la substitution de *jetés* très-allongés, figurant une rapide succession de sauts en avant, — une sorte de vol d'oiseau se reprenant à plusieurs fois pour s'enlever de terre, — aux pirouettes stéréotypées de mademoiselle Taglioni. La légèreté de Barberine, sa grâce virginale, plus mutine que sensuelle, — une grâce de joyeux enfant! — enlevèrent tous les suffrages. Comme elle se sentait enfin *tenir son public*, la danse ne fut plus, pour elle, un exercice savant et sérieux, mais un amusement véritable. Elle oublia que son avenir tout entier dépendait de la réussite du pas qu'elle exécutait. Elle se mit à rire — de fort bon cœur — et dansa de tout son corps, de la pointe des cheveux à celle des orteils, comme si elle n'eût fait que cela toute sa vie, comme si elle eût été créée pour cela. Enfin elle dansa, non plus pour le public,

mais pour elle-même. On voyait qu'elle s'amusait. Nulle
fatigue ne tirait les traits de son doux visage ; elle respirait à l'aise, sans grimace et sans efforts ; elle ne semblait
plus appartenir au monde des humains qui se traînent
péniblement sur un sol fangeux, mais à celui des fées, des
elfes, des ondines. Elle souriait de plaisir en pirouettant
et en voltigeant avec une aisance incomparable. Pendant
quelques minutes, — chose rare ! — l'illusion fut complète pour le public : ce n'était plus une ballerine qui passait et repassait devant la rampe ; c'était une véritable
sylphide, une fille de l'air, qui voltigeait derrière un
grand cercle de flammes. On se sentait autre part : dans
la lune ou sur une étoile, partout ailleurs qu'à l'Opéra.

Et, afin que rien ne manquât au triomphe de Barberine,
son talent, ce soir-là, se montra sous les faces les plus opposées. Au premier acte, elle avait épuisé tout ce que
pouvaient lui fournir sa grâce, sa souplesse, — dons précieux ! — Au second, elle ajouta à ces qualités une sorte
de mutinerie enfantine et toujours pudique ; une vitesse,
une rapidité de tourbillonnement dont, jusqu'alors, le
public n'avait pas eu la moindre idée. Le dernier tableau
du ballet lui fournit l'occasion de déployer un talent de
pantomime tragique. Au moment où, trompé par les conseils d'une sorcière, son amant, en l'enveloppant de l'é-
charpe magique, croit simplement la priver de sa liberté,
la Sylphide, se sentant frappée à mort, se transfigura.

Nulle parole ne peut rendre l'expression de son regard
quand elle vit, une à une, tomber ses ailes. C'était le regard d'un enfant qui se verrait égorger par sa mère. Et
quand, en haletant, elle porta la main sur son cœur ;

quand, trébuchante, dans cette ivresse de la mort qui fait
tournoyer le sol sous les pas de la victime, elle s'avança
au hasard, les bras tendus, effarée, ne sachant où aller,
regardant son bien-aimé cependant, comme pour lui
adresser un doux reproche; quand enfin, renversée sur
ses deux bras, elle se souleva au moment suprême, luttant contre une courte agonie, et lui jeta toute son âme
dans un baiser, un frémissement courut dans la salle entière. Chacun sentit ses yeux se mouiller. Jamais l'action
de mourir ne fut mieux rendue, mieux poétisée. Ce n'était
pas une charmante fille exhalant son dernier soupir sur
la scène; c'était une créature surhumaine, s'entourant encore une fois de toutes les chastetés, de tous les regrets,
de toutes les tendresses, et dont l'angoisse devait être
d'autant plus forte, qu'elle ignorait la mort; qu'elle ne
se savait pas, à l'avance, vouée à la mort, comme le vil
troupeau des humains.

Une avalanche de fleurs tomba sur la scène au moment
où Barbarine, rappelée par deux mille voix, reparut. Il en
pleuvait des cintres; il en arrivait des loges du fond, qui
semblaient bondir sur les têtes du parterre; on se les jetait
de main en main. Les lions, pelotonnés sur la rampe de
leur loge, lui lançaient des bouquets dans les jambes. Debout sur une litière de roses, de camellias, de violettes
de Parme, Barbarine, émue, saluant, appuyant la main
sur son cœur, envoyait des baisers à la foule ravie. En
vain elle voulait quitter la scène. On la rappelait toujours.
Les applaudissements redoublaient avec les cris. Le public ne savait plus lui-même ce qu'il voulait. Il voulait ne
pas cesser de la voir. Cela dura quelques minutes. Et,

pendant ce temps-là, dans la coulisse, Adélaïde, suffoquée, criait aux figurantes et aux machinistes, — comme s'ils l'avaient ignoré :

— C'est moi qui suis sa mère !

Et le bon Géréon Gaskell se flanquait de grands coups de poing de bonheur au beau milieu de l'estomac.

Heureuse Barberine ! Quel homme de génie a jamais vu récompenser toute une vie de labeurs par un semblable enthousiasme ? Cette enfant connut, ce soir-là, une de ces ivresses qui suffisent à défrayer la plus haute des ambitions ! Reconduite jusqu'à la porte de sa loge par le directeur, le corps de ballet tout entier, les plus fervents de ses admirateurs, elle pleurait en remerciant, serrait les mains tendues, riait.

Elle était comme honteuse et comme attristée d'un tel triomphe.

Les grandes joies oppriment les bons cœurs. — Leur impersonnalité les rend perspicaces. — Ils sentent qu'il les faudra chèrement payer.

VIII

LA COMTESSE WANDA

Le lendemain des débuts de Barberine au théâtre de l'Opéra, il arriva au vicomte de Saint-Bertrand un événement assez triste.

Il avait l'habitude de se rendre presque chaque soir, vers dix heures, dans un hôtel du quartier d'Anjou, et il y restait ordinairement jusqu'à minuit. Ce soir-là, son coupé l'attendit longtemps à la porte. Vers deux heures, au moment où les boutiques du quartier étaient toutes fermées, le vicomte, grelottant sous son paletot, sortit de l'hôtel, promena ses regards fatigués dans la rue obscure et déserte, réveilla son cocher, qui dormait sur son siége, se blottit dans un angle de sa voiture et rentra chez lui. Quelques heures après, la grande porte de l'hôtel s'ouvrit de nouveau, à deux battants cette fois, et il en sortit une chaise de poste qui se dirigea vers la route de Bruxelles.

Voici ce qui s'était passé pendant la nuit.

A dix heures, en entrant dans le vestibule, Saint-Bertrand, qui d'ordinaire observait toutes choses autour de lui, remarqua que les domestiques, au lieu de se tenir assis sur les banquettes, selon leur habitude, avaient un air très-affairé. Deux d'entre eux, ayant mis habit bas, s'occupaient à entasser des objets de toilette et des vêtements dans une malle. Deux autres descendaient l'escalier, les bras chargés de linge, de hardes, de livres, de paquets minutieusement ficelés. On entendait dans la cour retentir des coups de marteau sur de grandes caisses. Nul ne fit attention au vicomte. Il s'inquiéta de ces préparatifs de départ, mais il n'interrogea personne. Seulement, comme il avait pour principe qu'il faut toujours être préparé à tout dans la vie, afin de se donner le temps de réfléchir, il mit une certaine lenteur à gravir les marches de l'escalier.

Une femme de chambre, qui l'attendait sur le palier du premier étage, l'aida à se débarrasser de son paletot. Puis elle l'introduisit dans un boudoir dont les meubles présentaient le plus grand désordre. Ce n'étaient partout que tiroirs ouverts d'où dévalaient des dentelles et des bijoux. Un monceau de robes de soie était suspendu à chaque patère des fenêtres. Des châles, des mantelets, des écharpes s'entassaient sur les fauteuils et les canapés. Au milieu du boudoir, il y avait une table ronde entièrement couverte de mémoires de fournisseurs et de lettres. Une seule bougie, posée sur la cheminée, éclairait cet intérieur plein de confusion, mais qui ne manquait pas d'un certain caractère assez pittoresque. Enfin, le tapis du boudoir était littéralement jonché de papiers déchirés.

Dans un angle de la chambre, auprès du feu, une femme assise sur un tabouret s'occupait à trier des lettres qu'elle tirait d'un coffret de laque posé sur le tapis à côté d'elle. Elle parcourait chacune de ces lettres d'un regard, et, selon qu'elle la jugeait digne d'être détruite ou conservée, elle la déchirait et jetait les fragments à terre, ou la déposait soigneusement dans un grand portefeuille en cuir de Russie placé sur ses genoux.

Cette femme était une grande dame, une Polonaise, et se nommait la comtesse Wanda. Elle avait environ quarante ans. Ses traits ne présentaient pas cette régularité qui est la marque la plus harmonieuse de la beauté ; mais ils avaient une grâce infinie et ce charme particulier des races du Nord, qui se compose de gentillesse, d'affectuosité, de douceur, assemblage délicieux et tout féminin dont la placidité allemande ne peut donner qu'une idée

faible. Il y avait même quelque chose de plus que la douceur sur le visage de cette charmante femme. Une exquise
bonté brillait dans ses yeux bleus et très-grands, sur ses
lèvres un peu charnues et bien découpées, dans le sourire
craintif qui les dépliait insensiblement lorsqu'une émotion de plaisir montait de son cœur jusqu'à elles. Ses
cheveux étaient d'un blond doux, peu épais, mais très-
soyeux, et leur lustre tirait un éclat inouï du demi-désor-
dre dans lequel la comtesse les laissait toujours. Ils descendaient en longs rouleaux jusqu'au sommet de ses
épaules, et, par derrière, tordus sur la nuque, ils for-
maient un chignon gracieux d'où s'échappaient en doux
flocons des follets légers et dorés qui voltigeaient au vent
comme de petites plumes. Le cou était superbe, impérial.
Les épaules présentaient deux monts éblouissants. L'une
d'elles était peut-être un peu plus haute que l'autre ; mais,
dans le nombre des gens qui avaient été à même de les
admirer au bal, il y en avait beaucoup qui trouvaient un
grand charme à cette irrégularité ; elle avait quelque chose
d'inattendu qui plaisait à l'œil. Quant à la taille, elle n'é-
tait ni petite ni grande ; mais le corsage avait à la fois de
la souplesse et de la rondeur ; et la peau était blanche et
satinée, froide, sans grains ni rougeurs. Nous aurons tout
dit sur la beauté relative, mais très-réelle de la comtesse,
en ajoutant qu'il était impossible de voir de plus belles
mains s'effiler à l'extrémité de bras plus blancs et mieux
modelés, et que quiconque avait vu passer le bout de son
petit pied cambré sous sa jupe en devait conserver éter-
nellement le souvenir.

Au moment où Saint-Bertrand pénétra dans le boudoir, la comtesse, vêtue d'une robe de chambre et les cheveux en désordre, avait le teint très-animé par l'ardeur du feu qui flambait à dix pas de son visage. En entendant la porte crier sur ses gonds, elle suspendit le travail d'élimination auquel elle se livrait, et jeta de côté les lettres, le portefeuille et la boîte de laque.

Cependant le vicomte, dans l'impossibilité où il se trouvait de faire un pas au milieu des objets de toute sorte qui encombraient la petite pièce, s'était arrêté sur le seuil. Il restait là, debout, correctement vêtu, ganté, le chapeau à la main; non plus riant et légèrement railleur comme il avait été la veille, à l'Opéra; mais froid, contraint, soucieux, promenant des regards inquiets autour de lui.

Tout à coup, la comtesse l'ayant reconnu se leva.

— Oh! Arthur! le croirez-vous? s'écria-t-elle avec douleur, nous partons demain pour Varsovie!

Ces paroles opérèrent une violente transformation dans les manières du vicomte. Comme s'il eût reçu un choc soudain, il s'élança au milieu de la chambre, et, saisissant les mains de la comtesse, avec une voix convulsive:

— Comment, vous partez pour Varsovie! Pourquoi?

La comtesse s'était renversée sur l'épaule du jeune homme. Ses beaux yeux bleus, trempés, plongeaient dans les siens avec une expression désespérée. Quant à lui, ses regards n'exprimaient qu'une poignante consternation.

Il se maîtrisa cependant, et, d'un ton qu'il s'efforçait d'adoucir, il lui dit:

— Calmez-vous. Essuyez vos yeux. Dites-moi tout.

Il paraît que la comtesse était habituée à cette façon d'agir, car elle ne s'en étonna pas. Débarrassant un fauteuil des hardes qui l'encombraient, elle fit un signe au vicomte, qui s'y assit en posant son chapeau à terre. Pour elle, elle alla reprendre son tabouret; mais ce tabouret était si près du fauteuil, que, lorsqu'elle s'y laissa tomber, on eût dit qu'elle venait de s'affaisser aux pieds de son amant, dans cette attitude familière d'adoration que les femmes savent si bien prendre, quand elles aiment.

— Voyons, parlez, Wanda, et ne me déguisez rien, reprit le vicomte.

— Eh bien, aujourd'hui, à deux heures, un employé de l'ambassade russe est venu ici. Il apportait nos passeports, avec l'ordre de partir pour nos terres demain matin.

— Pourquoi cet ordre? interrompit Saint-Bertrand.

— Je ne sais.

— Je croyais, ajouta-t-il en la regardant avec méfiance, que vous aviez obtenu la permission de passer deux ans à Paris.

— Nous avions, en effet, obtenu cette permission.

— Et on vous la retire au bout de dix mois?

— Oui.

— Et vous ne savez pour quelle cause?

— Non.

Le vicomte réfléchit pendant quelques secondes; puis il dit :

— Wanda, ma chère, n'avez-vous pas quelque peu conspiré pendant votre séjour à Paris?

La comtesse, en entendant ces mots, devint pourpre.

— Oh ! conspiré !... murmura-t-elle.

— Allons ! vous avez conspiré ! fit le vicomte avec humeur. Quelle étrange manie, vous autres Polonaises, vous avez de vous occuper de politique !

Les traits charmants de la comtesse s'assombrirent.

— Ne sommes-nous point excusables, Arthur ?

— Mais... non.

Sur ce mot qui tomba des lèvres du jeune homme, la comtesse se leva.

— Cela vous plaît à dire, à vous qui vivez dans un pays libre, où le dernier des citoyens ne peut souffrir un dommage dans ses biens ou dans sa personne sans que quinze millions d'hommes se lèvent pour le protéger. Si, comme moi, vous aviez vu votre mère battue de verges, votre père traîné parmi les forçats, de Varsovie aux mines d'Irkoutsk, la moitié de vos biens confisqués pour enrichir des traîtres et des espions; si, comme moi, votre repos, votre avenir, toute votre vie dépendaient du bon plaisir d'un despote; si le pays qui vous a vu naître, dont vous parlez la langue, dont la gloire vous appartient, agonisait depuis soixante ans sous le joug d'un peuple étranger : alors il est probable que vous ne blâmeriez pas les femmes de votre race qui, comme moi, par tous les moyens en leur pouvoir, prépareraient la délivrance de leur patrie.

Le vicomte voulut parler, elle l'interrompit.

— Réponds-moi : si les Anglais tenaient la France comme les Russes tiennent la Pologne, que ferais-tu ?

Le vicomte n'était sans doute pas patriote. Il se leva, et, avec une légère intention de raillerie dans la voix :

— On ne peut vous parler de votre pays sans faire de vous une petite lionne !

— Pauvre patrie ! murmura la comtesse.

Et ses yeux se mouillèrent encore.

— Allons, Wanda, reprit le vicomte, il est inutile de récriminer. Dites-moi seulement si vous courez quelque danger.

— On n'a pas de preuves contre nous, mais on se méfie. C'est pourquoi nous avons reçu l'ordre de partir.

— Pourquoi obéissez-vous à cet ordre ?

La comtesse leva sur lui ses regards surpris.

— Pouvons-nous donc faire autrement? Tous nos biens ne sont-ils pas entre les mains de nos ennemis? Si nous tardions d'un jour à nous présenter au bureau de police de Varsovie, nos terres seraient confisquées. Alors... que devenir?

Le vicomte demeura quelque temps rêveur. Puis il dit :

— Vous n'avez donc jamais eu l'idée de vous soustraire à la domination du gouvernement russe en vendant vos terres?

— Si fait ! mais cette autorisation nous a toujours été refusée. De sorte que, en quelque lieu que nous soyons, notre ennemi nous tient toujours.

— Je comprends, murmura le vicomte.

Et il retomba dans sa rêverie

Après quelques secondes de silence, la comtesse, s'asseyant de nouveau à ses pieds, lui prit la main.

— Que vais-je devenir, sans toi?

Le vicomte la regarda d'un air stupéfait.

— Mais... est-ce que je ne vais point vous accompagner là-bas? demanda-t-il.

— On ne t'y laisserait point arriver.

— Pourquoi?

— Ils ont des espions partout, surtout ici. Ils doivent connaître notre liaison. S'ils veulent nous tourmenter, au pays, ta présence pourrait les gêner; car, toi, tu es un homme libre, et, dans ton pays, du moins, tu as le droit de parler.

— Je comprends, dit encore le vicomte.

Et il fit quelques pas dans la chambre en pâlissant. Enfin :

— A quelle époque comptez-vous revenir en France?

— Le sais-je? dit la pauvre comtesse. Peut-être jamais.

Le jeune homme suspendit sa promenade. Il était devenu très-pâle.

— Mais..., Wanda!... ce que vous me dites là, ma chère..., cela ressemble furieusement à une séparation.

La comtesse cacha son front dans ses mains et se mit à sangloter.

Saint-Bertrand, toujours debout, la regardait avec une expression singulière. Une chose atroce tenait en suspens l'esprit de ce jeune homme de vingt-cinq ans.

« Est-elle sincère? se demandait-il. »

La comtesse releva le front, et, comme si elle se fût parlé à elle-même :

— Qui m'eût dit, il y a dix mois, quand, pour la première fois, mon regard allant au-devant du tien, je sentis que j'allais aimer... c'était la première, ce sera la dernière fois !... qui m'eût dit que mon bonheur passerait si vite ! Jusqu'alors, j'avais vécu d'une existence attristée !... Ce n'est pas que mon mari ne soit un homme excellent ; mais il a presque le double de mon âge ; mon affection pour lui est celle d'une fille pour son père ; je n'ai jamais eu d'enfant, d'ailleurs.... Tout mon cœur s'envola vers toi !...

Ici elle s'interrompit et s'essuya les yeux. Puis elle reprit :

— Tu étais si jeune encore ! tout seul ici-bas, disais-tu, et déjà sérieux et triste. Il y eut quelque chose de maternel dans l'affection que je te donnai. J'espérais — on ne raisonne pas quand on aime — j'espérais que je te conserverais toujours.

Ici elle le regarda avec une expression passionnée.

— Qui vas-tu aimer maintenant? Séparé de moi, qui n'ai peut-être plus devant moi six mois de beauté, du reste... réponds-moi : qui vas-tu aimer?

Le jeune homme ne faisait pas un mouvement.

— Je ne te demande pas de serments, continua-t-elle. D'abord... m'en ferais-tu... tu ne pourrais les tenir. La vie ne se termine pas pour un homme à vingt-cinq ans. Est-ce que tu te marieras, dis-moi?

— A quoi bon parler de cela, Wanda? dit enfin le vicomte.

— Pourquoi n'en pas parler?

— Vous ajoutez à vos chagrins.

La comtesse le regarda avec un air de surprise, comme si elle le voyait pour la première fois.

— Je ne sais si tous les hommes te ressemblent, reprit-elle, mais il est une chose en toi qui m'a toujours fait réfléchir : dans les plus graves occasions, tu restes maître de toi-même; jamais tu ne t'abandonnes; tu ne dis absolument que ce que tu veux. Il semble qu'avant de passer par ta bouche, chaque mot est pesé dans ton esprit. Tes yeux si doux et si beaux, le regard ne les pénètre pas; ces fenêtres de ton âme sont ouvertes, mais il y a des rideaux derrière elles, et l'on ne sait ce qui se meut sous ces rideaux. Aimes-tu? Ta réserve est-elle volontaire? Souvent, quand tu dormais, j'ai placé ma main sur ton cœur. Te l'avouerai-je? il m'a semblé singulier de le sentir battre! Pendant longtemps, j'ai cru qu'il n'y avait en toi qu'une immense personnalité. Cependant, tu ne parais prendre aucun souci de ta vie; et, d'ailleurs, tu es doux, prévenant, pas trop affectueux, mais bon, poli... toujours poli. Ah! si une seule fois tu m'avais battue!... Tout le monde se loue de toi; tu ne choques personne; tu as le caractère le plus égal... Eh bien, quand je te serre dans mes bras, il me semble que j'étreins une statue. Cependant, toi que les baisers n'émeuvent pas, si tu ne savais point aimer, pourquoi m'aurais-tu prise? Tu as l'air triste de mon départ; mais il y a plus de contrariété que de douleur dans ta tristesse. Tu ne verserais pas une larme, quand on t'en prierait. Je t'aime ainsi, cependant!... Et c'est peut-être parce que tu es ainsi fait que je t'aime!... Les femmes sont inconcevables. Toi, tu es comme le ciel d'hiver de mon pays : toujours bleu, toujours pur, hélas! et sans chaleur!

— Mais, répondit enfin le vicomte, en réagissant sur lui-même, vous me voyez consterné de ce qui arrive.

Et il ajouta, d'un air découragé :

— Qu'y puis-je faire?

— Rien, répondit la comtesse; mais tu pourrais en souffrir.

— Croyez-vous que je n'en souffre pas?

— Qui le sait?

— Wanda, fit le vicomte avec un sourire équivoque, vous ne me rendez point justice.

Cependant, il commençait à trouver sa situation embarrassante, car la comtesse ne parlait plus.

— Qu'est-ce que ces papiers que vous déchirez? lui dit-il. Et ceux-ci que vous enfermez dans ce portefeuille?

A cette question, la comtesse tressaillit.

— C'est vrai, murmura-t-elle, je n'y pensais plus

Alors, elle se remit à trier les lettres, et, tout en les parcourant du regard, elle lui dit :

— Tu sauras que nous autres, malheureux restes d'un peuple persécuté, nous formons une sainte communion par toute la terre. Nous sommes partagés en deux classes : les opprimés et les exilés. Tous ceux qui ont déserté le pays natal pour échapper à la mort, au travail des mines, à la prison, ne peuvent toujours suffire à leur existence, Les uns, habitués au luxe, n'ont pas d'état; les autres sont infirmes; d'autres ont des enfants nés dans l'exil, ou des femmes. Eh bien, ceux d'entre nous qui ont conservé quelque fortune leur viennent en aide. Quand l'un de nous a obtenu la permission de séjourner quelque temps en France, en Angleterre, en Italie, où vivent la plupart de nos réfugiés, ceux qui sont restés au pays lui envoient de l'argent sous différents prétextes. Tantôt, c'est soi-disant pour acheter des étoffes et des bijoux, tantôt pour acquitter une dette. Cet argent, nous l'employons à se-courir les nécessiteux...

— Ne l'employez-vous qu'à cela? demanda le vicomte.

— Eh bien, oui! s'écria la comtesse en écartant ses cheveux de son visage, qui apparut alors transfiguré; oui, nous l'employons aussi, et avant tout, à nous faire de tous côtés des prosélytes ; car, jusqu'au dernier d'entre nous, nous avons fait le serment de reconquérir la patrie. Tiens, veux-tu le savoir : il y a des femmes parmi nous, et ce sont les plus saintes, qui, n'ayant pas d'autre moyen de concourir à l'œuvre commune, lui ont fait jusqu'au sacri-fice de leur honneur ! Ma cousine Edwige s'est donnée au gouverneur d'une province pour faire évader trente pri-sonniers. On a dit qu'ils s'étaient sauvés tout seuls. La princesse Boguslawa s'est vendue pour avoir la grâce de son père. Ma sœur... Mais à quoi bon te raconter cela? Tu n'y comprends rien ; car tu n'as pas, comme nous, la rage dans le cœur, et tu ne sens pas que ces hontes re-montent tout entières jusqu'à ceux qui nous condamnent à recourir à l'infamie pour nous délivrer.

— Chère Wanda! dit froidement le vicomte.

Et il demeura de nouveau silencieux; puis il reprit :

— Comment aimez-vous donc votre pays?

— Plus que tout.

— Comment, plus que tout?

— Oui, plus que tout! plus que toi ! plus que la vie

— C'est surprenant, dit le vicomte.

Malgré l'accent passionné de la comtesse, il ne semblait pas convaincu de sa sincérité. L'idée qu'elle voulait profiter de son départ pour rompre à jamais leur liaison le *tenait toujours*. Néanmoins, dans le nombre des faits qu'elle venait de lui apprendre, il y avait une chose qui lui apparaissait, de loin, comme une lueur d'espoir.

— Wanda, fit-il d'un air distrait, vous ne m'avez pas dit ce que sont ces papiers.

— Ces papiers, s'ils tombaient dans les mains du gouvernement russe, causeraient la ruine et l'exil de cinq cents familles.

— Vraiment?

— Oui. Les uns sont les listes des nobles sur lesquels, le jour du soulèvement, on pourra compter. Les autres sont les dénombrements de leurs paysans susceptibles d'être armés. Ceux-ci représentent la correspondance secrète entretenue cet hiver, à l'instigation de mon mari, entre certains juifs de Londres et de Paris, très-influents, et les juifs de Pologne, qui, jusqu'ici, étaient restés neutres entre nous et nos oppresseurs. Quand nous les aurons avec nous, nous commencerons la lutte, car alors l'argent ne nous manquera plus. Voici les lettres de quelques-uns des espions que nous entretenons à Pétersbourg, et qui nous tiennent au courant des projets de nos ennemis. Vous voyez que ces papiers sont précieux.

Le vicomte, en écoutant ces paroles, hochait doucement la tête, comme un homme qui prend un très-grand intérêt à ce qu'il entend.

— Pourquoi déchirez-vous ceux-ci? demanda-t-il.

— Ils n'ont aucune importance.

— Ainsi, vous, la plus douce des femmes, vous êtes simplement un chef de conspiration?

— Il le faut bien.

Maintenant, le vicomte ne prononçait plus une parole sans avoir exactement mesuré sa portée.

— Que dit de cela votre mari?

— Mon mari dit que, si toutes les filles de mon pays me ressemblaient, la Pologne serait bientôt libre. Malheureusement, toutes ne peuvent ou n'osent faire ce que je fais. Elles ont assez de courage pour affronter la mort dans les émeutes, supporter les angoisses de l'emprisonnement et les privations de l'exil; mais il faut une aptitude particulière pour remplir la tâche que je me suis imposée. N'a pas cette aptitude qui veut! D'ailleurs, par ma naissance, je suis en position de recruter bon nombre de défenseurs pour la cause commune. Ta Wanda a du sang des Jagellons dans les veines, je te dirai...

Pauvre Wanda! l'héroïsme de sa race se mêlait en elle à la sublime confiance de la femme, l'énergie à la légèreté, qui est comme l'éternelle marque de l'infériorité de son sexe. Elle eût donné sa vie pour faire avancer d'un pas l'œuvre dont la réussite représentait son aspiration la plus généreuse; et, sans crainte, sans soupçon, affirmant la loyauté d'autrui de par sa loyauté, même devant un homme qu'elle croyait connaître, uniquement parce qu'elle l'aimait, elle laissait imprudemment parler son cœur.

Le vicomte la regardait avec surprise, et même, malgré la méfiance qui lui restait toujours dans l'esprit, avec un involontaire respect.

Tout à coup la grande porte de l'hôtel tourna en gémissant sur ses gonds, et l'on entendit retentir la voûte au bruit des roues d'une voiture.

— C'est mon mari qui rentre, dit la comtesse.

— Dois-je me retirer? demanda le vicomte.

La comtesse réfléchit quelques secondes; puis, relevant ses cheveux et serrant autour de son corps la ceinture de sa robe de chambre, elle alla s'asseoir sur un canapé à six pas du jeune homme et lui dit:

— Vous pouvez rester.

IX

LES ADIEUX DE LA COMTESSE WANDA

Le comte Ladislas, le mari de la belle Wanda, était un de ces vieux soldats qui prirent part à toutes les guerres de l'Empire, et qui, l'Empire tombé, payèrent de leur personne dans tous les soulèvements de la Pologne contre la Russie. Dix fois pris, dix fois condamné aux mines, dix fois gracié, le comte, habituellement, vivait dans ses terres, soumis en apparence, et ne faisant pas parler de lui. Mais, aussitôt que le tocsin de l'insurrection bourdonnait sur un point quelconque du territoire, il s'armait, sellait son cheval, et les Russes étaient toujours sûrs de le trouver devant eux, au premier rang. Il avait connu Kosciusko; il était le frère d'armes de Dombrowski. Comme Wanda, qu'il avait épousée en Sibérie à la mort de son père, il ne songeait à rien qu'à l'affranchissement de sa patrie. Toutes ses idées convergeaient vers ce but. Il vivait pour cela, et pour cela seul. Son rêve, à force de persistance, était devenu une héroïque monomanie. Sa femme et lui se complétaient admirablement : l'une pensant, l'autre agissant. Le comte était le bras de l'éternelle conspiration polonaise, la comtesse en était la tête. Jamais il n'y avait de désaccord entre eux. Parfois, quand il voyait sa femme sombre et rêveuse, il lui disait :

— Recommencera-t-on bientôt ?

Si la guerre avait été inconnue de l'humanité, le comte n'eût été bon à rien sur la terre. En tête de son dossier, déposé aux archives de la police, à Saint-Pétersbourg, on lisait ces trois mots, écrits en gros caractères, et qui le peignaient tout entier : *Homme d'action.*

L'affection que ce soldat portait à sa femme était d'une nature particulière. Il voyait en elle une créature supérieure, — généreuse, désintéressée comme lui, — mais plus fine, plus enjouée, mieux douée. Aussi la vénérait-il. Il ne se sentait pas son égal. En même temps, comme elle était délicate de santé, il avait pour elle les soins touchants d'un père robuste pour un enfant chétif. Ainsi, son affection était un mélange d'admiration et de protection. Le comte n'avait jamais éprouvé d'amour. Il avait la froideur de vierge de Charles XII. Son cœur était ample et bon, mais ses sens, même dans son extrême jeunesse, ne s'étaient point éveillés. La femme n'était pas pour lui, comme elle est pour le plus grand nombre de ses compatriotes, *le but suprême.* Il voyait en elle un homme femelle, et rien de plus. Aussi la passion qu'il avait pour

Wanda tenait-elle beaucoup plus de l'amitié que d'autre chose, et, comme il était fort impersonnel, il ne connaissait pas la jalousie. Bien plus : il y avait en lui comme un renversement de jalousie. Il voulait qu'on aimât sa femme. On ne l'aimait jamais assez. La voir avec des yeux indifférents, c'était lui faire injure. Pendant quinze ans, elle avait été fort courtisée, et toujours elle s'était montrée insensible. Il consolait ses soupirants, les ramenait, leur disait :

— Aimez-la comme elle doit être aimée. Avant tout, il faut respecter ses volontés, car il faut qu'elle soit heureuse.

Le jour où Wanda, tardivement vaincue par la nature, s'éprit de Saint-Bertrand, le comte, sans se demander quel était ce jeune homme, sans s'informer de ses antécédents, l'adopta, le patronna, le présenta dans les meilleures maisons de Paris. Il ne chercha même point à savoir jusqu'à quel point d'intimité s'étendait la liaison qui l'unissait à sa femme. Cela n'entra pas dans son esprit ; — d'ailleurs, il était trop loyal et trop généreux pour accorder une pensée au mal ; — mais il voua une amitié sincère au vicomte, et le traita comme un fils.

Il y avait donc dans le cœur de ce vieillard deux passions : sa femme et sa patrie. Au reste, il avait le cœur très-large. Les gens qui vivaient dans son intimité disaient que ses passions ne lui suffisaient pas, et qu'une autre existait en lui plus immatérielle encore, plus élevée, d'où dérivaient toutes ses vertus, toutes ses pensées, toutes ses actions. Le comte croyait en Dieu. Il était catholique, et, par-dessus toutes les choses du monde, il adorait sa religion.

Il était un peu superstitieux, mais point cagot. Le

prêtre lui était assez indifférent. Dieu seul l'occupait. Chaque matin, en ouvrant les yeux, il se prosternait au pied de son lit et faisait sa prière. Puis il s'habillait et se rendait à l'église. — « Dieu d'abord, » — disait-il. Quand il avait satisfait Dieu, il pensait aux choses de la terre. A Pâques, il communiait; jeûnait le vendredi, ne fumait pas, ne buvait pas de vin, et portait sur la peau un collier de crin où pendaient de petites médailles.

Il abhorrait le vice, terrifiait les railleurs avec ses gros yeux d'agate, et pratiquait l'aumône avec convenance, c'est-à-dire en se cachant.

Tel était l'homme qui, au moment où la comtesse Wanda venait de révéler le secret de sa vie à son amant, se fit annoncer chez elle.

Contre son habitude, il était soucieux ce jour-là. L'ordre de départ qu'il avait reçu le froissait. Il sentait qu'il ne pouvait désobéir. En entrant, il fit un signe de tête amical au vicomte, baisa la main de sa femme, et s'assit devant le feu, entre eux, sans dire un mot.

Le comte avait alors soixante-quinze ans, mais il ne paraissait pas en avoir plus de soixante. Il était de petite taille, fibreux et sec, et marchait en s'appuyant sur les reins, le front levé. La fatigue avait endurci ses os, qui faisaient partout des bosses sous sa peau rougie par le hâle. Son front serré, carré, s'évidait vers les tempes, où pendaient de longues mèches de cheveux argentés. Ses yeux vifs étincelaient sous de gros sourcils d'un blond roux, et son nez courbé en bec d'aigle donnait à son visage une expression d'opiniâtreté. Ce qui frappait le plus les regards, en lui, c'était sa longue barbe, annelée et toute blanche, qui s'évasait en éventail et dont la molle toison descendait au milieu de sa poitrine. Il avait toujours eu grand soin de cette barbe; elle était extrêmement fine et douce, et il la caressait de sa main en méditant et en causant. Une balafre partageait en deux sa joue gauche : un trou de balle s'enfonçait à côté, avec un gros pli violet ; il lui manquait deux doigts à la main droite ; son corps était comme déchiqueté de blessures ; si on eût pu le voir tout nu, il aurait fait peur.

Le comte portait invariablement, en toute saison le même costume : un habit noir très-ample, boutonné sur sa poitrine, laissait passer, en bas, le bord d'un gilet de piqué blanc. Jamais il ne couvrait de gants ses mains velues et noueuses. Son pantalon, étroit et court, accusait ses genoux énormes. Il avait de longs pieds, chaussés de gros souliers sur lesquels des guêtres de drap s'avançaient en pointe. Il ne portait ni bijoux ni décorations. Un air de netteté, de propreté, assez rare chez les vieillards, donnait un lustre particulier à toute sa personne. Enfin, il y avait dans son costume quelque chose de correct qui rappelait les habitudes de la vie militaire. Les soldats qui le rencontraient dans la rue se retournaient pour le voir passer. Ils sentaient en lui un des leurs.

Après être resté quelque temps silencieux entre le jeune homme et sa femme, le comte dit tout à coup :

— Wanda, ma chère enfant, nous nous sommes conduits en étourdis depuis un an. Aujourd'hui, nous pourrions mépriser les ordres du *Moskal* [1], si nous avions

---

[1] *Moskal*, expression de haine par laquelle les Polonais désignent les Moscovites.

montré plus de sagesse. Croiriez-vous, dit-il au vicomte, que ma femme a dépensé près d'un million cette année pour secourir nos compatriotes ?

Saint-Bertrand, quand il voulait défendre le secret de sa pensée, soit qu'on l'interrogeât directement, soit qu'on sollicitât son opinion, se servait invariablement d'un mot qui n'exprimait que la surprise.

— Vraiment ? dit-il.

Mais, cette fois, en prononçant ce mot, il ne put s'empêcher de regarder la comtesse.

La comtesse avait le visage empourpré de la racine des cheveux à la base du cou. Son regard rencontra celui du vicomte et une teinte encore plus foncée s'étendit sur sa face.

Pour lui, il avait l'air d'un homme qui sent approcher un danger et se tient sur ses gardes.

Le million que regrettait le comte Ladislas n'avait-il point passé tout entier entre les mains des réfugiés ? La rougeur de la comtesse le faisait supposer. Cependant, il lui fallait trouver quelque chose pour se défendre.

— Ils sont si malheureux ! balbutia-t-elle.

Saint-Bertrand baissa les yeux. Sentait-il ce que souffrait la comtesse ?

— Certainement, ils sont malheureux, dit le comte. Mais nous aurions peut-être mieux servi notre cause, qui est la leur, en abandonnant nos terres à nos ennemis et en restant en France. Maintenant, nous ne pouvons plus le faire Je viens de chez Laffitte, notre banquier. Nous n'avons plus chez lui qu'une somme insignifiante. Nos économies de quinze années sont dépensées. Il nous faut donc abso-

lument retourner là-bas ; et Dieu sait ce qui nous attend
à notre arrivée !

— Ladislas, dit la comtesse, j'ai eu tort. Je vous prie
de me pardonner.

Saint-Bertrand fronça les sourcils. Chacune des paroles
qu'il entendait lui traversait le cœur comme une lame de
couteau. Maintenant, à la consternation que l'annonce du
départ de Wanda avait fait naître en lui, succédait une
sourde colère. Et, comme s'il l'eût rendue responsable
d'une secrète humiliation, les regards qu'il attachait sur
elle, à la dérobée, étaient pleins de haine.

— Eh ! Wanda, s'écria le comte, ce que j'en dis, ce
n'est pas pour vous affliger, mon enfant. Vous pouvez
bien, si vous voulez, dépenser notre dernier rouble pour
satisfaire à vos caprices. Est-ce que je tiens à l'argent ?
Notre fortune ne provient-elle pas de vous, d'ailleurs ? Je
ne tiens qu'à vous voir heureuse, et je crains que vous ne
soyez tourmentée au pays. Mais ne parlons plus de cela.
Dieu est grand ; il nous protégera comme il a toujours fait
jusqu'ici.

— *Amen !* dit mentalement la comtesse.

Saint-Bertrand, pour détourner cette conversation qui
l'obsédait, demanda au comte quelques détails sur la situation de la Pologne. Le comte fut étonné de trouver le
jeune homme si bien instruit des affaires de son pays, et,
l'interrompant tout à coup :

— Vous l'avez donc mis au courant ? demanda-t-il à sa
femme.

Puis, sans attendre sa réponse :

— Vous avez bien fait, ajouta-t-il

Cependant la comtesse avait terminé le triage de ses lettres. Elle les passa en revue de nouveau, les classa, puis les renferma toutes dans le portefeuille.

— Qu'avez-vous décidé à l'égard de ces lettres ? demanda son mari.

— Rien encore. Je suis très-embarrassée, répondit-elle.

Le comte se tourna vers Saint-Bertrand.

— Vous comprenez, lui dit-il, que nous ne pouvons emporter ces lettres avec nous. La première chose que fera la police, au pays, sera de nous fouiller des pieds à la tête. Le moindre chiffon de papier lui sera suspect. Nous sommes donc obligés de confier ce portefeuille à une personne dont nous soyons aussi sûrs que de nous-mêmes. Il s'écoulera peut-être plusieurs années avant que nous puissions revenir en France. Nous ne savons qui choisir pour lui confier ce dépôt.

— Que ne vous adressez-vous à l'un de vos compatriotes ? dit Saint-Bertrand.

— Nous y avons pensé, répondit le comte ; mais...

La comtesse l'interrompit :

— Il y a des difficultés.

— Des difficultés ? fit Saint-Bertrand.

— Oui.

— Lesquelles donc ?

— Voici, répondit le comte. Nous ne pouvons choisir un Polonais de passage, comme nous, à Paris. Tôt ou tard, il lui faudra quitter la France. Que ferait-il de ces papiers ?

— C'est juste, observa Saint-Bertrand.

— Notre choix est donc limité, continua le comte, aux seuls exilés. Eh bien, il y a parmi eux un très-grand nombre de braves gens qui se feraient plutôt couper en morceaux que de nous trahir; mais ils peuvent mourir pendant notre absence, et la confiance que nous avons en eux ne s'étend pas à leurs héritiers.

Saint-Bertrand hocha la tête en homme qui n'est pas convaincu de la justesse de l'argument qu'il vient d'entendre.

— Mon cher ami, reprit le comte, songez qu'il y a parmi nos réfugiés bien des gens qui jadis étaient possesseurs d'immenses fortunes, et qui meurent littéralement de faim aujourd'hui. A Dieu ne plaise que je soupçonne la loyauté d'aucun de ces martyrs. Mais leurs enfants ou leurs neveux, qui ne connaissent pas le pays, qui, chaque jour, sont aux prises avec les expédients de la misère, ne peuvent-ils être tentés, dans une heure funeste? Vous ne savez ce que c'est que la faim? Je l'ai connue, moi. C'est une chose cruelle. A la rigueur, on peut, quand on est homme et qu'on a confiance en Dieu, supporter ses déchirements. Mais voir les êtres qu'on aime le plus au monde : une femme, des enfants, se débattre contre elle... il n'est pas de supplice comparable à celui-là. Alors, tout disparaît devant une idée fixe : faire cesser ce supplice. Le faire cesser sur-le-champ, à tout prix. L'homme n'a plus d'honneur, de conscience, de jugement, de réflexion; il n'a plus qu'un viscère affamé qui se tord dans sa poitrine, et des dents qui déchireraient le fer, si le fer pouvait apaiser la rage de ses dents. L'homme n'est plus un homme, il est une bête farouche. Alors, si on le prend dans cet état de folie, si on lui dit : « Je t'apporte nonseulement l'apaisement de ta faim, mais la garantie que tu ne connaîtras plus la faim, mais toutes les douceurs de la vie : la fortune, une fortune qui est tienne, qu'on a confisquée à ta famille!...» que voulez-vous qu'il fasse? Il cède. On trouve le courage de se tuer pour échapper au déshonneur. Où trouver celui d'étouffer ses enfants?

— N'est-il pas des exilés qui soient à l'abri de la misère? demanda Saint-Bertrand.

— Si fait. Mais, encore une fois, ils peuvent mourir, et leurs héritiers peuvent être mal conseillés par l'ambition, la haine... que sais-je? le mal du pays. Tout peuple a son écume qui ne monte pas toujours des couches les plus basses. Les soldats n'ont jamais trahi Napoléon; mais, lisez ses *Mémoires*. Vous verrez ce qu'il dit de quelques-uns de ses généraux.

— Ainsi, dit Saint-Bertrand, il en est parmi vous qui sont ralliés à la Russie?

— Hélas! oui, répondit le comte, et ce sont eux qui ont le moins de pitié dans le cœur.

Il y eut alors un nouveau silence. Saint-Bertrand, satisfait du nouveau tour qu'il avait fait prendre à la conversation, et songeant, à part lui, que le comte devait moins redouter une trahison que la ruine de son influence politique, s'il confiait ses papiers à l'un de ses compatriotes, continuait à hocher la tête; la comtesse le regardait.

— A votre place, je détruirais ces papiers, dit-il enfin.

— Cela n'est pas possible! ce serait vouloir tout abandonner! s'écria la comtesse.

— Alors... je suis aussi embarrassé que vous, dit Saint-Bertrand.

Le comte, depuis quelques instants, paraissait méditer profondément. Il appuyait une de ses mains fermée sur son genou ; de l'autre, il tourmentait sa barbe blanche. Une idée était née dans son esprit, et il l'examinait sous toutes ses faces. Pour cette âme loyale, le seul homme qui ne pouvait le trahir, c'était celui qui se tenait assis à son côté. De sa part, une trahison eût été quelque chose de plus qu'un crime : une action extrahumaine, inconnue jusqu'alors et innomée. Brutus frappant César avait un prétexte. Saint-Bertrand assassinant la comtesse Wanda, cela n'entrait pas dans l'ordre logique des choses les plus hideuses de ce monde. Les yeux du comte eussent été témoins de cette action, qu'il aurait arraché ses yeux.

Cependant, comme il ne prenait jamais une détermination sans la soumettre à sa femme, il lui fit part de son projet en se servant de sa langue natale, afin de ménager la susceptibilité de Saint-Bertrand. La comtesse, en écoutant son mari, parut surprise. Puis elle regarda le jeune homme, qui semblait ne pas se douter de ce qu'on disait. Elle promena ses yeux complaisamment sur ses traits si fins et si purs ; se méfiant de sa tendresse, elle interrogea ce front qui lui parut, alors, — comme toujours, et plus que jamais, — le réceptacle vivant d'un noble esprit. Enfin, joignant les mains, comme si elle eût voulu, mentalement, lui demander pardon — non d'avoir douté de lui, mais d'avoir hésité une seconde dans l'appréciation qu'elle avait faite de son caractère, — elle se tourna vers son mari et lui dit :

— Vous avez raison.

La langue polonaise est une langue commode pour les initiés, en ce sens que, nul étranger ne s'avisant jamais de l'apprendre, elle n'est alors entendue que des Slaves. Le comte et la comtesse se croyaient donc bien sûrs de n'avoir pas été compris de Saint-Bertrand. Ils se trompaient. Le vicomte, avec son intelligence native, n'avait pu, depuis près d'un an, assister à maintes discussions sans retenir quelques mots de l'idiome dont on se servait à tout propos devant lui. Aussi, quoiqu'il n'eût pas été capable de traduire littéralement la phrase que le comte avait adressée à sa femme, en avait-il, du moins, saisi le sens. Il n'en laissa rien voir ; mais, quand le comte ouvrit la bouche pour lui proposer d'accepter le dépôt des lettres, il le trouva préparé.

— Quoi ! moi ? s'écria-t-il en montrant une sorte d'effroi qui, pour être joué, impressionna cependant ses auditeurs. — Vous voulez me confier ces papiers ?

— Pourquoi pas ? demanda le comte.

— Mais... c'est bien grave !

— Aussi ma femme et moi vous le demandons comme un service.

— Un service !... Sans doute, je serais trop heureux de vous le rendre ; mais... moi aussi, je puis mourir...

— Allons donc ! est-ce qu'on meurt à vingt-cinq ans ?

— Mais très-bien.

— Écoutez, interrompit la comtesse. — Parmi tous nos amis, il en est un en qui nous avons une confiance absolue, et qui, à notre mort, doit continuer notre œuvre secrète. Malheureusement, il est en Italie avec sa famille, et ne rentrera pas en France avant six mois. Dans la prévision d'un malheur qui pourrait arriver, à vous ou à nous, nous allons enfermer ce portefeuille dans un pli cacheté, et vous écrirez sur ce pli que les papiers qu'il renferme appartiennent et doivent être remis **au comte** Étienne Wolski. Mon mari, de son côté, lui écrira pour le prévenir de notre détermination et vous recommander à lui comme à un excellent ami qui pourra vous être utile.

Saint-Bertrand parut ébranlé.

— Vous êtes bien décidée? dit-il à la comtesse.

— Oui.

— Tant pis.

— Pourquoi, tant pis? demanda le comte.

— Parce que, maintenant, je ne vais plus oser quitter Paris, sortir de chez moi, ni dormir, de crainte que ces papiers ne me soient enlevés.

— Qui saura qu'ils vous sont confiés?

— Mais... quand ce ne serait que le comte Wolski, à qui vous allez l'écrire.

Le comte et la comtesse semblaient embarrassés.

— Il faut avoir confiance en lui ou en moi, dit alors Saint-Bertrand, et confier ce dépôt à lui ou à moi; mais pas à tous deux. En toutes choses, je ne réponds que de moi-même.

— Que faire? demanda le comte à sa femme.

— Écrivez votre lettre pour le comte Wolski, dit Saint-Bertrand, mais ne la lui envoyez pas. Remettez-la-moi. Si c'est à vous qu'il arrive malheur, je la lui porterai moi-même en même temps que le portefeuille; et, si c'est à moi, je ferai en sorte de lui faire tenir le tout par une personne sûre, en temps utile. De cette façon, le comte connaîtra la nature du service que vous réclamez de lui, seulement et juste au moment nécessaire.

— Je vais écrire la lettre, dit le comte.

Et il sortit.

Alors Saint-Bertrand se leva, et, pour la première fois de la soirée, il parut éprouver un secret contentement. Le sourire jouait sur ses lèvres pendant qu'il serrait les deux mains de la comtesse.

— Vous avez si bien fait, lui dit-il, que vous êtes enfin parvenue à m'enrôler dans la grande conspiration.

— Qui m'aime doit aimer mon pays, dit Wanda.

Saint-Bertrand s'inclina avec une sorte de déférence affectueuse et baisa les belles mains qu'il tenait dans les siennes. Mais l'idée qui lui avait enfin remis la joie au cœur était peu désintéressée.

— Maintenant, se dit-il, je vous tiens par votre patriotisme, chère comtesse... Je suis donc bien certain de vous retrouver.

Il est une chose plus triste encore qu'une passion qui s'éteint, c'est une liaison brusquement dénouée par un événement imprévu. Le cœur qui aime est alors déchiré par une grande secousse. Se quitter quand la satiété est lentement venue remplacer la soif du désir, ne rompt chez deux amants que le fil de l'habitude. Ce fil n'est attaché qu'à la surface du cœur. Il ne va pas au fond, là où, dans le foyer même de la vie, résident les sentiments impérieux qui font toute la vie pour les âmes affectueuses. Mais toucher du regard un regard aimé qui va disparaître, c'est le comble de la douleur pour une créature sensible. Wanda,

après une nuit dépensée dans la fébrile agitation des préparatifs du départ, quand l'aube grise des nuits d'hiver
vint blanchir faiblement les rideaux de sa chambre, Wanda,
fatiguée par la veille autant que par l'émotion, en regardant son feu éteint, vit en lui un sombre présage. Son mari
essaya de la rassurer en lui disant que tout irait bien et
qu'ils reviendraient. Elle secouait la tête et fermait ses
beaux yeux rougis par les larmes. Son amant lui serrait
les mains : elle répondait à peine à son étreinte. Cependant, au dernier instant, le comte ayant de nouveau quitté
le boudoir pour donner un ordre, elle rassembla les lambeaux épars de son courage et dit à celui qu'elle aimait en
ce moment surtout plus qu'elle-même :

— Peut-être nous reverrons-nous. — Tout est possible
à Dieu, mais je ne l'espère plus. Quoi qu'il t'arrive, rappelle-toi toujours qu'une fois, au moins, dans ta vie, tu
as été aimé autant que peut l'être une créature humaine,
vouée à toutes les vicissitudes de l'existence et finalement
à la mort. Ce noble but vers lequel tendent instinctivement les âmes élevées : être tout pour une autre âme, tu
l'as atteint, tu l'as gardé pendant un an, et, tant qu'un
souffle passera sur mes lèvres, glacées par la douleur aujourd'hui, tu régneras sur mon cœur, seul ; et rien jamais
ne troublera la sérénité de l'affection que je t'ai donnée
et qui est la meilleure part de moi-même. Suis ta destinée. Si Dieu m'exauce, elle sera heureuse. Puisse-t-il —
car il faut une compensation à toute chose — puisse-t-il
me faire payer ton bonheur ! Les maux qu'il t'épargnera,
avec joie je les subirai. Tu es mon seul amour, amour
condamnable sans doute, mais qui a son excuse dans son

ampleur et dans la faiblesse humaine. J'aurais voulu mettre d'accord mon devoir et ma passion, mais je ne l'ai pu. Maintenant, un dernier mot. Nous t'avons fait le dépositaire de notre honneur, de plus que notre honneur : de l'espoir d'un peuple. Garde avec religion le dépôt qui t'est confié. S'il faut mourir pour le défendre, sache mourir. Là, reprit-elle en plaçant la main sur son cœur, là tu as été aimé ! là, tu seras pleuré.

Touchante emphase de la passion ! Wanda, en s'exprimant ainsi, au moment suprême des adieux, essayait de se hausser au-dessus d'elle-même pour faire passer toute son âme dans ses paroles. En regardant le visage impassible du jeune homme qui se tenait devant elle, elle y cherchait une douleur égale à la sienne. Hélas ! comme il arrive le plus souvent ici-bas, elle était seule à souffrir et seule à aimer. Aimer encore !... Heureuse et fière eût-elle été si elle avait aimé un homme qui fût digne d'elle. Mais, en elle-même, au plus profond de son être, cet œil intérieur que n'a jamais rencontré le scalpel du chirurgien, qui existe cependant et qu'on nomme la conscience, lui montrait que son départ ne déchirait que son cœur, et, de toutes les douleurs qui s'étaient jamais révélées à l'âme de Wanda, celle-là, certes, était la plus grande.

X

PLAISIRS DU BAL

La comtesse partit. Barberine dansa trois fois en huit jours, et son succès se consolida.

Saint-Bertrand, depuis le soir de la représentation des débuts, ne se montrait plus à l'Opéra. Il n'en pensait pas moins à Barberine. Mais, chez un homme tel que lui, le désir, si grand qu'il fût, devait céder toujours au calcul; et le calcul lui disait que, pour réussir, il fallait avant tout que personne, et surtout l'impresario, ne se doutât de son désir. Le départ de la comtesse qui lui était apparu d'abord comme un désastre, puis qu'il avait si facilement accepté, avait eu pour premier effet de lui rendre sa liberté d'action. Mais la comtesse ne fût-elle pas partie, qu'il aurait fait en sorte de la reprendre. De même qu'un industriel poursuit en même temps plusieurs entreprises, et n'en garde pas moins sa sérénité, Saint-Bertrand, nouant simultanément plusieurs intrigues, savait conserver tout son sang-froid. Il connaissait à fond l'art de se délasser de l'affection d'une femme de quarante ans avec une plus jeune et plus belle. Qui savait, au surplus, ce qui se passait dans l'âme de Saint-Bertrand ? Saint-Bertrand lui-même, sans doute. Mais nul, autour de lui, ne le soup-çonnait; car, s'il avait un grand nombre de *relations*, et même quelques amis, il était assez expérimenté dans les choses du monde pour se passer de confidents.

Cependant, quoiqu'il eût obtenu tout ce qu'il pouvait désirer de la comtesse, il paraissait encore, et plus que jamais, tourmenté. Huit jours après celui des débuts de Barberine, assis devant une petite table, dans son cabinet de toilette, il comptait et recomptait une dizaine de billets de banque de mille francs, comme s'il eût espéré voir leur nombre augmenter par le froissement; et parfois, détournant les yeux, il promenait ses regards autour de lui, et les arrêtait, en hésitant, sur un costume de déguisement, très-riche, déposé sur un canapé, au fond de la pièce. Tout à coup, comme si quelque résolution eût été enfin arrêtée dans son esprit, il jeta les billets au fond d'un tiroir, se leva, fit quelques pas au hasard, et dit en hochant la tête et s'arrêtant au milieu de la chambre :

— C'est une chance ! certainement, on jouera cette nuit chez de Perche !

Le soir étant venu, il sortit pour aller dîner, puis rentra, et, vers dix heures, il sonna son domestique et lui dit de l'habiller.

Mais les événements qui devaient se passer au bal costumé où le vicomte de Saint-Bertrand allait se rendre sont trop importants pour que nous ne remontions pas à leur cause.

Le comte de Perche, jeune désœuvré de vingt-huit ans, qui possédait une belle fortune, habitait un hôtel situé à l'angle du faubourg Saint-Honoré et de la rue du Colisée. Il aimait le plaisir et ne tenait point à l'argent. Sa maison était donc le lieu de réunion habituel des femmes qui ne

doivent compte à personne de leurs actions, et des jeunes
gens à la mode.

Ce soir-là, afin d'employer agréablement le montant d'un
pari récemment gagné, il donnait un *raout* à ses intimes.
Il avait convié les courtisanes les plus renommées pour
leur beauté. On devait jouer, danser, souper. Le traves-
tissement avait été rigoureusement imposé aux invités. A
minuit, les salons étaient déjà pleins de monde, et les
cochers, attendant leurs maîtres, se chauffaient dans la
rue autour de grands feux. Bien qu'on fût à la fin du
mois de mars, il gelait. Le temps était clair. A chaque
minute, les voitures arrivaient au grand trot devant la
porte. Les invités mettaient pied à terre, enlevaient leur
manteau dans le vestibule, et l'on entendait des éclats
de rire tout le long du large escalier.

Il arriva que deux coupés, venant chacun d'une direction opposée, s'arrêtèrent en même temps entre les feux
et la porte. Il y avait un homme seul dans chacun d'eux.
Ils sautèrent sur la neige et pénétrèrent l'un derrière
l'autre dans le vestibule. Le vestibule était plein de fleurs
et très-éclairé. Les valets les ayant débarrassés de leurs
manteaux, les deux nouveaux venus se regardèrent, mais
sans se saluer. Le plus grand, qui pouvait avoir une tren-
taine d'années, portait le costume de capitan; une plume
de coq peinte en rouge se dressait sur son tricorne; un
manteau de couleur amadou tombait en larges plis sur
ses éperons, et sa ceinture de cuir étoilée de boucles et
d'ardillons soutenait la coquille percée à jour d'une longue rapière. L'autre était un petit jeune homme de mièvr
apparence qui ne comptait pas plus de vingt-trois ans;

mais il était impossible à personne, ce soir-là, de porter un jugement sur son âge. Un costume de bouffon de cour dessinait ses formes menues, et un masque de velours blanc, surmonté d'un bonnet à grelots qu'illustraient deux longues oreilles d'âne, s'appliquait étroitement sur son visage.

Cependant, tandis que le capitan se hanchait, effilait sa moustache et prenait des poses emphatiques devant une psyché, dans le vestibule, le bouffon, demeuré à dix pas en arrière, le regardait en dessous, à la dérobée, avec une attention particulière. Ce grand diable aux yeux féroces paraissait exciter chez le petit homme un intérêt dont la nature n'avait rien d'agréable. Un moment, il promena les yeux autour de lui, hésita et fit quelques pas vers la porte. On eût dit qu'il cherchait un prétexte pour s'en aller. Mais de nouveaux venus pénétrèrent alors dans le vestibule. Le capitan, qui semblait décidément très-satisfait de son costume et de sa tournure, prit une pose extravagante et gravit les marches de l'escalier. L'autre, vraisemblablement rassuré par le masque qui couvrait ses traits, le suivit lentement, en prenant soin d'affecter un dandinement qui déguisait un peu sa démarche.

Il n'y a guère de plus pénible situation, pour un homme impressionnable, que de se trouver dans un salon en présence d'un être détesté. Tout, alors, disparaît pour lui dans la foule. Si grande qu'elle soit, elle ne suffit point à lui cacher son ennemi. A chaque pas, il le retrouve. Le supplice qu'il éprouve est continuel, et sa durée finit par amener une sorte de vertige. La haine, comme l'abime, est pleine de fascination.

Des deux hommes qui venaient de se rencontrer dans le vestibule du comte de Perche, ce n'était pas au capitan que pourrait s'appliquer cette réflexion. Jamais, lui si renfrogné d'habitude, on ne l'aurait cru capable d'une telle gaieté. Il trouvait des lazzi charmants pour toutes les femmes. Il serrait la main des hommes avec un air de condescendance des plus affectueux. Tendu sur les jarrets, cambrant sa taille mince, la narine gonflée, l'œil plissé, il riait en montrant les dents, et la joie de son cœur passait sur ses lèvres. Cependant, un observateur attentif eût trouvé je ne sais quoi de sarcastique dans sa personne. Pour tout dire, il semblait heureux, mais heureux à la façon d'un renard qui vient de poser la patte sur une perdrix.

C'était le petit homme qui se sentait mal à son aise. Il ne pouvait détacher ses yeux de la haute taille du capitan. Il avait beau lui tourner le dos, l'autre faisait un détour, et il le retrouvait en face. En vain il s'en allait dans les coins, se perdait dans les groupes de danseurs, penchait ses longues oreilles d'âne au milieu des têtes inclinées sur la table de *baccara*, s'asseyait, contournait les buffets où l'on avait entassé des pyramides de fruits et de massepains parmi les fleurs; toujours il revoyait ces yeux gris, cette longue moustache en croc et ce front de bélier empreint de malice. Alors il se roidissait, portait les mains à son masque, pivotait sur les talons; mais son cœur se serrait et la sueur baignait ses membres. « M'aurait-il reconnu ? » se disait-il. Quiconque l'eût observé — à voir sa contenance, que le ridicule de son costume rendait d'autant plus lamentable — l'eût pris en pitié.

Disons tout de suite que le jeune homme caché sous le déguisement de bouffon était le prince Rogatchef. Depuis un an, grâce à la mort de son père, il possédait une de ces fortunes qui malheureusement se font de plus en plus rares, et dont les revenus se chiffrent par millions. Huit jours avant le bal, il avait enlevé la maîtresse du capitan. Le capitan, qui n'était autre que le major Carpentier, un brutal qui se signala par sa cruauté en Afrique, avait dit qu'il se vengerait. Cet homme était doué d'une bravoure froide et maniait l'épée à merveille. Le prince le savait.

Vainement il avait renvoyé la femme et fait dire au major, par un ami commun, qu'en la prenant il ignorait leur liaison. Le major répondit : *Bon !* puis il se tordit la moustache. Dans sa langue de bretteur, cela voulait dire : *Je n'en crois rien.* Et depuis huit jours, avec le désir de lui chercher une querelle d'Allemand, il pourchassait le petit prince : au théâtre, au club, sur le boulevard, au bois de Boulogne, partout où l'on peut rencontrer un homme du monde à Paris. Mais il ne l'avait aperçu nulle part. Le prince se faisait invisible. Cependant, le huitième jour, son mauvais génie l'amena au raout du comte de Perche.

Il y eut un moment, dans la soirée, où il reprit un peu de calme. Une idée lui était venue. Jusqu'alors, se sachant menacé d'un affront public, il s'était éperdument demandé quel serait cet affront. Il y a plusieurs manières d'insulter un homme, et, si tout homme d'honneur frémit à la pensée d'une insulte, il y en a de telles, qu'elles lui semblent presque supportables, et d'autres dont la seule idée lui glace le sang. Le prince, après une heure d'affaissement, se dit qu'il en serait peut-être quitte pour un mot offensant ; puis il prit la subite résolution de ne pas l'attendre. Il voulut quitter le bal et se sauver en Russie dès le lendemain ; l'officier, retenu à Paris par son service ne pourrait l'y suivre. Le prince était dans un petit salon, auprès de la porte, quand il fit cette réflexion.

Il n'y avait dans ce salon qu'un seul groupe de femmes et de jeunes gens assis, qui riaient en devisant à voix basse. Le prince crut qu'ils parlaient de lui — il se trompait — et, feignant de ne pas les voir, il gagna la porte. Il la touchait. Déjà sa main étendue effleurait la lourde tenture de tapisserie, lorsque cette tenture, soulevée de l'autre côté, s'écarta, et derrière apparut la tête du major, surmontée de sa plume de coq. Les deux hommes, l'un masqué, l'autre à visage découvert, un poing appuyé sur la hanche, se trouvèrent donc face à face, et si près, que leurs haleines pouvaient se confondre. Ils échangèrent un regard. Ce fut l'affaire d'une seconde. Le prince voulut passer.

Alors, se rangeant, mais en souriant, et avec l'air le plus aimable, l'officier démasqua la porte. Le prince fit un pas, puis un autre, en s'effaçant.

La terreur paralysait ses idées.

Il craignait que son ennemi ne lui arrachât son masque. Comment éviter cet affront ? Il passa vite. L'officier souriait toujours, mais il n'avait pas bougé. Le prince traversa l'antichambre et tourna le bouton de la porte de l'escalier. Mais cette porte résista. Elle était fermée à double tour, et il n'y avait pas de clef dans la serrure.

Il demanda qui avait fermé cette porte. On lui dit que c'était le maître du logis. Le comte de Perche, en agissant ainsi, avait simplement voulu garder jusqu'au jour tous ses invités; mais le prince pensa qu'il était de connivence avec le major. Il rentra dans le grand salon où l'on dansait, ne sachant où aller, avec la vague intention de sauter par une fenêtre. L'éclat du bal, le tourbillonnement des danseurs, le bruit de la musique l'assourdissaient, pas assez, cependant, pour l'empêcher d'entendre derrière lui une sorte de murmure ressemblant fort à un ricanement, et qui lui agaçait les nerfs. C'était le major qui riait et parlait tout seul, prenant son plaisir à sa manière. De guerre lasse, le prince allait faire ce que tout autre, doué d'un tempérament moins pusillanime, eût fait depuis longtemps à sa place, c'est-à-dire sommer son persécuteur de s'éloigner, lorsqu'un incident imprévu lui offrit un secours inespéré, dont il profita avec la présence d'esprit que la peur n'exclut pas toujours.

Au moment où le major, dans l'intention de lier conversation avec le bouffon, s'avançait vers lui, chapeau bas et la bouche en cœur, une femme qui passait lui saisit le bras et lui dit quelques mots à l'oreille. Le major ne détourna les yeux qu'un instant, mais cet instant suffit à sa victime pour se dérober dans la foule. Avisant sur une banquette un masque noir et un domino de même couleur, qu'un gros homme venait d'y déposer pour s'asseoir à la table du jeu, il s'en saisit, et, se retirant à l'abri du battant d'une porte, il arracha son masque et son bon-

net de fou, leur substitua le loup de velours noir, et
endossa la robe de satin, qui, ayant été faite pour un
homme de grande taille, couvrit en entier son costume.
Il s'ensuivit que le major, étant enfin parvenu à se délivrer
de la femme qui l'avait accosté, poussant le battant de la
porte, ne trouva, au lieu du bouffon qu'il cherchait,
qu'un domino qui lui barrait le passage. Dans sa hâte, il
le coudoya, et, s'élançant dans le salon, il le laissa derrière lui. Le prince ne demandait point autre chose. Enchanté d'être enfin délivré de son persécuteur, il s'assit,
ou plutôt se laissa tomber sur un fauteuil.

Cependant, au milieu du salon où s'était retiré le
prince, se dressait la table de baccara. Une vingtaine
d'hommes et de femmes se pressaient autour, commodément assis sur de larges siéges, et la foule des allants et
des venants s'entassait en chuchotant derrière eux. On
entendait retentir des cris dans ce groupe, et le bruit des
pièces d'or s'y mêlait. Là aussi s'ébauchaient les éléments d'un drame. Le banquier — celui qu'on appelle
ainsi au jeu de *baccara*, parce qu'il tient les enjeux contre
tous — était un de ces hommes épais, exhilarants, sur-
expansifs, qui ont le privilége d'assommer de leur gaieté
tous ceux qui les approchent. Il portait un costume de
marquis, et ce costume lui allait à peu près aussi bien
qu'une veste à la hussarde au dos d'un caniche. Une per-
ruque, posée de travers, descendait au niveau de ses
sourcils, et, n'ayant pas voulu raser ses énormes favoris,
il les avait, tant bien que mal, dissimulés sous une couche
de poudre blanche. Son gilet de satin bleu, brodé d'or,
scintillait sur sa bedaine à chaque effort qu'il faisait en

riant, car il était fort gai, étant favorisé par les cartes; et, remuant, soufflant, suant, criant, avec sa face en groin de porc, sa lèvre rouge et ses yeux vairons, il offrait aux regards de tous l'image haïssable d'un homme peu intéressant et parfaitement heureux. Toutes les femmes qui l'entouraient l'accablaient de compliments et de caresses.

Il suffisait de porter les yeux sur le personnage assis immédiatement en face de lui pour rencontrer un type qui faisait avec le sien une opposition éloquente. Autant le faux marquis représentait la réunion des bas instincts et des grossiers appétits de la race humaine, autant son adversaire semblait en personnifier la distinction. Autant le premier était laid, bruyant, repoussant, ridicule; autant le second était calme, beau, jeune, attrayant. Si ce n'avaient été certaines contractions de ses lèvres et je ne sais quelle étrange expression de ses yeux, on aurait pu jurer que la nature avait doté ce jeune homme de ses dons les plus rares. Le lecteur a déjà reconnu le vicomte de Saint-Bertrand. Il portait un costume de mignon très-élégant et très-exact. Ses cheveux bruns frisotés au petit fer se dressaient autour de son front bien modelé, des boutons de diamant étincelaient à la base de ses oreilles, sa fine moustache agréablement tire-bouchonnée découvrait ses lèvres, et sa tête petite, expressive, sérieuse et spirituelle émergeait gracieusement de la *fraise à confusion* qui serrait son cou blanc et potelé, comme une belle fleur du milieu de son calice.

Au moment où le petit prince, étant enfin parvenu à se soustraire à la poursuite du major, s'assit dans le salon

du jeu, l'attention de la galerie était grandement excitée;
car Saint-Bertrand perdait coup sur coup, depuis une
demi-heure, et l'horrible banquier raflait toutes les mises.
Aussi beuglait-il comme un veau.

— Encore à moi, mon beau vicomte! disait-il à son
adversaire en allongeant la main — une main d'usurier,
courte et grasse — pour recevoir son enjeu. — Quoi!
vous vous en allez? ajouta-t-il en voyant le vicomte se
lever.

— Mais… je n'ai plus d'argent, répondit l'autre en souriant d'un air contraint.

— Qu'est-ce que cela fait? Je vous en prêterai.

— Non, merci.

— Voyons, voyons, il faut pourtant que je vous fasse
rattraper les dix mille francs que vous avez perdus.
Tenez, si vous voulez, je vous joue ces dix mille francs
en un coup, sur parole.

— Non, non. Je n'ai pas de chance aujourd'hui. Je per-
drais.

— Ah! bah! voyons, ne vous en allez pas ainsi: Que
pourrions-nous jouer?… Eh! vicomte, une idée! Je vous
joue cette chaîne que vous portez au cou.

— Quoi! ma chaîne?

— Oui, ce sera très-original. Combien vaut-elle?

— Mais… elle m'a coûté mille écus.

— Eh bien, mon bon ami, voici trois billets de mille
francs que je mets au jeu contre votre chaîne. Asseyez-
vous.

Le vicomte hésita, puis il reprit son siége.

— Soit! dit-il.

Le marquis distribua les cartes en éclatant de rire. Il criait :

— Sommes-nous assez moyen âge ! et Robert le Diable ! Vous allez voir, ajouta-t-il en se tournant vers la galerie, que je vais lui gagner sa chaîne.

Le vicomte souleva ses cartes.

— Dix ! dit-il assez tristement.

— Neuf ! hurla le banquier. — A moi le joujou !

Le vicomte détacha sa chaîne et la lui jeta. Puis il fit mine encore de se lever.

— Attendez donc ! cria son bruyant adversaire. Diable ! on ne vous a jamais vu plus prudent que ce soir. Voyons, je vous joue maintenant ces deux jolis boutons de diamant qui pendent à vos oreilles.

— Quoi ! mes boutons ?

— Oui, vos boutons. Que valent-ils ?

— Six mille francs.

— Va pour six mille francs. Les voici.

Les cartes étant distribuées, le banquier regarda celles qu'il avait placées devant lui, puis il prit un air sérieux et dit au vicomte :

— En demandez-vous ?

— Non. J'ai cinq.

— Et moi, j'ai six ! Passez-moi les boucles d'oreilles.

— A moi la banque ! dit alors le vicomte d'un air résolu.

Et, détachant ses diamants, il les jeta sur la table, puis il rafla toutes les cartes.

Cependant, tout en les mêlant, on le vit regarder autour de lui avec une sorte d'inquiétude.

— Que mettez-vous en banque, Arthur? dit une femme assise auprès de lui.

— Mais… si vous voulez bien recevoir des bons… car je n'ai plus d'argent sur moi… je tiendrai tous les enjeux.

— Ça va ! ça va ! dit le marquis.

Deux joueurs, des gens expérimentés qui connaissaient les inconvénients de risquer de l'argent contre une parole, clignèrent de l'œil et se levèrent; mais le vicomte n'y fit aucune attention.

— Approchez-vous, messieurs, mesdames, disait le marquis en accrochant les boutons de diamant à ses oreilles velues, — vous allez assister à la *taille* de M. le vicomte de Saint-Bertrand.

— Quel charmant homme ! dit le vicomte entre ses dents.

Et, se penchant vers sa voisine :

— Chère Anna, voulez-vous couper? lui dit-il.

— Volontiers, répondit la jeune femme; mais je n'ai pas la *veine* ce soir. Je vous porterai malheur.

La prédiction d'Anna s'accomplit en cinq minutes. Une sorte de silence relatif se fit d'abord autour de la table du jeu. Le marquis même ne riait plus. Puis on vit la plupart des joueurs se lever les uns après les autres. Le vicomte se leva le dernier; il était pâle et passait la main sur son front.

— Avez-vous donc beaucoup perdu? lui dit le maître de la maison.

— Une centaine de mille francs, mon cher.

Tout le monde tourna les yeux sur lui ; mais l'attention générale fut bientôt distraite par le bruit d'un colloque.

Le masque noir et le domino dont le prince s'était emparé appartenaient au joueur qui portait le costume de marquis, et, ne les trou. ant plus sur la banquette où il les avait déposés, ce dernier les réclamait à grands cris. Le prince, en ce moment, était auprès de lui, écoutant les quelques mots échangés entre Saint-Bertrand et le comte de Perche. Le marquis lui toucha le bras, se mit à rire et, soulevant le bord du domino, il découvrit les chausses du bouffon.

— Allons, monsieur, s'écria-t-il, la farce est bonne; mais rendez-moi mon domino, car je veux intriguer les dames.

Le prince essaya de payer d'audace.

— Ce domino n'est point à vous, dit-il en déguisant sa voix.

— Ah bah! voyez-vous ça! Et à qui donc est-il?

— A moi, monsieur, dit un nouveau venu qui n'était autre que le major Carpentier.

En apercevant les chausses du bouffon, il avait deviné son stratagème.

— C'est moi, ajouta-t-il, qui ai prêté ce domino à monsieur.

— Vous?

— Moi.

Le marquis se gratta le bout du nez.

— J'aurais pourtant juré que c'était le mien.

— Vous auriez fait un faux serment. Au surplus, ajouta-t-il, si vous voulez me suivre de ce côté, je m'en vais vous donner des preuves.

Ce disant, il fit un salut au prince, puis il lui offrit le

bras galamment, et, prenant le marquis par la main, il l'entraîna dans l'embrasure d'une fenêtre. Le prince, qui ne comprenait rien à la conduite de son ennemi, n'osant pas résister, se laissait faire. Quand ils furent éloignés de la foule qui entourait le vicomte de Saint-Bertrand, le major dit au marquis :

— Monsieur, je vous prie d'abord de vouloir bien agréer mes excuses. Je vous ai fait tout à l'heure un petit mensonge, mais j'y étais obligé. Ce domino est bien à vous. Monsieur l'a pris, mais il ne peut vous le rendre ; ou, si vous l'aimez mieux, il désire vivement le garder. Je joins mes instances aux siennes. J'espère que vous serez assez aimable pour le lui laisser toute la nuit.

Le marquis projetait ses gros yeux devant lui comme un crapaud qui se sent le dos pris sous le pied d'un passant.

— Je le veux bien, dit-il enfin ; mais dites-moi pour quel motif...

— Eh ! monsieur, interrompit le major, ne voyez-vous donc pas qu'il y a un secret des plus graves au fond de tout ceci ? Voyons, vous voulez tout savoir ? Eh bien, monsieur a intérêt, le plus grand intérêt, comprenez-vous ? à n'être pas reconnu. Son costume ne le déguisait pas suffisamment. Alors il a pris le vôtre.

Le prince se sentait défaillir.

— Mais, reprit le marquis, tout cela ne me dit pas...

— Eh ! monsieur, n'abusez pas de la position d'une personne qui a droit à vos égards. Voyons, faut-il tout vous dire ?

— Oui.

— Eh bien, monsieur… est une femme !

Le prince fit un soubresaut de joie.

— Il ne m'a donc pas reconnu ? se dit-il.

— Une femme ! fit le marquis. C'est différent. Madame, vous me ferez plaisir en conservant ce domino.

Et, en se retirant, il adressa au prince un grand salut, avec une grâce bestiale.

— Maintenant, ma belle dame, dit le major au petit prince en serrant amoureusement son bras sur son cœur, puisque, moi seul ici, j'ai deviné votre sexe, permettez-moi de vous servir de cavalier.

Le prince, stupéfait, moitié content, moitié fâché, s'inclina sans oser rien répondre.

En ce moment, le vicomte de Saint-Bertrand passa derrière eux.

XI

MÉDISANCES

La partie de baccara qui coûta si cher au vicomte de Saint-Bertrand devint bientôt le sujet des conversations dans tout le bal. Les danseurs en parlaient en se trémoussant aux sons de l'orchestre ; les joueurs, en suivant des yeux le va-et-vient des pièces d'or sur la table qui s'arrondissait devant eux ; les désœuvrés, en s'allongeant sur les canapés aux côtés des femmes rieuses, les valets en dressant les plats du souper. La nouvelle de la ruine du jeune homme descendit en peu de temps jusque dans la rue; et plus d'un, parmi les malheureux qui se chauffaient au feu allumé pour les cochers, oublia un moment, en l'écoutant, de maudire le froid qui lui mordait les reins sous ses guenilles.

Mais c'était dans le petit salon situé auprès de la porte d'entrée, dont nous avons parlé déjà, que l'événement devait être le plus hardiment commenté. Là, sur les divans de satin, était réuni tout ce que la société du comte de Perche comptait de langues bien affilées. On y voyait un certain nombre de ces femmes que l'épaisseur de leur taille, ou les ravages prématurés de la couperose, ont à jamais exilées des contredanses, et qui se dédommagent du supplice de vieillir en dénigrant toute grâce et toute beauté. On en voyait aussi quelques autres auxquelles il avait suffi de naître avec un nez volumineux, un teint fleuri, de gros pieds, pour jouir des malsaines satisfactions d'un mauvais caractère. On y voyait enfin plusieurs de ces hommes qui, sans fortune, sans position, sans talent, sans esprit, trouvent encore le moyen de se faufiler partout, grâce aux attraits que comporte leur médiocrité bien constatée, et qui, n'étant pas tenus d'aimer leur prochain, mieux doué, le déchirent tout doucement, avec de petites dents venimeuses.

Le cercle était au grand complet ! Les jaloux, les envieux, les parasites, les pauvres honteux, les sans-cœur, les malades, les méchants de la société parisienne, étaient rassemblés\à, dans cette pièce isolée jusqu'où n'arrivaient pas les éclats joyeux de la fête. Chacun sifflait, raillait, dépréciait, vilipendait, débinait, mordait, aboyait, donnait son coup de langue ou son coup de dent, prêt à regimber contre toute allusion qui le touchait, même de loin, n'exemptant que lui seul du dénigrement universel, et peut-être, avec lui, ses plus proches voisins qui le secondaient dans sa rage. Il y avait là des danseuses encore jeunes, à qui restaient des traces de beauté, mais qui, ne pouvant plus marcher, affligées qu'elles étaient secrètement d'engorgements du genou, médisaient de Taglioni et d'Elssler ; des cantatrices frappées d'enrouement chronique qui parlaient mal de la Malibran ; des pleutres qui se seraient fait fouetter pour un écu et diffamaient les gens de Bourse ; des beaux fils qui flétrissaient la passion du lucre et songeaient tristement à la belle santé de leur père. Et vous y étiez aussi, ou du moins quelques-uns d'entre vous y étaient, aimables et charmants tartufes de vertu ! Et vous chiffonniez la toilette des femmes, en déblatérant contre la licence des romans de mœurs !

— Avez-vous vu la figure de Saint-Bertrand ? disait un phthisique à poitrine défoncée, entre deux accès de toux.

— On dirait qu'il a bu du poison, répondait un roquentin qui avait manqué mourir huit jours auparavant d'une colique néphrétique.

— Où diable trouvera-t-il cent mille francs d'ici à demain ?

— Ce n'est pas dans sa famille.

— N'aurait-il pas de famille ?

— Je l'ignore. Ce que je sais, c'est qu'il n'en a pas de connua.

— D'où lui vient alors son titre de vicomte?

— Peut-être de son esprit inventif.

— Ah! ah! c'est bon! Mais enfin d'où sort-il, ce gaillard-là?

— Personne ne le connaissait ici, l'an dernier. Un beau jour, il s'est trouvé installé en pleine société parisienne, comme s'il fût tombé de la lune. Cependant il n'arrivait que de Hombourg. Je sais cela. J'y étais.

— Est-ce qu'il est Allemand?

— Non.

— C'est bizarre! Croyez-vous qu'il payera les cent mille francs qu'il a perdus?

— Peut-être.

— Comment?

— S'il tient à les payer, il trouvera facilement à les emprunter.

— A qui?

— A... à la personne qui l'a rencontré à Hombourg, où il jouait, qui l'a aimé à Hombourg, l'a ramené de Hombourg, et l'a lancé.

— Quelle est donc cette personne?

— Faites donc l'enfant, mon cher! cette personne est la comtesse Wanda.

— Quelle comtesse Wanda?

— Ah çà! d'où sortez-vous, monsieur? Vous n'êtes au courant de rien.

— Voyons, ne vous emportez pas. Dites-moi plutôt, entre nous, quelle est cette comtesse.

— Eh bien, c'est une grande dame qui veut du bien à Saint-Bertrand.

— On trouve donc encore de ces personnes-là ?

— Il paraît.

— Et vous dites qu'elle a *fait sa connaissance* à Hombourg, comme cela, sans s'informer de ce qu'il était ; qu'elle s'est mise à l'aimer tout de suite, et puis qu'elle l'a lancé dans la société de Paris ?

— Oh ! mon Dieu, oui.

— Ces femmes du Nord ! elles n'ont pas plus de retenue que des sauvages ! C'est honteux !

— Une Parisienne n'agirait point ainsi, n'est-ce pas ?

— Oh ! non ! Et vous croyez qu'elle…? La ! voyons, *ne me faites pas d'histoires.* Vous croyez qu'elle lui prêterait les cent mille francs dont il a besoin?

— Sans doute.

— Heureux homme !

— Vous dites ?

— Je dis que je ne comprends pas qu'il les accepte.

— Dame ! c'est son affaire.

— Après tout, mieux vaut peut-être puiser dans la bourse de ses amis que de faire un *trou à la lune.*

— Fi donc ! monsieur. Quels principes vous avez là !

Un homme entre deux âges, habillé d'un domino vert, vint interrompre cette conversation. Celui-là avait la tête enfouie dans une haute cravate blanche, l'air flasque, les yeux morts, parlait avec une voix caverneuse, et passait généralement pour un homme *bien informé.*

— De qui parliez-vous là, messieurs? demanda-t-il.

— Parbleu ! de Saint-Bertrand, répondit le phthisique.

— Ah ! oui, je sais. Pauvre garçon !

— Pas si pauvre, puisqu'il a su se faire aimer d'une belle dame.

— Oh ! une belle dame !... D'abord, elle est extrêmement laide ; elle a les cheveux jaunes, et une épaule visiblement plus haute que l'autre...

— Vous la connaissez donc ?

— Beaucoup. Ensuite, je vous apprendrai une chose : c'est que, depuis huit jours, les amoureux sont séparés.

— Vraiment ?

— Oui.

— Contez-nous donc ça.

— Je ne le puis. J'ai promis de garder le secret. Vous comprenez... Je vous dirai seulement que la comtesse est partie avec son mari, et qu'il n'est pas probable qu'elle revienne de sitôt en France.

— Mais..., s'il en est ainsi, je plains Saint-Bertrand.

— Moi aussi ! Et je plains surtout ses créanciers.

— Est-ce qu'il n'a rien à lui ?

— Je ne sache pas qu'il ait jamais rien eu à lui.

— Bon !

— Comment, bon ?

— A voir le train qu'il mène à Paris, je le croyais riche.

— Il mènerait moins grand train, s'il avait de la fortune ou un état.

— Vous êtes de bien mauvaises langues, dit un nouveau venu. Qu'est-ce que ce pauvre Saint-Bertrand vous a fait, pour que vous l'arrangiez de la sorte ? C'est le meilleur garçon du monde, l'homme le plus poli, le plus obligeant. Il ne dit jamais de mal de personne. Jamais on ne l'a vu s'occuper des affaires d'autrui. Il trouve des paroles aimables pour tous ceux qui l'approchent, et vous le déchirez tous trois, comme s'il était votre ennemi mortel.

— Mais nous ne le déchirons pas. Nous disons ce que tout le monde dit.

— Tout le monde?... D'abord tout le monde ne dit pas cela.

— Ah bon ! demandez...

— Eh bien, s'il en est ainsi, tout le monde est méchant, tout le monde est injuste, tout le monde a tort. Saint-Bertrand n'a peut-être pas de fortune, mais il a le talent de se créer des ressources.

— Mais nous ne disons point autre chose.

— Si fait ! du moins vous paraissez lui attribuer des ressources blâmables; et il ne le mérite pas.

— Quelles sont donc ses ressources, selon vous ?

— Je n'en sais rien. Saint-Bertrand est un être compliqué et très-mystérieux. Cependant je crois que, à l'exemple d'un grand nombre de jeunes gens, il vit un peu du jeu, un peu du maquignonnage, beaucoup des paris de course ; je suppose qu'il se rend utile à ceux dont il a besoin. Il est intelligent, il sait se renseigner. Tout cela rapporte gros à qui sait s'y prendre, aujourd'hui. Encore une fois, je n'affirme pas, je suppose; mais, quand je vois ce garçon, si bien élevé ! si doux ! si charmant ! qu'on accueille dans les meilleures maisons de Paris, je dis que je ne puis le soupçonner d'une action répréhensible.

— Au fait, vous avez peut-être raison.

— Qui s'est jamais plaint de lui? Qui jamais a dit de lui : « Il a mal agi avec moi? » Personne. Eh bien, mon

cher, s'il était ce que vous dites, tous ceux à qui il aurait
fait tort l'accuseraient.

— Peuh!... peut-être pas.

— Qui les en empêcherait?

— Leur intérêt.

— Comment, leur intérêt?

— Évidemment, Saint-Bertrand est fin comme l'ambre.
Il n'est pas de ces imprudents qui rompent en visière à
leurs créanciers. Il sait qu'aujourd'hui don Juan, s'il n'é-
tait poli, se ferait coffrer par M. Dimanche. Il possède au
plus haut degré l'art de manier les gens. Il a de grosses
dettes, mais pas de dettes criardes. Un million que l'on
doit, *cela vous pose*; tandis qu'on est déshonoré, si l'on ne
paye un millier de francs. De plus, Saint-Bertrand ne nie
pas ses dettes. Il les reconnaît même, et par écrit.

« Ne dites pas de mal de moi, ne racontez pas mes
affaires, dit-il aux impatients. Quelque jour, je ferai un
beau mariage, et vous serez aussitôt désintéressés. Tandis
que, si vous parlez, il ne me reste plus qu'à me brûler la
cervelle. »

— Cette tactique est si habile, qu'elle pousse à le soutenir ceux qui seraient en position de l'accuser. Tenez,
vous qui le défendez, je suis sûr qu'il vous doit de
l'argent. Sans cela, vous parleriez de lui comme nous.
Voyons, que vous doit-il?

— Rien.

— Oh! si vous faites le discret!...

— Il ne me doit qu'une misère.

— Eh bien, vous défendez votre misère, mon cher monsieur.

Il y eut ici une explosion d'éclats de rire. Mais l'avocat de Saint-Bertrand ne se tenait pas pour battu.

— Vous penserez de lui ce que vous voudrez, dit-il aux rieurs, mais je ne démordrai pas de mon opinion.

Une jeune femme, vêtue d'un domino rose, qui avait écouté cette discussion en silence, se levant alors, s'éloigna, suspendue au bras d'un chroniqueur qui, depuis une demi-heure, lui débitait des madrigaux entremêlés de plaisanteries. Elle avait la taille exiguë d'une fée et la figure d'un fantoche. Son nez long, bossu et pointu, occupait la plus belle place de son visage; ses yeux tout ronds étincelaient au-dessous de son front très-bombé; ses dents longues et blanches brillaient entre ses lèvres minces, et, avec ses petites mains, ses petits pieds, son corsage étranglé, sautillante, preste, mutine, elle semblait un hochequeue.

— Ces médisants ont tous raison, lui dit-elle; mais nul d'entre eux ne connaît la vérité. Voulez-vous que je vous la dise?

— Sans doute ! fit l'autre; je tiens collection de vérités; c'est mon état.

— Eh bien, dit-elle en préparant sa phrase, car elle tenait à bien parler, se mêlant de littérature, et passant même pour un peu *bas bleu :* — je vous apprendrai d'abord que j'ai un frère.

— Ah ! bah ! fit le railleur, vous avez un frère? C'est fort original.

— Qu'est-ce que vous trouvez d'original à cela?

— Allez toujours.

— Mon frère est caissier chez un agent de change.

— Heureux homme !

— Vous dites ?

— Je dis : heureux homme. Mais continuez.

— Mon frère est donc caissier chez un agent de change. Il y a dix mois environ, son patron reçut de la comtesse Wanda l'ordre de convertir une somme de cinq cent mille francs en une inscription de rentes au porteur. Vous comprenez ?

— Fort bien.

— Il exécuta l'ordre. Mais, avant de remettre l'inscription à la comtesse, il consigna sur son registre, selon l'usage, le numéro de cette inscription. Ce numéro, par un hasard assez singulier, était des plus faciles à retenir.

— Quel était-il donc ?

— 1,313. Deux mois après... Suivez-moi bien...

— Oui, oui.

— Deux mois après, donc, mon frère, ayant eu quelques difficultés avec son patron, le remercia, et, comme il est très-intelligent, il ne tarda pas à se placer chez un autre agent de change.

— Toujours en qualité de caissier ?

— Oui. Or, le jour même de son entrée en fonctions, son nouveau patron fut chargé de vendre une inscription de vingt-cinq mille francs de rentes. Le client qui avait donné cet ordre était M. de Saint-Bertrand. Il vint lui-même à la caisse pour livrer son inscription et recevoir ses cinq cent mille francs. Mon frère, nécessairement, consigna sur son registre le numéro de cette inscription. C'était le même que celui du titre livré à la comtesse Wanda.

— Le numéro 1,313 ?

— Oui.

Le chroniqueur regarda la petite femme avec surprise.

— Que concluez-vous de cela ? dit-il enfin.

— Pardine ! j'en conclus que la comtesse Wanda avait simplement donné à ce vicomte un chiffon de papier de la valeur d'un demi-million.

— Quelles mœurs ! fit le chroniqueur. Où allons-nous, bon Dieu ? Et dire, ajouta-t-il à part lui, que tant de jeunes gens, si intéressants, ne l'ont pas connue, cette comtesse !

— Mais alors, s'il en est ainsi, reprit-il à haute voix, ce Saint-Bertrand pourra payer les cent mille francs qu'il a perdus ce soir ?

— Pas sûr ! pas sûr ! répondit la petite femme.

— Pourquoi ?

— Parce que les cinq cent mille francs sortis de la caisse de l'agent de change ne tardèrent pas à y rentrer, petit à petit. Saint-Bertrand ne se contente pas de jouer au baccara. Il joue aussi à la Bourse...

— Aurait-il tout perdu, l'imbécile ?

— Plus que tout ! car il redoit une vingtaine de mille francs au patron de mon frère.

Le chroniqueur regarda de nouveau la petite femme. Il semblait déplorer, en même temps, la faiblesse de l'agent de change, qui avait fait crédit à Saint-Bertrand, et maudire la passion du jeu, qui fait faire aux jeunes gens tant de sottises.

Cependant, comme il ne manquait pas d'intelligence, il reprit :

— Et cette bonne comtesse, connaît-elle l'emploi que le vicomte a fait des cinq cent mille francs?

— Cela n'est pas probable. Un jour, dans un beau mouvement de libéralité aristocratique, afin d'assurer l'avenir de *son bien-aimé*, elle a laissé tomber à ses pieds une fortune ; et il n'aura certes pas été se vanter de l'usage qu'il en a fait.

— Mais alors, si la comtesse est partie, le voilà donc Gros-Jean comme devant ?

— Oui.

— Eh bien, voulez-vous connaître mon opinion ? Cela m'est absolument égal.

— A moi aussi, fit la petite femme.

Mais son air démentait ses paroles. Le chroniqueur, qui était physionomiste, s'en aperçut.

— Vous paraissez le connaître beaucoup, ce Saint-Bertrand, lui dit-il.

— Mais oui. Je le connais un peu, tout au moins, répondit-elle en souriant.

— Eh bien, parlez-moi donc de lui. Il m'intéresse.

— Que voulez-vous que je vous en dise?

— Parbleu ! tout ce que vous en savez. Jusqu'ici, il me fait un peu l'effet d'un aventurier, à moi ; mais je ne suis pas suffisamment édifié sur son caractère. Manque-t-il simplement du sens moral? Est-il un méchant homme? Est-il dangereux pour tout le monde, ou seulement pour certaines gens? Je le vois très-bien accueilli, et cependant vous me dites de lui des choses... fort laides. Enfin, qu'a-t-il dans l'âme, ce gaillard-là?

— Il fait bien chaud ici, répondit la petite femme. Si

nous allions nous asseoir là-bas, dans ce boudoir? Nous y serions peut-être plus à l'aise pour causer.

— Très-volontiers, fit le chroniqueur.

La petite femme se mit à rire, et ils sortirent du salon.

Lorsque la petite femme se fut assise sur un canapé placé au fond du boudoir, elle appliqua sur son visage le masque rose qu'elle tenait à la main, puis elle rabattit sur sa tête le capuchon de son domino, et elle engagea le chroniqueur à l'imiter.

— Si je prends ces précautions, lui dit-elle, c'est que je ne tiens pas à être reconnue, causant seule à seul avec vous.

Disant cela, elle s'enveloppa de son domino, et, se renversant sur le dossier du canapé, où le chroniqueur, empaqueté et masqué comme elle, avait appuyé sa tête, elle approcha ses lèvres de son oreille, et, parlant à demi-voix, s'exprima ainsi :

— Ce que je vais vous dire ne repose sur aucun fait, ou, du moins, ne m'a été suggéré que par des choses insignifiantes en apparence. Il y a des gens qu'on ne connaît jamais de prime-saut. Un homme vous intéresse, on ne sait pourquoi. Un jour, on vous l'a présenté. Il vous a semblé séduisant. On s'est informé de lui. Les uns — comme il arrive pour Saint-Bertrand — vous en ont dit un peu de mal; les autres, beaucoup de bien. Vous le suivez des yeux dans le monde. Rien de ce qu'il dit, ou de ce qu'il fait, ne vous est indifférent. Peu à peu vous l'entendez manifester certaines doctrines, vous lui voyez commettre certaines actions. Ce sont autant de traits de lumière. Il vous paraît alors un autre homme, un homme ne

ressemblant plus que vaguement à celui qu'on vous avait
présenté. Vous continuez à le suivre, et bientôt, à la place
de la physionomie d'emprunt dont il se masque en public,
sa véritable physionomie vous apparaît, de loin encore et
diffuse; mais enfin celle-là n'a rien de menteur. Enfin, si
le hasard — ne fût-ce que pour peu de temps — mêlé
son existence à la vôtre, les moindres faits de sa vie qui
passent devant vos yeux deviennent pour vous des indices.
L'homme le plus rusé, le moins expansif, se laisse bientôt
pénétrer par quelque côté, quand il ne se sait point observé. C'est ce qui est arrivé entre moi et Saint-Bertrand.
Le seul fait important de son passé que je connaisse — il
ne s'en est jamais douté — est celui que je vous ai dit. Ce
que je vous apprendrai maintenant ne provient que de
conjectures, et je ne pourrais l'appuyer d'aucune preuve.

— Tout à l'heure vous m'intéressiez, dit le chroniqueur; maintenant vous m'intriguez énormément. Parlez
vite.

La petite femme, tirant la barbe de son masque, approcha davantage encore son visage de l'oreille du chroniqueur.

— Saint-Bertrand est ce que les circonstances l'ont fait,
lui dit-elle, son caractère étant donné. Je m'explique.
S'il était né d'une bonne famille, s'il avait possédé, dès
l'âge de vingt ans, une centaine de mille francs de rente,
il eût été vraisemblablement l'un des meilleurs et des
plus honnêtes garçons du monde. N'ayant pas de famille
— pas de famille avouable ou connue, tout au moins, —
et n'ayant pas le sou, il est ce que vous le voyez. Vous
me demandiez s'il manquait du sens moral. A mon avis,

non-seulement il en manque, mais il ne sait même pas ce que c'est. Cependant il n'est pas méchant, c'est-à-dire qu'il ne fera jamais le mal pour le mal. Ainsi, il est aussi incapable de l'action féroce et bête de Lovelace, — je dis bête, car, au fond, Lovelace est très-bête avec tout son esprit, — que de l'action impie de don Juan, faisant l'aumône pour le triste plaisir d'entendre blasphémer un pauvre homme. Il vaut mieux et moins, en même temps, que ces gens-là ; et, si je le compare à eux, ce n'est ni pour le poétiser ni pour le grandir ; c'est afin de vous donner sa mesure exacte. Tout est calculé chez lui. Néanmoins, il a quelques qualités, et il peut éprouver un bon sentiment. Il rendra service à autrui — si, toutefois, cela ne dérange pas ses combinaisons. — Mais, pour atteindre son but, il commettra, s'il le faut, des actions atroces, exposant la vie des autres avec autant d'insouciance que la sienne, ne se laissant arrêter ni par la pitié, ni par l'affection, ni par le respect humain, par rien enfin ! et ses actions seront toujours des plus imprévues, car il a pour principe de ne jamais se trouver là où on l'attend ; et il aura toujours à l'avance un alibi tout prêt pour se faire innocenter, ou, mieux, pour ne pas être soupçonné. Il n'est donc pas dangereux pour tout le monde. Il l'est seulement, mais excessivement, pour ceux qui le gênent ou dont il croit avoir besoin.

— Comment ! fit le chroniqueur, est-ce que vous le croyez capable de...?

— Je le crois capable de TOUT, interrompit la petite emme, quand il veut atteindre son but.

— Et quel est ce but ? demanda le chroniqueur.

— C'est en ceci que Saint-Bertrand est très-inférieur aux héros de roman que je vous citais tout à l'heure. Mais cela provient peut-être moins de son fait et du hasard de sa naissance que du matérialisme des temps. Il y avait quelque chose d'élevé, après tout! dans l'âme de don Juan et de Lovelace. Dans l'amour, ils ne cherchaient que l'amour. Ils le trahissaient, mais ils n'en trafiquaient pas. Il est vrai qu'ils étaient tous deux riches. Leurs vices étaient horribles, mais c'étaient des vices élégants, des vices de gentilhomme. Il n'en est pas exactement de même de Saint-Bertrand. Vous me demandiez quel était son but? Ce but n'est autre que la satisfaction de ses passions.

— Et quelles sont ses passions? demanda le chroniqueur.

— Ce sont les plus tyranniques : le désir immodéré de la fortune; le jeu que ce désir traîne à sa suite; la soif ardente, inextinguible, de toutes les jouissances de la vie.

— Mais il me semble, dit le chroniqueur, que bien des gens, aujourd'hui...

— Sans doute, interrompit la petite femme; mais ceux qui se respectent tendent vers ce but par le travail, tandis que Saint-Bertrand y marche par tous les moyens qui s'offrent à lui, sans choisir et sans compter.

— Ah çà! vous me faites froid dans le dos, vous! s'écria le chroniqueur. Savez-vous que, avec son air de sainte nitouche, ce monsieur-là peut aller très-loin?

— Ou très-bas, répondit la petite femme. Et pourtant, reprit-elle en poussant un soupir, même pour ceux qui le connaissent, il est bien séduisant, quand il le veut !

Le chroniqueur se mit à rire.

— Vous paraissez l'aimer beaucoup !... ou fort peu, lui dit-il.

Elle se leva en faisant un geste de dédain.

— Voyons, comment l'aimez-vous ? reprit-il.

Elle ne répondit pas à sa question; mais, prenant un air dégagé en marchant à côté de lui dans le boudoir :

— Écoutez : si, quelque jour, vous croyez devoir raconter cette histoire dans votre journal, *arrangez-la* le mieux possible, et surtout ne dites pas de qui vous la tenez.

— Bon ! vous le détestez ! fit le chroniqueur. Mais, dites-moi, pourquoi voulez-vous que je raconte cette histoire ? Soupirez-vous en vain pour ce beau vicomte ? Aurait-il dédaigné vos feux ? ou plutôt, redoutant d'y brûler ses doigts, se serait-il sauvé dès qu'il en eut expérimenté l'ardeur ?

La petite femme fit un geste de colère.

— Avec tout votre esprit, lui dit-elle, vous n'inventez que des inepties.

— Plus souvent ! se dit l'autre en la regardant s'éloigner, que j'irais m'exposer à recevoir un coup d'épée pour servir ta rancune ! Bécasse, va ! C'est égal ! ajouta-t-il en hochant la tête, l'aventure est bonne à connaître.

Et il rentra dans le salon.

Justement, en ce moment, Saint-Bertrand y entrait par une autre porte, et, à l'instant où on l'aperçut, il ne fut pas une main qui ne se tendît pour serrer la sienne. On eût dit qu'il ne comptait là que des admirateurs, ou des

amis. Il était encore un peu pâle, et une expression d'a-
mertume était restée sur ses lèvres. Cependant il souriait
des yeux, faiblement, comme s'il eût été résolu à conserver ses dévorantes émotions pour lui seul.

La petite femme s'était approchée de lui. Elle avait
enlevé son masque, et elle le regardait avec une étrange
expression d'amour et de haine.

— Vous n'avez pas été heureux aujourd'hui, lui dit-
elle.

— On ne peut l'être tous les jours, répondit-il avec
politesse.

Un homme maigre, au teint jaune, un de ces êtres
curieux du malheur d'autrui, qu'on voit accourir à tous
les désastres, comme les corbeaux aux cadavres, pour les
dépecer, lui prit le bras et l'emmena à l'écart.

— Vous savez que je suis votre ami, lui dit-il. Je vous
plains. Parlez-moi franchement. Vous ne pourrez payer,
n'est-ce pas? Eh bien, disposez de moi. S'il ne vous faut
que... oui, s'il ne vous faut que six ou huit billets de
mille francs pour parfaire la somme..., je verrai, je m'ar-
rangerai; je n'ai pas d'argent comptant, mais je connais
un escompteur... Chacun fait ce qu'il peut... Je me charge
de lui faire prendre votre billet.

Et son regard acéré, pénétrant celui du jeune homme,
semblait vouloir fouiller les plus sombres replis de son
âme.

Le vicomte lui serra la main.

— Merci, mon cher, répondit-il. Je n'ai besoin de
rien.

Tout le monde l'entoura. Il demeura debout, appuyé

au montant de la porte. Son costume faisait admirablement valoir l'élégance de sa taille, et trois femmes entre
deux âges, mais assez bien *conservées*, comme on dit, re-
grettèrent secrètement qu'il ne fût pas plus malheureux
encore; car alors, il y aurait eu quelque chance pour
elles qu'il consentît à se laisser consoler. Mais lui, qui
était venu là espérant se sauver de la ruine qui le menaçait, et qu'il avait irrémédiablement consommée par son
imprudence, tout en se disant qu'il était perdu, bien
perdu cette fois, et se demandant s'il ne se tuerait pas en
rentrant chez lui, il renfonçait orgueilleusement l'inquiétude qui le torturait, promenait des regards indifférents
dans le salon, et parlait de choses banales.

Cependant le major Carpentier, après s'être emparé,
comme nous l'avons vu, du petit prince, le promenait
complaisamment. Dès son arrivée dans le vestibule, il
avait été frappé de la contenance embarrassée du jeune
homme, et, rapprochant ce fait de sa taille exiguë, plus
tard, il s'était dit que son ennemi seul pouvait avoir cette
démarche furtive, et conserver ce mutisme et cette taci-
turnité plus que singulière dans un tel endroit. Vaguement
stimulé par un secret pressentiment, il s'était attaché
aux pas du bouffon. L'aventure du domino augmenta ses
doutes. Une cicatrice légère que le prince avait au bas
de l'oreille et qu'il aperçut au bord de son masque lui
révéla tout à coup la vérité.

C'est alors que, pour mieux savourer sa vengeance, il
eut l'idée de s'amuser aux dépens de sa victime, et se mit
à jouer son rôle d'amoureux. Le prince, de son côté, pensait que le major s'était fait une étrange illusion sur son

sexe, et le malheureux jeune homme, redoutant de le désabuser, s'exerçait douloureusement à marcher à petits pas, à adoucir sa voix, à peser languissamment sur le bras du terrible cavalier que lui avait donné le hasard. Le major saisissait les moindres nuances de ce manége, et affectait de les attribuer à l'enfantine coquetterie d'une âme aimante. Aussi redoublait-il de soins, d'attentions, d'hommages, de compliments. Il s'extasiait sur la petitesse du pied chaussé de satin qui passait sous le bord du domino; sur l'élégance des jambes qu'il avait longtemps admirées et que ce domino cachait alors; il serrait le bras du charmant bouffon sous le sien pour surprendre chacun des battements de son cœur; il pressait sa main, soupirait, plongeait ses yeux de sacripant à travers les ouvertures du masque. Tout à coup, comme s'il eût été éperdu de bonheur, il entraîna sa victime dans la salle de bal, prit place avec elle au pied de l'orchestre, et l'obligea à danser.

Le prince, malgré sa poltronnerie, avait un caractère assez irascible. Un autre, à sa place, se fût peut-être momentanément amusé de l'aventure; lui la prenait au tragique; c'était doubler le plaisir du major, qui expliquait à son avantage la terreur qu'on lui montrait. Aussi ne se privait-il pas d'augmenter cette terreur par toute sorte de choses inattendues, comme, par exemple, de chatouiller la taille de son ennemi en dansant. Quand le quadrille fut terminé, le prince crut pouvoir se débarrasser de son tyran en disant qu'il était fatigué et voulait rentrer chez lui; mais, à sa grande mortification, l'autre lui proposa aussitôt de l'y conduire. La situation s'aggravait, comme on le voit. En une minute, le prince aux abois se vit mener dans le salon du jeu, où quelques dominos fatigués sommeillaient paisiblement. Là, le major devint plus pressant; il n'avait pu, disait-il, rester insensible aux charmes qu'il devinait sous ce masque, et, tout en achevant la déclaration qu'il débitait sur le ton le plus passionné, il allongeait la main doucement, soulevait la barbe du masque, s'extasiait sur la beauté de la bouche et du menton qu'il venait d'entrevoir. Le prince, abasourdi, se débattait, suppliait l'audacieux de le laisser partir; l'autre redoublait ses prières. Enfin, on ne sut jamais si ce fut parce que le masque était mal attaché, ou parce que le major l'enleva, le fait est qu'il tomba. On entendit alors une imprécation, et la figure pâle du petit prince apparut sous le capuchon. Le malheureux enfant avait les yeux rouges et ses lèvres étaient toutes blanches.

Quant au major, le visage de ce parfait comédien exprimait une stupéfaction immense. Il avait les yeux fixes, et la bouche toute grande ouverte, comme un poisson mort.

—Oh! oh! fit-il enfin, en remuant la tête de haut en bas comme un homme qui se souvient, c'était donc vous, monsieur, que j'ai tant cherché? Et je vous avais pris, sang-dieu! pour une femme. Vous avez de bien jolies jambes! ajouta-t-il en fronçant les sourcils. C'est bien! c'est bien!

Et, remuant la tête encore, il s'éloigna lentement, à reculons, riant en dedans, mais les regards chargés de menaces.

Quelqu'un entrait en ce moment dans le salon. C'était le vicomte de Saint-Bertrand. Adossé depuis quelque temps à la porte, il avait été témoin de la scène de comédie qui

se jouait dans un angle de la pièce; et, au moment où le
le masque tomba, soit qu'il se sentit poussé par une vague
curiosité, soit qu'il eût le charitable désir de s'interposer
entre les deux hommes, il s'avança tranquillement. Ni le
prince ni le major ne se doutaient qu'il s'occupât d'eux.
Cependant, le major s'étant éloigné, le prince, qui n'avait
plus de motifs pour garder l'incognito, jeta loin de lui
son masque et son domino, puis il se dirigea vers la salle
de danse. Saint-Bertrand, lui aussi, avait tressailli en reconnaissant son visage. Il le suivit de loin, sans affecta-
tion. Il y eut donc alors, à travers la foule du bal, trois
hommes qui se cherchaient et circulaient dans les groupes,
à la suite les uns des autres.

Au moment où l'on dressait la table du souper, le prince
crut toucher au dénoûment du drame dont les péripéties
le torturaient depuis deux heures. Le major, voulant pro-
longer le supplice qu'il lui infligeait, s'était approché de
lui et le regardait dans les yeux.

— Cette nuit, je vous couperai les oreilles, lui dit-il, et
demain, je vous tuerai.

Personne que le prince n'entendit ces atroces paroles;
mais, à sa pâleur subite comme à l'air menaçant du major, les gens les plus rapprochés supposèrent qu'il y avait
entre eux *une affaire*. Le maître de la maison intervint;
mais le major, imposant silence au prince d'un regard,
répondit, en pantalonnant, qu'il s'agissait d'une plaisan-
terie, et le comte de Perche, rassuré, s'éloigna pour donner un ordre à ses domestiques.

Le vicomte n'avait pas plus entendu que les autres la
menace du major; mais, seul dans tout le bal, il fut cer-

lain de l'insulte. Il garda cependant un air assez indifférent. C'était un homme très-réfléchi, comme nous le savons, et qui possédait une rare puissance sur lui-même.
Jamais il n'avait dit un mot au prince; à peine se saluaient-
ils en se rencontrant. Quant à l'officier, il le connaissait
depuis longtemps pour un méchant compagnon, et il le
tenait à distance.

Lorsque le souper fut servi, il y eut un grand remuement dans les salons. Chacun, nécessairement, voulait
trouver une place. Le prince, réduit alors à l'état d'auto-
mate, se laissa tomber sur un siége que lui offrait le
comte de Perche, et le major s'assit en face de lui. Trois
cents personnes les entouraient, riant, parlant, gesticulant, se penchant sur la table splendide. C'était un charmant spectacle. Les femmes étaient hardiment décolle-
tées. On voyait leurs beaux bras, nus jusqu'à l'épaule,
couchés sur la nappe blanche, entre les assiettes de Saxe.
Il y avait devant elles des candélabres d'or, éblouissants,
et des fleurs exotiques empilées sur des corbeilles mas-
sives. Un parfum de truffes, de vins, se mêlait à l'odeur
des violettes, et la chaleur faisait affluer le sang sur tous
les visages.

Le vicomte, s'asseyant auprès du major, dépliait tranquillement sa serviette. En levant les yeux, par hasard,
il rencontra le regard du prince, un regard éloquent, à
l'expression duquel il était impossible de se méprendre.
Les hommes, en général, se montrent impitoyables pour
la lâcheté. Cependant elle n'est rien qu'une infirmité morale, la pire de toutes. Elle soumet celui qu'elle atteint à
qui veut se jouer de lui. Cet effondrement de la volonté,

cette paralysie de la résistance, cet engourdissement des facultés, chez certaines natures, sont absolument invincibles. Tout homme vraiment brave plaint un poltron. Qu'y a-t-il pour lui de plus pitoyable que la vue de la peur déformant une face humaine?

Le vicomte, malgré ses vices, avait peut-être quelque courage. Le fait est qu'il comprit le regard du prince, cet appel désespéré, et il fit une petite moue en haussant imperceptiblement les épaules. Puis il regarda de côté, sous ses paupières, le major, qui, les dents serrées, roulait une boulette de mie de pain entre le pouce et l'index. En ce moment, un domestique posa devant le vicomte une assiette pleine de bisque brûlante. Le vicomte, comme s'il eût voulu rendre l'assiette, n'ayant pas faim, la souleva par-dessus son épaule, mais si maladroitement, que son contenu se répandit sur la tête du major, qui mangeait, le buste incliné vers la table.

Un cri violent retentit. Le major se leva, et de sa main ouverte souffleta le vicomte.

Le vicomte demeura sur son siège, regardant le petit prince.

———

XII

LA RENCONTRE A DES SUITES EXTRAORDINAIRES

L'émotion qui suivit cet acte d'agression brutale est facile à concevoir. Les convives se levèrent de table; on

se jeta entre les deux hommes. Le major, arraché de sa
place, avait beau crier en se débattant ; on l'entraîna et il
fut obligé de sortir. Quant au vicomte, il souriait à demi
en recevant les marques d'intérêt qu'on ne lui marchan-
dait guère. Le prince avait disparu. Le souper, si malen-
contreusement interrompu, fut glacial. Personne ne doutait qu'il ne fût suivi de la mort d'un homme.

Le vicomte quitta le bal vers trois heures, accompagné
de quelques-uns de ses intimes. Comme il descendait l'escalier, il aperçut le prince dans le vestibule, prenant son
temps pour endosser sa pelisse et allumer son cigare. Il
feignit de ne pas le voir. Le prince, cependant, n'avait pu
demeurer là que pour lui parler. Mais il n'osa pas, au
dernier moment, le voyant entouré. Il le regardait, hésitait, tordait ses gants dans ses mains. Peut-être, s'ils
avaient été seuls, eût-il pleuré dans les bras de son sau-
veur. Le vicomte, avec un tact infini, évita les regards
du prince, traversa le vestibule et partit. Recevoir les
remercîments du jeune homme, n'était-ce pas souffrir
qu'il avouât sa lâcheté ?

Six heures plus tard, un groupe d'hommes cheminait
dans le bois de Montmorency, s'avançant vers une clairière
solitaire. C'étaient le vicomte et le major, accompagnés
de leurs témoins. Ils avaient quitté leur déguisement
pour vêtir un costume mieux approprié à la rigueur de
la saison et à la gravité des circonstances. Ils parlaient
peu et regardaient anxieusement autour d'eux, en marchant sur la neige durcie, où se développait la colonnade
des arbres dépouillés de feuilles. Le temps était morne,
l'air glacé. Une bise aigre passait en sifflant à travers la

branches et les froissait avec un bruit lamentable. Au-dessus du sol, touf blanc, s'étendait un ciel gris, très-bas, uniforme, lividement éclairé par le reflet de la neige, et, tout au loin, vers l'horizon, des fumées rampaient sur les toits d'un village.

Les hommes qui, à cette heure matinale, gravissaient la pente de la forêt, étaient au nombre de six. Trois d'entre eux allaient en avant : c'étaient le major Carpentier et deux officiers de son régiment en uniforme de petite tenue. Les trois autres suivaient à trente pas : c'étaient le comte de Perche, le bavard que nous avons présenté au lecteur sous le costume de marquis et que nous appellerons désormais par son nom de La Gruelle, et le vicomte de Saint-Bertrand. Ce dernier paraissait être le plus calme de tous. Il marchait, les mains enfoncées dans les poches de son paletot, la face au vent, et les yeux à demi fermés, comme s'il eût été gêné par la réverbération de la neige. La Gruelle, embarrassé par son obésité, trottait sur ses pas. Il portait à la main une boîte de pistolets, sous le bras une paire d'épées ; une énorme cravate en cachemire serrait son cou, et, afin de maintenir sur son chef le chapeau un peu étroit qui le couvrait, il l'avait entouré d'un mouchoir blanc dont les bouts étaient retenus entre ses dents, ce qui le gênait pour parler; mais il n'en parlait pas moins, à tout propos, sans savoir seulement si on l'écoutait. Quant au comte de Perche, il avait l'air sérieux de l'homme qui accomplit un devoir pénible. Un de ses hôtes ayant été gravement insulté sous son toit, il avait cru ne pas pouvoir refuser de le seconder dans l'acte de réparation qui devait suivre l'insulte; mais il déplorait, à part lui, l'idée qu'il avait eue d'inviter à son bal le major Carpentier, le connaissant depuis long-temps pour un querelleur.

— Chien de temps pour mourir! disait La Gruelle avec le tact qui caractérisait ses moindres actions. — Eh! vicomte, la terre sera froide ce soir, croyez-vous pas?

Le vicomte sourit de l'à-propos en homme décidé à faire son possible pour éviter d'expérimenter la justesse de la remarque ; mais il ne répondit rien.

— Et tout cela pour une assiettée de bisque! ajouta La Gruelle précisant un peu mieux son idée. — Si seulement elle avait été bonne, cette bisque!

— N'était-elle pas bonne? dit le comte de Perche, blessé dans son amour-propre de maître de maison.

— Non.

— Que lui manquait-il donc?

— Le major l'a trouvée trop poivrée.

— Vous êtes incorrigible, La Gruelle.

— Que voulez-vous! la vie est si triste, il faut bien l'égayer un peu. Ah çà! vicomte, reprit-il, j'espère que vous n'allez pas vous laisser tuer comme un lièvre?

— Soyez tranquille.

—Je suis intéressé à la prolongation de vos jours, moi. J'ai de l'amitié pour vous, et je désire conserver nos agréables relations.

— Et puis, ajouta le vicomte, je suis votre débiteur d'une quinzaine de mille francs depuis hier, et dame! par le temps qui court, chacun tient à son argent.

— Ma foi! puisque vous l'avez dit, je ne vous démentirai pas, riposta La Gruelle avec candeur.

— Calmez-vous, mon cher La Gruelle, vous ne perdrez rien.

— Vous avez donc mis ordre à vos affaires?

— Oui.

— Si je vous dis cela, mon cher, c'est que... vous comprenez... il faut tout prévoir. Ce Carpentier n'est pas manchot, à ce que disent ses amis. Il est vrai que c'est à vous à tirer le premier.

— Oui, n'ayez aucune inquiétude. Tout ira bien.

— Sommes-nous bientôt arrivés? demanda le comte de Perche, après un instant de silence.

— Dans cinq minutes, répondit Saint-Bertrand. Je connais l'endroit; on ne nous y troublera pas; il est très-isolé.

— Est-ce que vous vous êtes déjà battu ici? fit La Gruelle,

— Non; mais j'ai chassé dans ces bois.

— Et vous ne pensiez pas alors qu'un jour...?

— Au contraire, je me suis toujours dit que la place était bonne pour un duel. C'est pourquoi je l'ai choisie.

— Tenez, vicomte, laissez-moi vous le dire : vous êtes superbe de calme. Moi, si j'étais à votre place, je ne pourrais m'empêcher de trembler.

— Mais je tremble aussi quelque peu, monsieur La Gruelle. Il fait très-froid ce matin.

Il y eut alors entre les trois hommes un instant de silence. Ils gravissaient une côte ardue, se cramponnant aux branches du taillis pour s'empêcher de glisser. Saint-Bertrand allait en avant, se tenant sur la piste de son adversaire. La Gruelle suivait, trébuchant à chaque pas, et maugréant contre la neige et les mauvais chemins. A cinquante pieds au-dessous d'eux environ, on voyait deux voitures arrêtées sur la grande route ; c'étaient celles qui avaient amené de Paris les combattants et leurs témoins. La route s'étendait au loin en avant, droite, blanche, déserte. Cependant, à la distance d'un demi-kilomètre, depuis quelques instants, on apercevait un homme à cheval qui, soutenant sa monture à grand'peine, se dirigeait au trot vers le lieu du rendez-vous.

Quand il fut parvenu à se hisser sur le plateau où ses amis l'attendaient, La Gruelle éprouva le désir de prononcer encore quelques paroles. Une centaine de pas séparaient alors le groupe dont il faisait partie de celui qui se composait du major et de ses deux camarades. Ceux-ci s'étaient arrrêtés, trouvant l'endroit propice à leurs desseins.

— Écoutez, mon cher Saint-Bertrand, dit La Gruelle en ôtant son mouchoir d'entre ses dents, je ne doute pas que vous n'ayez assez d'esprit pour délivrer le monde de cet affreux major ; mais l'imprévu tient une grande place dans la vie ; le cœur, au dernier moment, peut vous faire banqueroute ; la main peut vous trembler, il fait si froid ! un brin de givre soulevé par le vent peut rencontrer votre œil et l'aveugler ; bref, quoique nous comptions bien, de Perche et moi, vous ramener à Paris vivant et intact, il est possible que nous ne remportions que votre carcasse. Vous voyez que je vous traite en homme et ne gaze pas les mots. Eh bien, mon cher, quoique vous n'ayez, à ma connaissance, ni femme ni enfant, vous devez tenir à quelqu'un ou à quelque chose. Dites-nous donc, à nous qui sommes vos amis, vos dernières volontés. Vous pouvez être certain que nous les ferons exécuter.

— Merci, mon cher, répondit le vicomte, mais j'ai prévu le cas. Ne vous en mettez point en peine.

— Ainsi, dans la supposition où l'événement vous serait fatal, nous ne devrions l'annoncer à... à personne?

— Non.

— Même pas à... excusez mon indiscrétion, mais elle est motivée... même pas à... une certaine dame?

— Non. Si je suis tué, les journaux le mentionneront; cela suffira.

— Très-bien. Et, toujours dans le même cas, peu probable, je me plais à me le figurer, que ferons-nous de vous?

— Vous me transporterez chez moi. Mon domestique est prévenu. Il a reçu mes ordres.

— De mieux en mieux. Et vous n'avez aucune recom·mandation à nous faire, relativement à... vos papiers?

— Je n'ai pas de papiers, mon cher.

— Mais vous avez au moins un testament? reprit La Gruelle poussé à bout. Vous disiez tout à l'heure que vous aviez mis ordre à vos affaires.

— J'ai remis mon testament à mon domestique. Si je succombe, il fera le nécessaire. Ne vous en occupez donc pas.

La Gruelle resta quelques instants silencieux; puis il reprit :

— Il vous est donc très-attaché, ce domestique?

— Oui. Non. Peut-être. Est-ce qu'on sait jamais cela?

La Gruelle écarquillait des yeux énormes.

— Ainsi, dit-il, dans tout le monde, le seul être qui

vous porte intérêt, et encore ce n'est pas certain, est votre domestique? Vous n'avez donc pas de parents?

— Non.

— Pas de maitresse?...

— Non.

— Pas d'amis?

— Ma foi! à l'exception de vous, de M. de Perche et de cinq ou six créanciers, je ne crois pas que personne ici-bas s'intéresse beaucoup à moi.

— Et vous allez affronter la mort, risquer de disparaî-tre en une seconde, et... cela ne vous remue pas un peu le cœur de savoir, la... que vous ne manquerez à per-sonne, qu'aucun être ne souffrira de votre perte, que pas une larme ne coulera sur vous?

— Mais, mon cher La Gruelle, fit le vicomte, je ne vous empêche pas de me pleurer.

— Diable d'homme! grommela La Gruelle.

Force lui fut alors de se taire. Ses compagnons et lui étaient arrivés au lieu du rendez-vous.

Les adversaires s'étant salués, leurs témoins respectifs les conduisirent à quelque distance; puis, revenant sur leurs pas, ils s'occupèrent à régler les conditions du com-bat. Saint-Bertrand se promenait de long en large afin de maintenir la circulation du sang dans ses membres, et, comme il lui paraissait surtout utile d'avoir la libre dispo-sition de sa main droite, il chercha à la réchauffer en la glissant dans le gousset de son pantalon. A cinquante pas de lui environ, le major Carpentier était assis sur un ar-bre renversé, et il regardait le vicomte avec une expres-sion de douleur. Pour cet homme à cerveau étroit, il n'y avait qu'un motif de stupéfaction dans tout ce qui lui était arrivé. La veille, il était sorti de chez lui dans la matinée, avec l'intention arrêtée de chercher un ennemi qu'il détestait, et de l'insulter, s'il parvenait à le rencontrer sur son passage. Il ne l'avait pas vu; le soir, il était allé au bal, et, là, il l'avait reconnu sous un déguisement. Mais alors l'idée ne lui vint pas de profiter sur-le-champ de l'occasion qu'il poursuivait en vain depuis huit jours. Au lieu de la saisir aux cheveux, il s'était amusé à jouer avec elle, menaçant alors qu'il fallait agir, retardant sa vengeance pour la mieux déguster, et, de ce beau calcul, il était résulté qu'avec l'intention de souffleter un homme, il en avait souffleté un autre. Ce duel qui l'amenait de si grand matin dans ce lieu désert, il l'avait appelé de tous ses vœux pendant une semaine; mais non pour se mesurer avec ce vicomte qu'il ne haïssait pas, et pour qui même, depuis son insulte, il éprouvait une sympathie extraordinaire. Son ennemi lui échappait, un inconnu avait pris sa place, et, comme il ne se doutait pas de la cause qui avait substitué l'un à l'autre, le major maudissait le hasard qui s'amuse à de telles choses; il regrettait son emportement, qui allait lui faire exposer sa vie sans rien laisser qu'une faible chance à sa haine. S'il avait su comment s'y prendre, il eût tâché de s'excuser; mais la seule vue de son nouvel ennemi engourdissait le peu de pensées qui germaient encore dans sa tête. Celui-là ne ressemblait guère au prince. Une tranquillité fière brillait sur son visage. C'était lui qui dominait le major de toute la hauteur d'un outrage reçu. Pallier cet outrage n'était pas possible. Le major, pour se consoler, espéra qu'une blessure légère pourrait suffire à la vengeance de son adversaire. Il se résigna donc à recevoir ou à donner un léger coup d'épée, sans danger, et à poursuivre un peu plus tard l'entreprise qui, plus que jamais, lui tenait au cœur.

La vue de ses témoins chargeant un pistolet lui enleva l'espoir qu'il venait de former. Il savait que son ennemi avait le choix des armes. Il comprit, à la nature de celles qu'il avait choisies, que l'affaire serait sérieuse.

— Cela ne peut cependant pas se passer ainsi ! s'écriat-il en pétrissant la neige sous son pied. Le pistolet ne fait pas de grâce. Et la mort de l'un de nous..., cela serait aussi par trop bête !

Disant cela, il se leva, et, comme il ne manquait pas de résolution, il s'avança vers son adversaire. Saint-Bertrand, le voyant venir, s'arrêta dans sa promenade, et alors, pour la première fois depuis la veille, comprenant de quelle chose il s'agissait, il fronça les sourcils, comme un homme qui fait appel à tout son courage. Cependant les témoins avait fini de charger les armes. Sans rien comprendre à la démarche du major, ils le suivirent. En dix secondes, les six hommes étaient de nouveau réunis.

Saint-Bertrand, droit, le corps légèrement tourné de côté et la main toujours dans la poche, regardait le major de ses yeux expressifs. Le major lui dit :

— Monsieur, je me suis battu quatre fois. On ne me prendra donc pas pour un lâche. Vous penserez ce que vous voudrez de ma démarche ; mais je ne veux pas échanger une balle avec vous sans vous donner ma parole d'honneur que je regrette ce que j'ai fait.

— Je vous crois, monsieur, répondit le vicomte.

— Eh bien, monsieur, morbleu ! s'il en est ainsi... je sais bien qu'un soufflet est dur à digérer... Tenez, voulez-vous accepter des excuses écrites?

Et, comme il vit les témoins faire un mouvement de surprise, il ajouta :

— Et qui trouvera mauvais ce que j'aurai fait deviendra mon ennemi. Voyons, monsieur le vicomte, le temps est précieux. Ma proposition vous convient-elle?

Saint-Bertrand avait certainement une rare puissance sur lui-même. Mais les paroles du major touchèrent sans doute l'angle le plus secret de son cœur; il pâlit affreusement en l'entendant, et le rôle qu'il avait si facilement accepté lui sembla cruel. Cependant il se remit, car on avait les yeux sur lui, et, de sa voix la plus douce, gardant toujours la main dans sa poche, il répondit :

— Monsieur, cette proposition vous fait honneur. Vous êtes militaire, elle a dû vous coûter deux fois. Je vous en sais gré. Mais, si je l'acceptais, le monde ne comprendrait ni mon action ni la vôtre. Il nous avilirait tous deux. Moi surtout, j'en suis à mon premier duel; on dirait que j'ai manqué de courage. Il vaut donc mieux, selon moi, laisser les choses en leur état.

— Morbleu ! vous avez raison ! fit le major. Mais c'est dommage !

Et il ajouta entre ses dents :

— Oui, c'est dommage ! Un si beau garçon !

Les témoins s'avancèrent alors, et placèrent les deux ennemis à quinze pas. Ils avaient quitté leur chapeau et leurs gants.

— Nous allons frapper trois coups dans les mains, dit

La Gruelle ; vous tirerez au troisième coup. Est-ce entendu ?

—Oui.

Alors on remit à chacun des combattants un pistolet
chargé, et l'on entendit simultanément le claquement que
fait le chien quand on l'arme.

La Gruelle frappa un premier coup dont le bruit s'entendit à cent pas.

— Un ! crièrent les témoins.

La Gruelle écartait les bras pour frapper le second coup;
mais le major l'en empêcha.

— Un moment ! s'écria-t-il, j'ai encore quelque chose
à dire. Monsieur le vicomte, puisqu'il est entendu que
nous n'avons pas de haine l'un contre l'autre, avant de
nous mitrailler en gens d'honneur, embrassons-nous;
voulez-vous ?

— Eh ! monsieur, riposta Saint-Bertrand, que les dé-
monstrations d'amitié de son adversaire mettaient au supplice, ces retards me feront perdre mon sang-froid.

Le major parut choqué.

— Soit ! fit-il.

— Je recommence, messieurs, dit La Gruelle.

Il heurta ses deux grosses mains, et l'on entendit crier :

— Un !

Les deux combattants s'effacèrent. Ils se présentaient
de profil, l'arme droite et levée à la hauteur de la tempe.
Les cochers, qui les regardaient d'en bas, les voyaient se
détacher en noir sur le fond éclatant de la neige où se
découpaient les contours de leur silhouette.

La Gruelle choqua ses mains une seconde fois.

— Deux! crièrent les témoins.

Aussitôt le bras droit des combattants s'abattit. Chacun d'eux, le coude légèrement replié et le front renversé, cligna de l'œil.

Tout à coup on entendit les mains se choquer encore, puis le mot :

— Trois!

Puis, sur-le-champ, deux coups de feu.

Saint-Bertrand demeura droit à sa place ; il fronçait les sourcils, et ses cheveux voltigeaient au vent. La balle de son adversaire lui avait effleuré l'épaule.

Quant au pauvre major, ceux qui le regardaient d'en bas le virent pirouetter sur lui-même ; puis il ouvrit les bras et s'aplatit sur le sol.

La Gruelle, écrasé par l'émotion, s'était assis sur la neige et grelottait en balbutiant des mots sans suite.

Les trois autres témoins marchèrent vers la victime. Ils lui retournèrent la face, qui s'était enfoncée dans la neige.

Le major avait reçu la balle au beau milieu du front, et son crâne était séparé en quatre morceaux comme une grenade mûre.

Saint-Bertrand laissa tomber son pistolet ; puis il alla reprendre son chapeau, se couvrit la tête, remit ses gants ; et, l'œil baissé, les dents serrées, les narines ouvertes, l'âme perdue dans une atroce concentration de pensées, il commença à descendre le monticule.

Ses témoins le rejoignirent en route. Le comte de Perche était très-pâle. La Gruelle, claquant des dents, avait renoncé à parler.

Ils trouvèrent les cochers silencieux sur leurs siéges. Auprès d'eux était arrêté le cavalier dont nous avons parlé. Il portait une casquette de livrée, et son cheval, un coureur qui pouvait faire cinq lieues au trot en une heure, reniflait et grattait la neige.

Il ôta sa casquette, et, s'adressant au vicomte de Saint-Bertrand :

— Pardon, monsieur. Est-ce que M. le major Carpentier est blessé ? lui dit-il.

— Il est mort, répondit le comte de Perche.

— Merci, monsieur.

Et, détournant la tête de son cheval, le cavalier serra les genoux. Le cheval partit comme une flèche dans la direction de Paris. La neige sautait par grosses mottes sous ses sabots, et de loin on voyait reluire ses quatre fers.

Onze heures sonnaient quand le vicomte de Saint-Bertrand rentra chez lui. Il se déshabilla, endossa une élégante robe de chambre en cachemire blanc à palmettes, but une tasse de thé, et s'assit dans un grand fauteuil auprès du feu.

Tout le jour, il demeura là, sans bouger, sans rien faire, seul, les yeux secs et brûlés par l'ardeur des charbons.

Vers cinq heures, son domestique entr'ouvrit la porte.

— Il y a là, dit-il, un homme qui demande à parler à M. le vicomte.

— Faites-le entrer.

Le domestique introduisit l'homme, et se retira après avoir placé une lampe allumée sur un guéridon.

Saint-Bertrand, sans se lever, tourna les yeux. Il reconnut le cavalier qui, le matin, lui avait adressé la parole dans le bois de Montmorency.

— Que me voulez-vous? lui dit-il.

— J'apporte à M. le vicomte une lettre de M. le prince Rogatchef.

— Donnez.

La lettre était énorme et lourde, enfermée dans une grande enveloppe, et scellée de trois cachets de cire verte.

Le vicomte la garda dans les mains sans l'ouvrir.

— Y a-t-il une réponse? demanda-t-il.

— Non, monsieur le vicomte.

— C'est bien. Faites mes compliments au prince.

— M. le prince est parti pour Varsovie depuis deux heures.

— Pour Varsovie?

— Oui. Son oncle est gouverneur militaire de cette ville.

Le vicomte ne parlant plus, l'homme salua et se retira.

Alors Saint-Bertrand se leva, tira le verrou de sa porte et rompit les cachets de l'enveloppe.

Il n'y avait pas de lettre sous l'enveloppe, mais seulement une liasse de billets de banque de mille francs.

Saint-Bertrand compta ces billets; ils étaient au nombre de cent.

Il les laissa retomber sur la table. Puis, d'un air décontenancé, il alla se jeter dans son fauteuil.

— Il n'y a plus de grands seigneurs, murmurait-il.

XIII

LES INFORTUNES DE LA GRUELLE

Celui qui, n'ayant jamais vu le vicomte de Saint-Bertrand, se fût introduit chez lui en son absence, aurait été fort embarrassé pour se former une idée sur son caractère, d'après la physionomie de son appartement. Le vicomte habitait un entre-sol spacieux de la rue Saint-Georges, rue généralement propre et peu bruyante, à portée du boulevard, de l'Opéra, de la Bourse, du centre où afflue sans relâche le monde du plaisir et des affaires à Paris. L'antichambre était toute nue, tendue d'une étoffe chinoise égayée d'arbres bleus, de rochers roses, de kiosques qui ressemblaient à de grandes volières, et de personnages tranquilles et ventrus, aux yeux bridés.

La salle à manger, qui faisait suite à l'antichambre, présentait à l'œil des dressoirs de chêne rehaussés de baguettes d'or ; l'étoffe des rideaux était de soie verte, le tapis vert aussi, mais d'un vert gai. Cette pièce paraissait peu servir, car tout y reluisait, et nul de ces menus objets qui traînent d'ordinaire sur les tables n'en rompait l'uniformité. Le tapis du salon était rose et blanc ; le meuble doré, couvert d'une tapisserie de Beauvais blanche et rose. Il n'y avait pas de tableaux sur les murs ; mais les glaces, en revanche, n'y manquaient pas. Cette pièce, elle aussi, semblait avoir peu servi. On l'eût prise pour une chambre de passage. Tout y était élégant mais correct. En hiver, il y faisait froid. La chambre à coucher était tendue de brocatelle de couleur paille à bouquets. Ses meubles étaient déjà un tant soit peu ternis par l'usage, en bon état cependant. Le lit d'ébène, large et bas, enveloppé de rideaux, paraissait commode. Une glace immense, clouée au mur, du côté de la ruelle, le reflétait presque en entier. Une ménagère en bois de rose; deux jardinières de laque, pleines de fleurs; une table ronde couverte d'un tapis de soie; une pendule surmontée de la statuette du Silence appuyant un doigt sur ses lèvres, tels étaient les objets élégants et bien choisis qui frappaient les yeux dans cette chambre exhalant une odeur suave. Là non plus, il n'y avait ni tableaux ni gravures; rien sur les murs que le papier. Et de même, on n'y voyait ni livres, ni armes, ni même une écritoire. Au bas des rideaux de vitrage pendait une garniture de dentelle. Il y avait aussi des dentelles au bord de la tenture du lit.

La pièce la plus vaste de l'appartement, la plus confortable, la mieux chauffée, celle où l'on sentait vraiment la vie — presque la seule qui fût constamment habitée — était le cabinet de toilette. Les murs et le plafond de cette chambre étaient tapissés d'une toile perse, de couleur nankin, sans apprêt et parsemée de branches de fleurs. Les meubles se composaient de quatre *dormeuses*, d'un canapé, d'une psyché et d'un petit bureau en écaille. Sur la table, longue et large, en marbre blanc, un service en pâte de Sèvres à bouquets roses, composé de toute sorte de pots et de bassins, s'étalait dans un élégant dés-

ordre, pêle-mêle avec des brosses d'ivoire et des trousses
en peau de truie où brillaient mille petits outils d'acier
fin. Tout reluisait dans cette chambre, tout y était propre et attrayant. Cependant là, pas plus que dans le reste
de l'appartement, il n'y avait ni objets d'art, ni rien qui
signalât particulièrement la présence d'un homme. Jamais la fumée du cigare ne s'était déroulée en spirales
bleuâtres dans la zone de lumière qui s'épandait des
fenêtres. L'air était embaumé d'un parfum léger, mais
très-pénétrant, aussi doux que celui qu'on respire au
printemps dans un jardin, quand le soleil a fait ouvrir les
boutons des fleurs. Les siéges légèrement affaissés, le
tapis un peu usé par le frottement des pieds, le demi-
désordre des menus objets dispersés sur la cheminée, la
table, le bureau, révélaient l'existence d'une créature
élégante, sensuelle, futile, raffinée, mais n'apprenait rien
sur son sexe ni sur les spécialités de son caractère.

Sous la table de toilette apparaissait une baignoire en
métal argenté; et, dans un vase du Japon, trempait un
bouquet de violettes.

La comtesse Wanda avait-elle présidé à l'arrangement
de ce logis quasi féminin? Le vicomte de Saint-Bertrand
l'avait-il disposé d'après ses idées? Le lecteur est libre de
faire, à cet égard, toutes les suppositions que sa perspicacité lui suggérera. Pour notre compte, entre ces deux
suppositions, nous inclinons fortement pour la seconde.

Le lendemain du duel qui avait été si funeste au major
Carpentier, le vicomte, reposé par huit heures de sommeil
et le bain qu'il avait pris en s'éveillant, était assis dans
son cabinet de toilette, devant un feu doux et clair. Ce

jeune homme qui, avec une étrange et atroce anomalie de caractère, avait chargé sa conscience d'un meurtre pour trouver le moyen d'acquitter une dette d'honneur, ne semblait en ce moment éprouver qu'une vive préoccupation. Parce qu'il avait exposé sa vie, il croyait avoir eu le droit de prendre celle d'un autre, oubliant qu'il avait volontairement forcé cet autre de l'insulter. Parce que, grâce à cette insulte, il avait probablement empêché sa victime de commettre un homicide, il pensait avoir bien agi, oubliant que l'argent reçu avait fait de lui, non un ami d'un dévouement sans scrupule et sans limite, mais quelque chose de pire encore qu'un spadassin : une sorte de coupe-jarret. Douze heures après le duel, il ne s'agissait déjà plus, pour lui, de s'appesantir sur la terrible nécessité qui avait armé son bras, mais seulement de régler ses comptes avec ses nouveaux créanciers, et de garder en même temps, par devers lui, une somme suffisante pour vivre pendant quelques mois, suivre sa nouvelle entreprise d'amour — l'amour, où qu'il se place, coûte toujours cher — et tenter de nouveau la fortune. Or — si nous avons encore présents à l'esprit les incidents du bal — nous nous rappellerons que le vicomte avait perdu cent mille francs, dont le total se décomposait ainsi : dix mille francs en billets de banque qu'il avait mis dans sa poche le même soir et qui constituaient alors toute sa fortune; dix mille francs à peu près, en bijoux immédiatement livrés à La Gruelle, et quatre-vingt mille francs qu'il devait.

Il commença par retirer de la liasse qui lui avait été envoyée par le prince Rogatchef vingt billets de mille francs; puis, gardant dnas ses mains les quatre-vingts autres qu'il s'agissait de distribuer à ses créanciers, il se mit à passer leurs noms en revue, arrêtant sa pensée sur chaque nom, comme si maintenant, grâce à je ne sais quelle capitulation de sa conscience, il se fût demandé quels inconvénients résulteraient pour lui de demeurer pour quelque temps — et peut-être à jamais — en tout, ou en partie, le débiteur des uns ou des autres. Il était évident que vingt mille francs ne lui suffiraient pas pour vivre en attendant des jours meilleurs. Il ne pouvait diminuer son train de maison, vendre son mobilier, encore moins sa voiture. De toutes les déterminations à prendre, celle-là, à son avis, était la plus sotte. On n'obtient de crédit, à Paris, on ne compte, on n'existe même qu'à la seule condition de *faire figure*. Le *paroistre* de Montaigne est est encore plus indispensable, à celui qui veut réussir, que les dehors de la médiocrité et les formes de la flatterie. Recourir au dévouement de la comtesse Wanda, c'était impossible. Elle-même se trouvait embarrassée. De quel prétexte se servir, d'ailleurs? C'était donc sur cette somme de quatre-vingt mille francs, appartenant à ses créanciers, qu'il s'agissait de prélever celle dont il avait besoin. Mais comment faire? Garder les quatre-vingt mille francs en entier, c'était tentant ! mais cela ferait crier, ressemblant un peu trop à une banqueroute. Ne rien donner aux uns, payer intégralement les autres, c'était chanceux! Les derniers s'étonneraient certainement de leur bonne fortune, les premiers se fâcheraient de leur guignon. La chose finirait par se découvrir. Il y aurait des clabauderies. Mauvais moyen ! Il valait mieux ne donner à chacun que moitié, en le priant d'attendre quelque temps le payement du solde. La surprise, — nul d'entre eux ne devait espérer recevoir tout de suite un si bel à-compte, — la joie, le plaisir d'obliger, naturel aux hommes, — quand ils ne doivent pas sortir d'argent de leur poche, — concourraient certainement à leur faire accepter cette proposition. Saint-Bertrand se décida pour ce dernier plan, qui, selon lui, conciliait toutes choses. Seulement, il y fit une légère correction. Il devait quinze mille francs à La Gruelle, et cinq mille à une femmè. Afin d'éviter leurs bavardages, il les paya intégralement

Ainsi qu'il l'avait prévu, ses créanciers se montrèrent satisfaits. Quant à lui, si ce n'avait été certain doute qui, de temps à autre, lui traversait l'âme en songeant au *pauvre major*, il se serait senti le roi du monde. Il était amoureux d'une jolie femme, et il avait en poche cinquante mille francs!

Dès le même soir, il résolut d'ouvrir la campagne contre Barberine. Elle dansait, ce soir-là. Le spectacle se composait de *la Sylphide* et d'un acte du *Comte Ory*. Le ballet devait commencer à dix heures. A neuf heures, Saint-Bertrand arriva au théâtre et se dirigea immédiatement vers les coulisses. Il était bien certain de n'y rencontrer aucun de ses amis, leurs principes ne leur permettant de se montrer dans le sanctuaire qu'au moment même de l'entr'acte qui doit précéder le ballet. Pour plus de précaution, il se tint sur le côté gauche de la scène, qui ne mène à rien qu'aux loges des artistes, — la porte qui relie la salle à la scène se trouvant sur le côté droit. — En agissant ainsi, il comptait voir passer Gaskell, l'aborder, et tirer un parti quelconque de leur rencontre. Et, s'il prenait tant de précautions pour n'être pas vu de ses amis, c'est que, avec son instinct infaillible, il sentait que, grâce à la légèreté parisienne, qui accuse et absout en même temps — jusqu'à ce qu'on lui ait mis des preuves matérielles sous les yeux, — on devait mal parler de lui autour de lui, tout en le tolérant ; que quelque chose avait dû transpirer de son existence insolite ; et que, dès qu'on le verrait lié avec l'impresario, vite on irait l'édifier sur son compte, pour lui faire pièce ; tandis que personne ne s'aviserait de crier gare à Gaskell, tant qu'on serait dans l'ignorance de leurs relations.

En calculant ainsi, Saint-Bertrand avait compté sans un hôte qui arrive toujours à point nommé pour déjouer les plans les mieux ourdis. Cet hôte est le Hasard. Ce soir-là, afin de faire enrager un peu Saint-Bertrand, il s'amusa à lui lancer dans les jambes le sieur La Gruelle. Voici comment :

La Gruelle, alors âgé de cinquante ans, était le fils d'un marchand de soieries qui lui avait laissé une belle fortune. Vaniteux, lourd, sensuel et commun, il recherchait les amours qui font du bruit. Depuis longtemps, l'Opéra lui avait paru le seul champ où tout homme qui se respecte doit cueillir les fleurs destinées à l'embellissement de son existence. Et il avait agi en conséquence. Mais trois liaisons successives, contractées avec les pensionnaires de l'Académie royale de musique n'avaient pu — comme il le disait — lui faire *trouver le bonheur*. En d'autres termes, La Gruelle avait été abominablement joué par trois fois. D'abord, il avait adressé ses hommages à une brune adorable, nécessairement élève de Terpsichore, qui était à peine lancée ; et, en un an, il avait trouvé le moyen de dépenser avec elle une centaine de mille francs. Elle le récompensa en lui adjoignant un jeune comte qui, étant bien certain de faire un jour un beau mariage, menaçait de lui en donner deux cent mille.

La Gruelle, ne se sentant pas de force pour lutter avec un pareil étourdi, rengaina sa mauvaise humeur et se retira. Pour punir l'infidèle, il alla présenter ses vœux à une jeune personne — cantatrice, celle-là, — un peu maigre, mais fort jolie. Ses vœux furent acceptés, La Gruelle étant bien connu dans les coulisses, où, dès le premier jour, tout nouveau venu est rigoureusement coté. Mais, au bout de six mois, La Gruelle, qui n'était pas bête, commença à s'apercevoir que sa nouvelle passion se dérangeait. Elle avait un trop bon caractère. Elle se montrait toujours soumise et disposée à tout ce qu'on exigeait. Alors La Gruelle la fit suivre, et apprit que, le soir, quelquefois, quand lui, milord Pot-au-feu La Gruelle, n'allait pas chez elle, elle mettait fort tranquillement ses gants et son chapeau, et se rendait... chez un autre. Nouvelle fureur de notre ami ; nouvel éclat, brouille, rupture ! et soixante mille francs de plus portés au débit de son budget. Que faire, cependant ? Il ne pouvait, lui, La Gruelle ! se passer d'une maîtresse. Il ne pouvait, lui, La Gruelle ! posé comme il l'était, la choisir autre part qu'à l'Opéra. Avant tout, il ne voulait pas être trompé. Cela l'horripilait qu'avec lui il y eût constamment... un autre. Il voulait être à la fois, pour sa maîtresse, *lui* et *l'autre*, ou rien du tout ! Dégoûté des cheveux noirs et des châtains, ayant perdu toutes ses illusions sur les cantatrices et les danseuses, il résolut alors de fixer son choix sur une blonde qui ne fût ni cantatrice ni danseuse, mais qui figurât cependant dans les divertissements de l'Opéra. Ce désir, comme on le voit, était assez difficile à réaliser ; mais La Gruelle ne se décourageait pas pour peu de chose, et il y parvint. Il choisit une blonde magnifique, aux yeux bleus, de cinq pieds six pouces, de formes parfaites, bien en point, à peine âgée de vingt-quatre ans, et qui exerçait au théâtre la profession de *marcheuse*. Ici, une explication est nécessaire. On appelle *marcheuse*, à l'Opéra, une femme qui, ne sachant ni chanter ni danser, n'a jamais autre chose à faire qu'à se montrer. Comme c'est aux yeux seuls qu'elle doit plaire, on a soin de la choisir belle, et on relève sa beauté par l'adjonction des plus riches costumes. Ce sont les marcheuses qui, dans la représentation des cérémonies lyriques, défilent majestueusement le long de la rampe, avec une couronne à pointes dorées sur la tête, et traînant derrière elles une longue queue de velours. Celle que choisit La Gruelle avait une telle beauté, qu'elle en était comme hébétée. Elle craignait de parler et de remuer, de peur de déranger quelque chose dans la symétrie de sa figure et de sa toilette. La bêtise, cependant, n'exclut pas l'art de tromper, et la belle Héloïse le prouva bien à son protecteur. Quinze jours ne s'étaient point écoulés depuis la célébration de leur mariage morganatique, que La Gruelle était déjà bourrelé de soupçons. Heureusement pour Héloïse, il n'avait pas de preuves encore ; mais il en cherchait, et Héloïse, toute stupide qu'elle était, se méfiait. Le soir où Saint-Bertrand, craignant de rencontrer ses bons amis, était venu rôder de si bonne heure

dans les coulisses, La Gruelle, que *sa marcheuse* obligeait
à venir la voir marcher sur les planches chaque jour de
représentation, après l'avoir béatement regardée et admirée, avait quitté son poste à l'orchestre, et était allé la
guetter sur la scène, pour lui demander une explication.
Héloïse, remplissant dans *le Comte Ory* le rôle d'une
compagne de la comtesse de Formoutiers, stationnait justement dans la coulisse, en attendant le moment de faire sa
rentrée à la suite de madame Dorus, et de traîner la longue
queue de sa robe devant la rampe, comme d'habitude. La
Gruelle la rencontra sur le côté gauche de la scène, préci-
sément à l'endroit où Saint-Bertrand, quelques minutes
plus tard, devait s'embusquer sur le passage présumé de
Gaskell. Il s'ensuivit que, au moment où le vicomte,
s'avançant sur la pointe des pieds, allait s'accoter de
l'épaule à l'envers du décor que les spectateurs voyaient
de face, La Gruelle lui apparut tout à coup, en train de
demander *son explication* à la belle Héloïse. La tête du
galant de cinquante ans fit sur Saint-Bertrand l'effet stu-
péfiant d'une Méduse. De tous ceux qu'il craignait de trouver à cette place, déserte d'ordinaire, le loquace La
Gruelle était le plus redouté. Quitter la place n'était plus
possible. Que faire? Saint-Bertrand s'enfonça de son
mieux dans l'obscurité qui baignait ce recoin de la scène,
et attendit patiemment le départ de La Gruelle. Mais force
lui fut d'assister au petit discours que le jaloux adressait
à son infidèle présumée.

— Écoutez, Héloïse, disait-il, faites-y bien attention; je
ne vous prends pas en traître; si vous vous conduisez mal
avec moi, je le saurai immédiatement, et tout! oui, tout!

réfléchissez-y bien, sera fini entre nous. Vous avez depuis quelques jours l'air d'une femme qui médite quelque chose, et ce quelque chose ne me présage rien de bon. Avant-hier, vous avez mangé de l'oignon à votre dîner ; cela sentait l'oignon chez vous quand j'y suis arrivé ; —je ne blâme pas le goût que vous avez pour ce légume, comprenez-moi bien, — mais vous savez que je ne l'aime pas, et vous en mangez. Second indice : hier, malgré ma prière, vous êtes sortie à deux heures. Cette heure est celle où il m'est excessivement agréable d'aller vous rendre visite. Elle se place naturellement, et commodément, entre celle de mon déjeuner et celle de mon dîner. Je conviens que vous m'avez engagé à venir le soir ; mais je n'aime pas le soir, vous le savez, pour me livrer aux épanchements affectueux de mon cœur. Je trouve ce moment mal choisi, en ce que, ayant une propension naturelle à dormir après mon repas principal, je dors en causant avec vous, et alors j'ai l'air de manquer de galanterie. Vous m'avez dit, il est vrai, que vous alliez chez votre dentiste. A première vue, cela peut ressembler à une excuse. Vous y êtes allée, en effet, je le sais : je vous ai fait suivre. Mais vous avez des dents superbes, et vous êtes restée trois heures chez ce praticien. Pourquoi faire, mademoiselle ? Chose plus grave : l'homme qui vous suivait, ayant eu la curiosité de se faire *arranger* les dents pour remplir son devoir jusqu'au bout, monta derrière vous chez le dentiste. On lui dit qu'il était sorti. Il y retourna une heure plus tard ; deux heures plus tard ; toujours sorti. Ainsi cet industriel était toujours sorti pour mon homme, et jamais pour vous... Laissez-moi continuer, Héloïse.

Chose plus grave encore : j'ai appris, depuis, que ce dentiste n'était pas un dentiste ordinaire, c'est-à-dire un
dentiste entre deux âges, un dentiste sérieux, *établi*,
marié ; mais un jeune Américain, qui porte un binocle,
une chaîne d'or, des bagues à tous les doigts ; une sorte
de dentiste de fantaisie qui a sa stalle à l'Opéra, et ne sort
qu'en tilbury. Vous comprenez, Héloïse, que je ne puis
avaler ce dentiste. Il se place naturellement en travers de
mon gosier. Vos efforts, si grands qu'ils soient, ne par-
viendront pas à me le présenter en long ; cependant, je
ferme les yeux, pour cette fois. Je vous passe ce dentiste ;
mais plus de bêtises, Héloïse car, je le jure par les cent
mille livres de rente que je possède, je ne vous en passe-
rais pas un second !

Héloïse, le dos plaqué contre un *portant*, toute roide
dans sa robe de moire jaune à ramages noirs, écoutait ce
beau discours, bouche close et les yeux ouverts, comme
un perroquet du Brésil assistant à sa première leçon de
langue. Saint-Bertrand souriait malgré lui, tout en donnant La Gruelle au diable. Tout à coup La Gruelle saisit le
bras de son infidèle, et, ayant vraisemblablement quelque
chose de plus particulier encore à lui dire, il l'entraîna derrière la toile de fond, tendue d'un côté à l'autre du théâtre, et fit quelques pas avec elle en courbant le dos, baissant la tête et ouvrant les bras, comme un homme qui dit :

— C'est à prendre ou à laisser !

Héloïse marchait auprès du gros homme, droite comme
une poupée fichée sur son pieu ; mais Saint-Bertrand n'attendit pas la fin de leur discussion. Profitant du moment
où les deux créatures lui tournaient le dos, il s'élança hors

10.

de sa cachette, se précipita vers la porte du couloir qui mène du foyer de la danse au logis des artistes et disparut.

Ce couloir est éclairé par deux quinquets dont la lumière est protégée par un petit grillage en fil de fer. Vers le milieu s'ouvrent deux portes, la première conduisant au foyer du chant, la seconde au foyer de la danse. Le foyer du chant, au rebours de son voisin, est d'habitude fort paisible. De mémoire de machiniste, nul habitué de l'Opéra n'y a mis les pieds. On n'y rencontre guère que des *doublures* et quelques figurants en costume, attendant, allongés sur les banquettes, le moment d'entrer en scène. Saint-Bertrand, toujours préoccupé par l'idée de se cacher à tous les yeux, — sauf à ceux de Gaskell, — alla se poster sur le premier degré qui descend au foyer du chant, bien certain que ses bons amis ne viendraient pas le chercher là. De temps à autre, il allongeait la tête pour explorer le couloir. Bien lui en prit; car, au bout de cinq minutes, il entendit battre la porte qui conduit au côté droit des coulisses, puis un pas lourd retentit dans le couloir; et ce bruit de pas était produit par les bottes de l'impresario.

Le vicomte sortit de sa cachette et fit quelques pas au-devant de lui. Gaskell s'avançait en habit noir, le dos courbé, le chapeau à la main, relevant ses rares cheveux blancs avec ses doigts et fredonnant un air de danse.

— Eh! bonjour donc, monsieur Gaskell! s'écria soudain Saint-Bertrand.

— Ah! monsieur le vicomte! c'est donc vous, enfin, répondit l'impresario en faisant de grands saluts. Il y a une éternité que je vous cherche.

— Je suis allé chasser à trente lieues d'ici, chez un ami.

Et, tout en prononçant ces mots, Saint-Bertrand entraîna l'impresario dans le foyer du chant, où se trouvaient alors les quatorze chevaliers du comte Ory, vêtus de leurs robes de pèlerines.

— Et mademoiselle Barberine est-elle satisfaite? ajouta-t-il. Je sais que son succès continue.

— Ah! monsieur le vicomte, répondit Gaskell, le public parisien est vraiment le roi des publics! Il y a du plaisir à danser devant lui. Ce n'est pas de l'admiration qu'il a pour Barberine; c'est de l'adoration, de la frénésie.

— Elle le mérite, monsieur Gaskell, car elle a beaucoup de talent.

— Oui, monsieur le vicomte, elle le mérite à tous égards. Mais j'espère que vous me permettrez enfin de vous présenter cette chère enfant?

— Croyez-vous qu'il n'y ait pas d'inconvénients à cela? dit Saint-Bertrand. Il ne manque pas de mauvaises langues au foyer, et je dois vous avouer qu'on m'a fait ici une réputation détestable.

— Bah! vraiment? répondit Gaskell. Je vous la présenterai donc dans sa loge.

Et il fit un mouvement pour sortir.

— Si je ne craignais de la déranger..., dit Saint-Bertrand.

— Mais pas du tout, monsieur le vicomte. Un homme tel que vous ne dérange personne. Il est neuf heures et demie, d'ailleurs; Barberine doit être habillée.

— Montrez-moi donc le chemin, dit le vicomte.

Gaskell s'élança aussitôt dans le couloir. Une minute

après, toujours suivi par Saint-Bertrand, il frappait à une petite porte.

Une voix jeune et douce, que Saint-Bertrand ne connaissait pas encore, mais qu'il ne devait plus jamais oublier, répondit :

—Entrez !

***

XIV

COMMENT LE LOUP S'INTRODUIT DANS LA BERGERIE

Gaskell, contrairement aux recommandations que Saint-Bertrand lui fit le jour des débuts, avait raconté aux deux femmes, dès le lendemain, tout ce qui s'était passé entre eux dans la coulisse. Le bonhomme, pour son malheur, n'était point ingrat. Aussi, loin de rabaisser, après l'événement, comme l'eussent fait tant d'autres à sa place, le secours que lui avait apporté le vicomte, il céda à la propension naturelle de son caractère et l'exagéra. Gaskell, en racontant, se laissait aller volontiers au plaisir de dramatiser ses récits. Il n'y manqua pas en cette occasion. A l'entendre, une cabale des plus formidables avait été montée contre Barberine. Nicolas en était le promoteur. Il avait enrégimenté une foule de gens sans aveu, armés de mirlitons et de longues clefs, qui devaient à son signal donner un véritable charivari à la débutante. La plupart des habitués de l'Opéra étaient du complot. On l'avait bien vu à leur abstention, quand la claque applaudit pour la première fois. Heureusement, un homme était-là, — que disait-il, un homme? c'était un ange! — qui, d'un seul geste, avait changé la face des choses. C'était à lui que Barberine devait son succès, car le talent ne sert à rien devant un public prévenu. Mais il n'en fallait parler à personne, ou Barberine serait compromise.

Adélaïde, nécessairement, n'avait accordé nul crédit au récit de Gaskell. Cependant quelques détails de ce récit frappèrent son imagination. En apprenant qu'un homme jeune, beau, discret, *comme il faut*, qui portait un titre et avait toutes les apparences de la fortune, s'intéressait à sa fille, elle se le représenta aussitôt comme le prince Charmant qui devait faire leur bonheur à toutes deux. Désirant en même temps s'édifier sur son compte, et ne donner l'éveil à personne d'hostile, elle ne prononça pas son nom au foyer, et ne s'enquit de lui, ni auprès des habitués, qu'elle connaissait tous déjà, au moins par leurs noms, ni surtout auprès des *dames de la danse*, toutes jalouses, comme chacun sait. Mais la bonne commère entreprit de faire jaser un personnage qui, par état, devait connaître les moindres secrets des coulisses. C'était le sieur Polynice Nérisson, *artiste en cheveux*, qui coiffait les sujets de l'Opéra depuis trente ans.

Ce sieur Nérisson, Méridional et prétentieux, avait été beau jadis, disait-il, et plus d'une des coryphées qu'il coiffait avait daigné — entre deux liaisons sérieuses — laisser tomber sur lui des regards de commisération. Mais il n'avait pas tardé à se blaser sur les beautés souvent réelles, et parfois postiches, des nymphes que chaque soir il voyait dans leur loge, dans les déshabillés le plus complets et les moins galants. Peu à peu, il ne leur accorda pas plus d'attention qu'aux poupées de cire qui charmaient les yeux des passants derrière les vitres de sa boutique. Elles, de leur côté, avaient si bien fini par s'habituer à lui, qu'elles ne le considéraient presque plus comme un homme, et enfin, elles en arrivèrent au point de ne pas plus se gêner devant lui que s'il eût été un coiffeur en bois, et non en chair et en os, *ami du sexe*, comme il s'en vantait, et capable de sympathiser avec les personnes sensibles. Ce Nérisson était alors parvenu à l'âge ingrat de cinquante-huit ans. Il avait une grande quantité de cheveux sur la tête, teints en noir, pommadés et frisés, avec une raie blanche et nette au beau milieu. Son visage bistré, malheureusement, était fripé comme un vieille pomme de reinette ; et son linge n'était pas toujours des plus propres, non plus que sa chaussure, car le Languedocien économe faisait toutes ses courses à pied. La curieuse Adélaïde ne pouvait mieux choisir que cet artiste incompris pour obtenir des renseignements sur le compte de Saint-Bertrand. Polynice, en effet, était admis depuis six mois à l'honneur de coiffer le charmant vicomte. C'était lui qui, deux fois par jour, maniait délicatement sa tête adorable, et jouissait du privilége de passer au petit fer sa barbe et ses cheveux. Saint-Bertrand, toujours poli, comme on le sait, avait fait la conquête de Polynice. Il était le seul de tous ses clients qui s'entretînt avec lui de son art, lui donnât des conseils et parût le prendre au sérieux. Aux premiers mots que lui dit Adélaïde sur le vicomte, Polynice ne manqua donc pas de lever les yeux au ciel, de pousser des exclamations, de s'extasier. — Il n'existait pas d'homme aussi généreux! — disait-il. Et Adélaïde ayant parlé de sa position de fortune, les exclamations redoublèrent. Si Polynice n'avait pas été, ce jour-là, si fort préoccupé par les savantes combinaisons d'une coiffure mirifique dont il voulait juger l'effet sur la tête de Barberine, il n'eût pas hésité à dire que Saint-Bertrand possédait les mines du Potose. Mais, pour n'avoir pas le loisir de s'avancer aussi loin dans le beau pays de hâblerie, Polynice n'en servit pas moins son client. A l'entendre, on n'avait jamais vu, à l'Opéra, de personne mieux faite pour comprendre les nécessités des demoiselles du corps de ballet. Ce n'était pas avec lui qu'on aurait jamais une de ces discussions qui rendent leur devoir si pénible aux mères des danseuses. Les billets de mille francs traînaient sur sa cheminée, plus nombreux que les billets doux, et galamment confondus les uns avec les autres. On n'avait pas à craindre qu'il vérifiât jamais les articles ni l'addition d'un mémoire. Avec lui, toute somme réclamée était immédiatement payée. Et comme son *intérieur* était élégant! Tout y sentait le luxe, le confortable, la fortune. Enfin, d'après le sieur Nérisson, le vicomte de Saint-Bertrand n'était pas seulement un cavalier accompli, parfait, beau, riche, aimable, jeune, spirituel et bienfaisant, il était simplement un phénix!

Adélaïde, en écoutant le dithyrambe du coiffeur, se léchait les lèvres comme un chat à qui l'on parle de crème. Jusqu'alors, avec un esprit de calcul qui eût fait honneur à un diplomate, elle avait su résister aux nombreux soupirants : princes russes, comtes polonais, barons allemands, qui tous, et tour à tour, avaient brûlé du désir d'assurer l'avenir de son enfant. Dans sa pensée de mère et de cabotine, Barberine, avant de venir à Paris, n'était pas encore assez bien posée dans l'estime du public pour faire un bon choix, tel qu'elle l'entendait du moins, c'est-à-dire qui réunît les conditions de fortune et d'agréments personnels, indispensables au bonheur des jeunes filles. Et puis elle était encore un peu délicate de santé; elle devait se ménager pour son art. Enfin, elle avait bien le temps! Il n'y avait pas lieu de se presser! Mais, depuis la consécration que le talent de Barberine avait reçue des mains du public parisien, Adélaïde, sans le confier à personne, à Gaskell surtout! était décidée à la placer dès qu'une *superbe occasion* se présenterait. Et, entre tous les gens de qualité qui pouvaient aspirer à l'amour de sa fille, le vicomte de Saint-Bertrand lui semblait, à première vue, le plus avantageux. Cependant, elle ne voulait rien livrer au hasard, dans une affaire si grave. Aussi, comptant sur son coup d'œil de femme expérimentée, attendait-elle la visite du vicomte avec une impatience fébrile.

Quant à Barberine, tout ce qu'on avait dit du jeune homme autour d'elle avait éveillé sa curiosité. Elle ne se sentait cependant pour lui aucune attraction. Tout au plus était-elle anxieuse de voir enfin ce phénix dont chacun faisait l'éloge, et qui semblait si peu pressé de réclamer la récompense de ses services.

Le soir où l'on devait enfin le lui présenter, Barberine, après avoir dîné, selon son habitude, à cinq heures, était venue au théâtre pour procéder à la toilette minutieuse à laquelle toute première danseuse doit se soumettre

avant chaque représentation. Polynice Nérisson avait mis
une heure à la coiffer, manchettes retroussées ; puis les
deux habilleuses avaient remplacé le grand artiste ; et, à
elles aussi, il n'avait pas fallu moins d'une heure pour
lacer le maillot, tendre le pantalon de soie que la chaleur
du corps distend constamment, agrafer le corsage et les
huit jupons réglementaires, dont cinq flottants et trois
cousus, qui doivent bouffer autour des hanches plus ou
moins harmonieuses de chaque *sujet de la danse*. Les
habilleuses ayant accompli leur fonction avec l'adresse qui
les caractérise, Barberine avait procédé, sans le secours
de personne cette fois, à l'opération longue et délicate du
maquillage. A l'aide d'une patte de lièvre, elle avait étendu
une mince couche de blanc sur son visage, son cou, ses
épaules, ses bras et ses mains ; non pas qu'elle en eût un
besoin réel, car elle avait la peau lisse et satinée comme
le pétale d'un camellia, mais pour neutraliser le désastreux
effet de la rampe, qui fait paraître jaune le teint le plus
pur. Puis elle avait légèrement fardé ses lèvres et les
pommettes de ses joues ; et, enfin, neuf heures et demie
sonnant à la pendule placée sur la cheminée de sa loge,
elle s'était posée, debout, devant un miroir qui reflétait
sa personne tout entière ; et, rectifiant les plis de sa jupe,
tournant sur elle-même pour juger de l'effet de son costume sous toutes ses faces, agrafant ses boucles d'oreilles
et son collier, elle présentait alternativement ses deux
pieds aux habilleuses qui lui chaussaient d'étroits cothur-
nes de satin rose, lorsque, Gaskell ayant frappé discrète-
ment à la porte de la loge, elle tourna la tête à demi sur
l'épaule, et prononça ce mot charmant à entendre pour

11

tout amoureux, et qui fit contracter le cœur de Saint-Bertrand :

— Entrez!

Il entra, en effet, derrière le candide Géréon Gaskell, avec son air aimable et paisible, le sourire dans les yeux et sur les lèvres, simplement mais élégamment vêtu, le chapeau à la main, respectueux, mais affectueux déjà, et sans familiarité. On eût dit qu'il connaissait depuis long-temps Barberine. Tandis que son introducteur faisait bê-tement sonner son nom et son titre, il alla droit à la jeune fille, qui rougissait sous son fard, lui prit les doigts, les serra doucement, s'excusa de la déranger, de lui pré-senter si tardivement ses hommages, et, toujours sou-riant, à l'aise, parlant à demi-voix, posément, l'empêcha de prononcer le mot « Remercîment; » prétendit qu'il n'avait rien fait pour elle; que *cela était peu de chose* et ne méritait pas qu'on en parlât; qu'elle était bien digne, au surplus, de tous les dévouements; que, pour lui, il lui appartenait tout entier; qu'elle n'avait qu'un mot à dire, et qu'il était prêt à la servir; puis, lui serrant la main encore et répondant à son sourire par le sourire le plus aimable, il alla s'asseoir sur le canapé, à côté de made-moiselle Adélaïde Chaussepied, écarlate d'orgueil et de plaisir, et, lui serrant la main à son tour, il l'accabla de compliments.

Le bon Gaskell se frottait les mains en contemplant ce tableau, bien fait pour réjouir son âme sensible. Quant à Barberine, elle se sentait interdite et fascinée. Jamais, dans ses rêves les plus heureux, — on en fait souvent de tels à son âge, — elle n'avait évoqué d'image plus persuasive que celle du vicomte. Dès le premier regard, il s'était imposé à elle, l'attaquant à la fois par le cœur et par les yeux. Le don de plaire échappe à l'analyse; il se compose de l'heureuse réunion d'attraits différents. Saint-Bertrand possédait ce don accordé à si peu de gens. Il le savait et il en usait, mais en homme modeste, évitant de regarder ceux qu'il voulait séduire, — afin de se laisser regarder par eux.

— Votre loge est très-convenablement arrangée, dit-il tout à coup.

— C'est une politesse de notre directeur, répondit Adélaïde.

— Il vous la devait bien, repartit le vicomte.

Et soudain, se levant et se plaçant à quelques pas de Barberine :

— Voyons, mademoiselle, retournez-vous un peu, qu'on vous admire. Charmante! ajouta-t-il en rencontrant ses yeux; mais vos fleurs sont placées trop bas sur le cou. Permettez-vous?

Disant cela, comme s'il n'avait fait autre chose de sa vie, de ses doigts délicatement gantés, il tordit et redressa la tige du volubilis qui s'enroulait autour des cheveux de Barberine. La danseuse baissait la tête pour se prêter à son caprice, et le regard du jeune homme coulait entre ses épaules.

— Monsieur le vicomte est un maître en fait de goût ! dit Gaskell.

Les habilleuses se regardaient, mais n'osaient échanger un signe, car elles se sentaient sous l'œil du vicomte.

Cependant Saint-Bertrand, toujours debout devant Barberine, échangeait avec elle quelques-uns de ces mots sans suite et sans portée, qui sont à la galanterie ce que les escarmouches sont aux batailles. C'était une chose qui méritait d'être vue que ce jeune homme correctement vêtu de noir, causant sérieusement avec une femme dont les jambes étaient découvertes jusqu'aux genoux, et qui portait des ailes aux épaules comme les anges.

Tout à coup l'avertisseur frappa à la porte. Adélaïde, se levant, laissa tomber son mouchoir, et Saint-Bertrand le ramassa.

Puis tout le monde sortit de la loge; mais, après avoir fait quelques pas dans le couloir, le vicomte s'aperçu qu'il avait oublié ses gants sur le canapé. Il laissa s'éloigner Gaskell, Adélaïde, Barberine, et rentra dans la loge Il était temps! Les habilleuses, livrées à elles-mêmes échangeaient des commentaires à perte de vue sur sa visite Elles s'arrêtèrent et baissèrent les yeux en l'apercevant.

Il ferma la porte derrière lui; puis, plongeant l'inde et le pouce de sa main gauche dans son gousset :

— J'ai besoin d'un mois de discrétion absolue, leu dit-il. Voici de quoi vous consoler du silence que vou garderez.

Et il leur mit deux louis dans la main à chacune.

— Si, d'ici à un mois, vous n'avez rien dit, reprit-il vous recevrez dix louis de plus, que vous vous partagerez

Et il tourna sur ses talons, puis il fit volte-face :

— Si... vous parlez... vous me connaissez, n'est-c pas?... je vous ferai quitter l'Opéra. Adieu!

Barberine dansa mal, ce soir-là; elle était préoccupée distraite. Un sentiment jusqu'alors inconnu était né e elle. Elle se sentait heureuse, et cependant elle avait envie de pleurer.

Quant au vicomte, il entra fort tranquillement, vers le milieu du ballet, dans la loge infernale.

— Pourquoi ne vous a-t-on pas vu depuis huit jours? lui demanda-t-on.

— Pouvais-je me montrer ici dès le lendemain de mon duel?

— C'est juste! dirent entre eux les lions.

Il affecta de lorgner çà et là, dans la salle, afin de ne pas rencontrer les regards de Barberine.

— Que diable a-t-elle donc ce soir? disait-on autour de lui.

— Elle n'a jamais si peu dansé.

— Est-ce qu'elle est malade?

— Ou déjà fatiguée?

— A propos, Saint-Bertrand, que dites-vous de Barberine?

Saint-Bertrand avait l'air boudeur. Il braqua sa lorgnette sur la danseuse; et, après quelques secondes d'examen, il répondit:

— Elle a plus de gentillesse que de talent.

Une longue discussion s'ensuivit, dans laquelle le vicomte se laissa battre le plus complaisamment du monde.

Quelques jours après, vers quatre heures, juste au moment où Barberine, revenant de prendre sa leçon, rentrait chez elle, escortée de mademoiselle sa mère, Saint-Bertrand, qui, par le plus grand des hasards, passait dans la rue Laffitte, se trouva nez à nez avec elles à la porte de leur logis.

— Que je suis heureux de vous rencontrer! leur dit-il. J'ai une foule de choses intéressantes à vous dire.

— Vraiment! quoi donc? s'écria Adélaïde.

— Oh! ce sera très-long! fit-il en riant.

— Si vous vouliez nous faire l'honneur de monter avec nous...

— Demeurez-vous donc ici?

— Mais oui.

— Ne serai-je point indiscret? reprit-il.

— Ah! monsieur le vicomte! répondit Adélaïde avec un air de reproche.

Barberine était pâle et fronçait les sourcils.

Cependant Saint-Bertrand monta. Et quand il se vit enfin dans la place, assis dans un bon fauteuil, devant les deux femmes, au moment d'inventer je ne sais quelle histoire de coulisses qui donnât une apparence de réalité au prétexte dont il s'était servi pour s'introduire dans la maison, il sourit doucement, caressa sa moustache, et se dit mentalement :

— Maintenant, je pense bien qu'elle est à moi!

XV

COCODÈS ET COCODETE

Pendant que se passaient ces événements, l'amour continuait à ravager le cœur de Gaskell. Plus Barberine grandissait dans la faveur du public, plus il l'aimait. Plus il voyait approcher le terme qu'il avait fixé à l'avance pour lui *déclarer sa passion*, plus il s'observait et se rangeait. Le véritable amour épure tout ce qu'il touche. Gaskell, depuis deux mois qu'il était à Paris, n'avait pas à se reprocher une distraction, un désir, une pensée qui n'appartînt à Barberine.

Maintenant, le bonhomme se soignait comme un petit-maître. Il avait toujours été propret : il était devenu élégant. Ses habits étoffaient sa personne un peu replète. Il portait du linge fin, des escarpins vernis dès le matin. Un diamant étincelait à son doigt, un autre au beau milieu du plastron de sa chemise de batiste. Enfin, il avait l'air heureux et doux.

Il y avait toujours eu de petites cachotteries entre lui et la jeune fille. Elles devenaient plus nombreuses et plus intimes de jour en jour. Barberine, touchée de l'affection de l'impresario, le consolait de son mieux des mauvais procédés de sa mère. Elle savait que sa mère détestait le bonhomme. Elle le défendait, elle prenait son parti dans toutes les discussions.

Le matin, pendant qu'Adélaïde dormait encore accablée par la fatigue de ses digestions, qui devenaient de plus en plus laborieuses, Barberine, le visage rose sous son petit bonnet de dentelles, allait trouver son ami, lui offrait ses deux joues à baiser, s'asseyait auprès de lui, dans le salon commun, et l'amusait en lui contant toutes sortes de *riens* qui lui ravissaient l'âme. Elle lui disait, entre autres choses touchantes, qu'elle n'oublierait jamais ses bons soins; qu'elle lui devait tout : son talent, sa position, ses succès, et que, jusqu'à son dernier jour, elle aurait pour lui une affection à toute épreuve.

Gaskell pleurait, il avait toujours eu la larme facile. — Il serrait les deux mains de la jeune fille, l'appelait son enfant chéri, se levait, se promenait par la chambre en se frottant les mains, chantonnait pour s'empêcher de parler, et regardait le bout de ses souliers pour ne pas voir les yeux dont la rencontre le faisait rougir.

Il ne se méfiait pas de Saint-Bertrand. — Ce dernier, enchanté de pouvoir courtiser Barberine à l'insu de tout le monde, continuait ses visites à l'hôtel *Byron*, et Gaskell s'y était rencontré deux fois avec lui. — Gaskell se méfiait d'autant moins du vicomte qu'on lui avait dit, à l'Opéra, que Saint-Bertrand était violemment épris d'une grande dame, que cette grande dame ne lui laissait aucune liberté, qu'elle l'empêchait d'aller au théâtre et surtout au foyer de la danse. Gaskell se sentait donc une sympathie toujours respectueuse, mais de plus en plus décidée pour le vicomte, et dormait sur les deux oreilles.

Cependant, tout allait trop bien pour Saint-Bertrand. Avec son expérience des choses du monde, il sentait que cela ne pouvait durer ; qu'un incident quelconque allait survenir pour traverser ses desseins; et il se préparait à le neutraliser en avançant ses affaires auprès de la danseuse. Cette entreprise, tout agréable qu'elle était, devenait de moins en moins facile. Barberine avait une nature aimante mais renfermée. Effrayée des progrès que le jeune homme avait faits dans son cœur, elle luttait de toutes ses forces contre l'amour qui l'envahissait, et, malgré les étonnements de sa mère, qui n'avait jamais rien compris à la délicatesse de ses sentiments, elle se faisait d'autant plus silencieuse et réservée qu'elle se sentait s'attacher de plus en plus au vicomte.

L'incident que redoutait Saint-Bertrand, sans pouvoir en deviner la cause et la nature, arriva enfin. Voici comment:

Depuis quelque temps déjà avait fait sa première apparition au foyer de la danse un jeune homme de vingt et un ans, de très-grande famille, qui portait le titre de marquis, et le nom formidable de

HECTOR DE LAROCHEFORTE-EN-TERRE.

Ce gros nom, je dois le dire, était assez piteusement porté. Élevé à la campagne, au château de monsieur son père, le jeune Hector avait reçu une singulière éducation. Un excellent abbé du voisinage, savant comme Ducange, plus doux qu'un agneau de trois mois, et honnête homme, avait été chargé de l'instruire. Mais cet abbé, dès le début de son professorat, avait rencontré au château de terribles rivaux qui, chaque jour, défaisaient son ouvrage de la veille, de sorte que son élève, parvenu à l'âge de vingt ans, était tout juste aussi instruit qu'au moment où on le tira des mains de sa nourrice. Les rivaux de l'abbé — je rougis de l'avouer — étaient les palefreniers et les gardes du duc. Il y avait aussi le piqueux. Ce dernier avait dans la maison une importance extraordinaire. Il est vrai qu'il était habile dans son art, et tout dévoué à la famille. Il se nommait Lacoudraie. De bonne heure Hector s'attacha à cet excellent serviteur qui ne lui imposait pas, comme l'abbé, des leçons ennuyeuses, et le promenait dans les

11.

bois. L'enfant donc, au lieu d'apprendre le latin, les mathématiques et la grammaire, furetait tout le jour à travers les jeunes tailles et les futaies; ou bien il s'en allait au chenil fouailler les chiens, ou bien encore à l'écurie, caresser de la main son petit cheval, car il avait un petit cheval, sur lequel, dès l'âge tendre de quatre ans, il se tenait fort bien d'aplomb. En grandissant, il apprit — toujours de Lacoudraie — mille secrets curieux pour purger les chiens, reconnaître une piste au clair de lune, distinguer les *fumées* du cerf en *bouzars* de celles en *plateaux*, et tant d'autres également intéressants, mais qu'il serait superflu d'énumérer, et dont l'ensemble constituait — toujours selon Lacoudraie — le fond de l'éducation d'un bon gentilhomme. A douze ans, il était cavalier consommé et sautait une barrière de cinq pieds, comme un autre se fût *mouché dans ses doigts* — disait Lacoudraie. A quinze ans, il était un chasseur émérite, et forçait un dix-cors, tout comme s'il n'eût été qu'un simple *daguet*. Le duc, son père, était fier de lui, ainsi que madame la douairière, sa grand'mère. On le citait, dans sa province, comme un bon louvetier. On ne parlait que de lui au chenil, à l'écurie, à la basse-cour, à l'office. Il n'y avait que le doux abbé qui geignait tout bas sur le peu d'honneur que lui rapportait son élève, et qui, n'osant se plaindre, toujours conciliant, toujours bon, se disait tristement, en prenant une prise de tabac : — *Encore si j'étais parvenu à lui apprendre l'orthographe!* — A vingt ans, Hector n'avait jamais *mis le nez dans un livre.* Voltaire, Molière, la Bruyère, Bossuet, la Fontaine, Montesquieu, Rousseau, tous les grands écrivains du siècle passé lui étaient

aussi parfaitement inconnus que ceux de la Chine. Quant
à ceux du siècle présent, il n'avait jamais entendu prononcer leurs noms. Chateaubriand n'éveillait d'autre
idée en lui que celle d'un filet de bœuf. Et pourtant, il y
avait une bibliothèque au château de Larocheforte-en-
Terre! Mais elle n'avait jamais servi qu'à l'abbé — et au
cuisinier;—non pas que ce dernier fût un érudit, mais il
était toujours en quête de papier pour allumer son feu.
Les exercices violents auxquels le jeune Hector se livrait
eurent pour résultat de lui donner une santé robuste. Il
avait le teint hâlé et très-coloré, buvait sec, mangeait
comme quatre, dormait dix heures, tout d'un trait, et
jamais la pluie, le vent, la neige, le froid, le soleil ne
purent lui donner de rhume ni de migraine. Malheureusement, comme il passait la moitié de sa vie à cheval, son
corps, insensiblement, se déjeta, et bientôt il lui devint
impossible de se défaire de l'attitude forcée des cavaliers.
Ainsi, quand il était debout, ses genoux demeuraient
ployés, ses pieds tournés en dedans, son dos voûté, sa
poitrine rentrée, et son menton se projetait en avant,
tandis que, la tête fléchie sur la nuque, il portait au loin
les deux yeux, comme un jockey, juché sur un cheval
lancé à fond de train qui mesure, tout en courant, la hauteur d'un obstacle.

Quand Hector eut atteint sa majorité, sa famille lui
constitua un état de maison, et l'envoya à Paris pour se
dégrossir. Désormais, plus d'abbé pour le jeune homme!
mais aussi plus de Lacoudraie! Que faire? Il s'ennuya
beaucoup d'abord, regrettant son chenil et ses bois; puis,
insensiblement, il fit comme les autres, et vécut de cette

belle vie de steeple-chase, de club, de jeu, de *ne rien faire*, qui développe si vite et si bien les facultés de l'intelligence. Hector finit par s'amuser à l'Opéra, mais une chose le gênait : le malheureux enfant était timide. Quoi qu'il dît, ou qu'il fît, il sentait vaguement que certaines gens, et c'étaient tous des gens d'esprit! se moquaient de lui. Il avait beau se tenir toujours *entre deux vins*, ça ne lui déliait pas les idées. C'est qu'il ne s'agissait pas là de *rembucher le cerf*, de *raccourcir l'enceinte*, et encore moins de *faire la curée*. Contrairement aux lois de la vénerie, on y courait la biche et la daine; mais, dans cette chasse pleine de dangers, on était souvent exposé à *prendre le change* et à se donner beaucoup de peine pour *faire buisson creux*. On pouvait, il est vrai, s'amuser à compter le nombre des andouillers que portaient les personnes; mais cette distraction manquait de nouveauté pour Hector. Donc, il était assez désorienté, et, quand on le voyait entrer dans les coulisses, avec ses cols en pointe, sa face rouge, ses cheveux noirs taillés en brosse, son chapeau à bords plats posé en arrière, tout le monde se mettait à sourire. Quoique bon enfant et joli garçon, Hector, comme on disait à l'Opéra, avait toujours l'air si... *chose*, qu'on lui donna le surnom de Cocodès.

Quand je dis que Cocodès n'osait parler à personne, je me trompe. Entre toutes les nymphes du foyer, il y en avait une, une seule! qui avait trouvé grâce devant ses yeux. C'était une maigre et jolie fille, de quatorze ans environ, qui remplissait les rôles de page, et faisait nombre dans les chœurs de la danse, levant, de loin, les bras en anse de panier, et lançant alternativement les deux jambes à

droite et à gauche. On lui donnait dix-huit sous par jour
pour faire ce joli métier. Elle était fille d'un joueur d'orgue,
mère inconnue ou absente; elle avait une petite figure
fûtée, un corps mince et flexible comme un jonc, et se
nommait Azéma. Je n'ai pas besoin de dire que, à son
âge, elle était encore innocente, de fait, du moins; mais,
se sentant grandir, et vivant dans un tel milieu, elle avait
l'imagination un peu précoce. Aussi commençait-elle à
jeter les yeux autour d'elle, comme pour faire un choix
longtemps à l'avance. C'était bien la petite fille la plus
rouée. Un jour, voyant Cocodès isolé au foyer, elle était
allée à lui, et lui avait adressé la parole. Cocodès, enchanté, rougit, mais il répondit. Et depuis, chaque soir,
les deux enfants causaient, riaient, se pinçaient, assis
côte à côte sur une banquette. De la part d'Azéma, il
n'y avait, dans tout cela, que le désir de *faire la femme*,
de commencer à *se poser*. De la part d'Hector, il n'y avait
qu'un besoin de distraction enfantine. Azéma était à sa
hauteur; il n'était pas gêné devant elle; il ne voyait en elle
qu'un gamin fort gentil et divertissant. Azéma, abusant
de la candeur de son compagnon, lui fourrait dans les
poches des billets de loterie qu'il payait en belles et bonnes
pièces de vingt francs; elle lui faisait aussi payer ses
amendes; elle lui *carottait* des loges de spectacle, des gim-
blettes et des bonbons. On s'aperçut bientôt de leur liaison. Les hommes en rirent; les femmes s'en indignèrent.
On la calomnia. Azéma se fâcha. Alors on rit plus fort, et,
pour exaspérer la petite, on lui donna le surnom de Cocodète.

Or, un soir, — on jouait *Guillaume Tell* ce soir-là, —

Azéma, costumée en page, avec une jambe rouge, l'autre jaune, et de longues manches flottantes qui lui pendaient aux épaules, attendant le moment de rentrer en scène, bavardait au foyer, à côté de Cocodès. Ils étaient là presque tout seuls; à peine apercevait-on, groupés au foyer, trois ou quatre des familiers du farouche Gessler. La petite, selon son habitude, tirait à boulets rouges sur tout le personnel féminin de l'Opéra, criblant chacune de ses compagnes avec une perspicacité de jugement extraordinaire; et Cocodès écoutait, la bouche ouverte.

Je dois mentionner ici un fait important : huit jours après les débuts de Barberine, Cocodète, qui avait *le même pied* que la débutante, était allée dans sa loge lui demander de lui faire cadeau de ses *chaussons de danse* de rebut. Une première danseuse changeant souvent trois ou quatre fois de chaussons pendant une représentation, elle en a toujours, comme on dit, *à revendre.* Les plus pauvres des figurantes s'accommodent fort de ces souliers; elles les mettent à leurs pieds, et vendent *en catimini* les souliers neufs que la direction leur distribue avec une certaine parcimonie. Ce petit commerce constitue pour ces enfants un léger revenu qui, ajouté à leurs gages, leur permet quelquefois de ne pas mourir de faim. Malheureusement, Barberine avait déjà pris l'engagement de donner ses chaussons de rebut à la fille d'une de ses habilleuses. Il s'ensuivit que Cocodète se retira toute confuse, et, comme elle était rancunière, elle conserva depuis *une dent à cinq crocs* contre Barberine.

— Vous ne savez pas, monsieur Hector, dit-elle tout à coup, j'ai découvert une chose.

— Quoi donc? fit Cocodès en levant le nez.

— L'autre jour, je descendais au foyer, j'ai vu M. de Saint-Bertrand qui sortait, sur la pointe des pieds, de la loge de mademoiselle Barberine.

— Qu'est-ce que cela prouve?

— Cela prouve d'abord que, lorsqu'on marche sur la pointe des pieds, c'est qu'on a peur d'être rencontré.

— Oui. Ensuite?

— Ensuite, cela prouve que celles *qui font les sucrées* sont des sournoises.

— Eh bien, quoi! s'écria Cocodès, Saint-Bertrand est son bon ami! Après? Qu'est-ce que cela fait?

Cocodès lança ce fait énorme avec une légèreté qui choqua Cocodète.

— Comment, ce que cela fait? s'écria-t-elle. Cela fait que, lorsqu'on a une mère qui *fait sa tête* comme mademoiselle Chaussepied, et qu'on fait la mijaurée soi-même, on ne doit pas recevoir des hommes dans sa loge. D'ailleurs, il n'a jamais fait attention à moi, ce vicomte!

Cocodès riait sur sa banquette:

— Ah bien, moi, je pourrais bien dire autre chose.

Cocodète lui pinça le bras:

— Comment! monsieur, vous savez quelque chose et vous me le cachez?

— Mais non!

— Mais si!

Elle le repinça.

— Mais non, puisque je vais tout vous dire.

— A la bonne heure! Qu'est-ce que c'est?

— Voici: il y a deux mois environ que mademoiselle

Barberine, en arrivant à Paris, alla loger dans un hôtel de la rue Laffitte, dont la cour est séparée par un mur très-bas de celle d'une maison de la rue Lepeletier, où je vais quelquefois.

— Chez qui? demanda Cocodète.

— Chez un ami.

— Ça n'est pas vrai! Vous n'avez pas d'ami rue Lepeletier.

— Mais si!

— Mais non! tous vos amis habitent le faubourg Saint-Germain.

— Je vous assure...

— Je ne vous crois pas; mais nous examinerons cela plus tard. Continuez.

— Alors, reprit Cocodès, la fenêtre de la chambre de mademoiselle Barberine donne sur cette cour, aussi bien que celle de l'escalier de l'hôtel, et mon ami voit souvent passer M. de Saint-Bertrand devant la fenêtre de l'escalier.

— Bah! allons donc! il y a chez elle?

— Oui.

— Après?

— Eh bien, il y a deux jours, c'était le soir, mon ami fumait un cigare à la fenêtre de sa salle à manger, qui donne sur cette cour. Il y avait de la lumière dans la chambre de mademoiselle Barberine, mais il n'y en avait pas dans la salle à manger de mon ami; de sorte que, lui, il pouvait voir; et on ne pouvait pas le voir, lui!

— Ça, c'est très-bon! dit Cocodète. Après?

— Alors, tout à coup, mademoiselle Barberine est entrée dans sa chambre, où il y avait de la lumière, et son ombre se dessinait sur les rideaux blancs. Alors, une autre ombre est entrée dans la chambre et s'est aussi dessinée sur les rideaux. Alors, celle-là, c'était celle d'un homme. Il paraissait supplier mademoiselle Barberine, il lui prenait les mains.

— Fameux! fameux ! Et que faisait-elle?

— Elle se défendait tant qu'elle pouvait.

— Allons donc !

— Mais oui.

— C'est des mensonges. Après ?

— Il n'y a pas d'après. Elle s'est laissé baiser les mains; mais, quand l'homme a voulu lui prendre la taille, elle est sortie tout à coup de sa chambre en emportant la lumière. Alors, la lumière, en passant devant le visage de l'homme, l'a éclairé, et, comme, en même temps, le rideau du vitrage s'écartait un peu, mon ami a reconnu l'homme. C'était M. de Saint-Bertrand.

— Voyez-vous ça! fit Cocodète. Ce sournois de vicomte ! Afin qu'on ne se doute de rien, il lui fait la cour chez elle, et ne met plus les pieds ici !

Cependant, juste au moment où cette intéressante conversation avait lieu au foyer de la danse, une autre, non moins intéressante, s'engageait dans un autre recoin de l'Opéra. Ce recoin était la loge de Barberine, où venaient de pénétrer ses deux habilleuses. Tout en mettant en ordre les différentes pièces de son *costume de leçon* dont la danseuse s'était servie dans l'après-midi, elles échangeaient quelques idées, en bonnes commères qu'elles étaient, et, ne se sachant point écoutées, elles déguisaient fort peu leur pensée. Celui qui les écoutait n'était autre que Gaskell. Barberine ayant oublié sa montre et quelques menus bijoux dans sa loge, elle avait prié l'impresario d'aller les chercher, ce à quoi il avait docilement consenti.

Mais, au moment d'ouvrir la porte de la loge, entendant un bruit de voix qui venait de l'intérieur, il s'était arrêté dans le couloir, avait prêté l'oreille, et les premiers mots qu'il entendit lui semblèrent tellement surprenants, qu'il demeura devant la porte afin d'entendre les autres.

— Vois-tu, Clémence, disait la première habilleuse à la seconde, tout cela est bien étonnant !

— Oui, c'est bien étonnant !

— Car, enfin, pourquoi a-t-il changé de nom ?

— Il a donc changé de nom ?

— Sans doute. Quand il était au collége de Nancy, il s'appelait Louis Béraud.

— Et maintenant, il se nomme Arthur de Saint-Bertrand ; et il est vicomte. Ça n'est pas la même chose.

— Non, ça n'est pas la même chose.

— Alors, je le voyais passer souvent devant nos fenêtres, quand il allait en promenade avec ses camarades. Il était bien gentil enfant!... Et puis il devint presque un homme. Il était encore plus gentil. Tout à coup, il pouvait avoir dix-huit ou dix-neuf ans, j'ai cessé de le voir.

— Qu'était-il devenu ?

— On disait qu'il s'était sauvé du collége, avec une femme.

— Rien que ça ! Excusez du peu !

— Cinq ans plus tard, je quitte ma place de femme de

chambre pour venir à Paris, et j'entre à l'Opéra, comme habilleuse. Qu'est-ce que je rencontre un jour dans le couloir? Lui. Il ne me reconnaît pas. Il est vrai qu'il ne m'avait jamais regardée à Nancy.

— Et moi, reprit alors la seconde habilleuse, le hasard veut que je *fasse la connaissance* d'un valet de chambre qu'il avait renvoyé, soi-disant *parce qu'il buvait*. C'est un prétexte, car il ne boit pas. Il est un peu gai le soir, voilà tout. Et il me dit que son ancien maître a *mangé toute sa fortune*, qu'il n'a plus le sou, qu'on n'est occupé chez lui qu'à renvoyer les créanciers.

— Et puis, reprit la première habilleuse, *il fait la pluie et le beau temps à l'Opéra*. Tout le monde le craint et dit du bien de lui. Est-ce drôle!

— Et il nous donne de l'argent pour ne pas dire qu'il est venu dans la loge de mademoiselle. Qu'est-ce que cela lui fait qu'on sache qu'il est venu dans cette loge?

— Oui!

— Dis donc, Clémence, s'il savait que nous savons... tout ce que nous savons... sais-tu qu'il nous donnerait peut-être un peu plus de deux cents francs?

— C'est à voir! c'est à voir! As-tu tout rangé?

— Oui.

— Alors, allons-nous-en. Philibert m'attend dans le passage.

Gaskell, le nez collé au chambranle de la porte, se disait :

— Quelle plaie que ces habilleuses! Il faut toujours qu'elles mouchardent. C'est égal! ça me fait tout de même bien de la peine que mon vicomte n'ait plus le sou!

Il entra, ne dit mot de ce qu'il avait entendu, prit les bijoux, et sortit de la loge avec les habilleuses, se dirigeant à droite, dans le couloir, pendant qu'elles se retiraient par le côté gauche.

— Il a changé de nom, se disait-il en marchant, c'est bizarre ! Et il ne veut pas qu'on sache qu'il est venu dans la loge de Barberine. Oh ! sa comtesse le tient bien !

Tout à coup, comme il passait en rêvant devant la porte du foyer, frisé, rasé, musqué, bien vêtu, pomponné, tenant son chapeau à la main, un page qui sortait du foyer en courant se précipita sur lui, lui marcha sur le pied, et fit tomber son chapeau à terre.

C'était Cocodète qui se hâtait pour ne pas manquer son entrée.

— Diables d'enfants ! s'écria Gaskell, ils se fourrent toujours dans vos jambes !

Or, entre toutes les épithètes qui pouvaient choquer la susceptibilité d'Azéma, celle d'*enfant* était la plus grave. L'appeler enfant, c'était reculer indéfiniment ses espérances.

Elle revint donc sur Gaskell, car elle avait déjà fait quelques pas dans le couloir, et, portant ironiquement la main à son toquet :

— Dites donc, m'sieur le montreur de chiens savants, si vous y voyiez plus loin que le bout de vot' nez, vous n'écraseriez pas les personnes.

— Comment, montreur de chiens savants ? s'écria Gaskell, que la moindre allusion à son ancien métier horripilait.

— Et, au lieu d'embarrasser le chemin des gens, reprit

Cocodète, vous feriez mieux de veiller sur votre huitième merveille du monde.

— Ma merveille? fit Gaskell un peu surpris.

— Oui, votre merveille ! dit Cocodète. Elle pourrait bien s'envoler un jour, savez-vous? et plus haut que moi, encore ! quoique je tienne ici l'*emploi des Amours*, et qu'on me tire dans les frises, au bout d'une ficelle.

— S'envoler ! répéta Gaskell abasourdi.

— Oui, s'envoler ! et dans les bras d'un vicomte, encore !

— D'un vicomte?

— Oui, d'un vicomte qui, le soir, *vous envoie à l'ours*, pour la suivre dans sa chambre.

En entendant ces mots affreux, il se fit une subite révolution dans l'âme de Gaskell. Il se jeta sur l'enfant, et, la tenant serrée dans ses bras :

— Dis-moi tout ! s'écria-t-il.

Mais Cocodète se débattait comme un singe.

— Voulez-vous bien me lâcher ! vous allez friper mon costume ! Ah çà ! lâchez-moi donc, ou je manquerai mon entrée.

Gaskell la serrait de plus en plus fort.

— Mais on va me mettre à l'amende ! glapissait Cocodète.

Gaskell l'entraîna au fond du couloir. Il était terrifié, hagard. Il était fou.

— Tais-toi, dit-il, je payerai ton amende. Je te donnerai de l'argent, tout l'argent que tu voudras ; des bottines, des gants, des bonbons, des oranges, des pommes ! Mais parle.

— Ah! bah! fit Cocodète, moineau dans la main...
Gaskell l'interrompit.

— Tiens, dit-il.

Et il lui donna tout l'argent qu'il avait dans sa poche
Cocodète, éblouie, mit l'argent dans sa gibecière, dit
tout ce qu'elle savait, et plus encore! A l'entendre, si Saint-
Bertrand n'était pas l'amant de Barberine, il ne s'en fallait
guère, et il le serait pour sûr avant peu.

Gaskell la lâcha quand elle eut tout dit. Puis, se rappelant qu'il avait laissé le vicomte auprès de Barberine, il
se tordit les mains et se précipita vers la porte de sortie.

— Et dire, répétait-il en courant dans la rue Rossini,
que c'est moi qui le lui ai présenté! Triple niais! Ça ne
fait rien, tout n'est pas encore perdu! reprit-il. Il est l'a-
mant d'une comtesse, Barberine le méprisera. Et il n'a
plus le sou! s'écria-t-il avec un geste triomphant! Adélaïde va le mettre à la porte!

XVI

INCONVÉNIENTS DE PRENDRE LES TRUFFES POUR DES POMMES DE TERRE, ET LE VIN DE BOURGOGNE POUR DU PETIT-LAIT

Au moment où Gaskell quitta l'hôtel *Byron* pour aller
chercher les bijoux de Barberine, Saint-Bertrand venait
d'y arriver. Il apportait une loge de baignoire pour le théâ-

tre de la Gaieté, où l'on donnait une féerie qui faisait courir tout Paris — disaient les journanx. — Mais, Adélaïde ne se sentant pas bien portante, on était convenu de passer la soirée à l'hôtel. La santé d'Adélaïde inspirait depuis quelque temps de sérieuses inquiétudes à ses amis. La bonne femme s'était considérablement alourdie; elle avait le sommeil agité, plein de rêves incohérents ; elle éprouvait des étourdissements et d'étranges pesanteurs d'estomac ; enfin, elle avait de fréquentes indigestions. Ce soir-là, après avoir mangé — sans faim — un blanc de poularde truffée, une demi-assiettée de choucroute, et bu un ou deux verres d'un vin de Beaune pour lequel elle avait toujours eu une singulière prédilection, elle avait quitté la table, un peu pâle, avec de légers frissons, et, au moment où arriva le vicomte de Saint-Bertrand, Barberine faisait boire à sa mère une tasse de thé, édulcoré de fleur d'oranger. Mais il paraît que la poularde et la choucroute, cette fois, mettaient de l'entêtement à séjourner dans l'estomac d'Adélaïde, car elle devenait de plus en plus pâle. Enfin, elle quitta le salon et se retira dans sa chambre, en disant qu'elle allait reposer, et priant Barberine de tenir compagnie au visiteur.

Saint-Bertrand profita naturellement de cette occasion pour parler d'amour à Barberine. Mais Barberine, plus que jamais, était distraite. L'état de sa mère l'inquiétait, et, depuis qu'elle avait entendu le vicomte lui dévoiler pour la première fois ses sentiments, comme si elle se fût défiée de lui encore plus que d'elle-même, elle s'observait rigoureusement, étant honnête fille, et voulant le connaître avant de lui donner le moindre espoir. L'effet que ce jeune homme produisait sur elle était assez singulier. Elle ne pouvait songer à lui ni l'apercevoir sans pâlir. Quelque chose, alors qui ressemblait à un douloureux pressentiment naissait dans son cœur. On eût dit une contraction lente et presque insensible. Cependant elle se sentait heureuse auprès de lui : heureuse mais triste ! Elle éprouvait alors deux désirs assez dissemblables : celui de se jeter dans ses bras, et de pleurer.

C'est que, pour cette enfant, qui, jusqu'alors, avait toujours vécu d'une vie si laborieuse, d'abord pleine de privations et de tourments, puis continuellement absorbée par de fatigantes études, l'amour — de toutes les choses du monde. — quoiqu'elle en eût entendu souvent parler, était la chose la moins entrevue. On lui avait bien dit, ou donné à entendre, qu'il existait une liaison particulière d'homme à femme; mais on ne lui avait jamais parlé d'une passion capable d'envahir tout son être; et c'étaient cependant les signes précurseurs de cette passion qui lui apparaissaient. Alors il lui venait à l'esprit d'enfantines idées. Elle se demandait s'il était bien d'aimer; si l'amour — tel qu'elle l'éprouvait, du moins — pouvait se concilier avec ce métier de danseuse qu'on lui avait appris, et qui faisait toute sa joie, tout son orgueil? Souvent, en descendant sur les planches, dans son costume de sylphide, et rencontrant inopinément celui qu'elle aimait, elle s'apercevait tout à coup qu'il promenait ses yeux sur ses épaules et ses jambes découvertes; et la pudeur, que la curiosité du public n'avait jamais éveillée en elle, s'effarouchait soudain devant les regards de l'amour.

Aussi, concentrée, douteuse, hésitante, plus troublée

qu'une jeune fiancée sur le seuil de la chambre nuptiale, se laissait-elle aller naïvement à ses impressions. Elle ne pouvait demander de conseils à sa mère ; elle craignait de se confier à Gaskell. Elle s'abandonnait donc à elle-même, mais avec appréhension et tristesse, comme un enfant qui se sent malade, n'ose le dire, et pleure à petit bruit sur son oreiller de duvet.

Saint-Bertrand avait pénétré tout cela, et il en tirait parti, prenant plaisir à rassurer la danseuse, à l'attacher à lui, insensiblement ; s'avançant quand il la croyait accablée par l'inertie, reculant dès qu'il la voyait se défendre. Sa perspicacité lui disait qu'il ne la prendrait jamais que par le cœur ; mais il cherchait en vain quelle marque de dévouement il pourrait lui donner. Et souvent, malgré son sang-froid et son esprit de calcul, il se sentait aussi troublé qu'elle. Il se disait en pâlissant :

— Est-ce que je l'aime ?

Et encore, comme si, par une instinctive pitié, il eût redouté son amour pour elle :

— Vais-je l'aimer ?

Un fait certain, c'est qu'il la désirait éperdument, comme il n'avait désiré nulle femme.

Le soir où Adélaïde le laissa seul avec elle surtout, il se sentit pendant un instant dominé par sa passion. Mais il suffit à Barberine d'un regard pour le faire mettre sur ses gardes. Elle avait une façon de regarder les gens avec ses yeux d'un bleu sombre et fixes qui l'intimidait toujours ; cependant il continua de lui parler d'elle et de lui, avec sa voix la plus douce, choisissant les expressions les plus délicates, et, à mesure qu'il parlait, il voyait s'adoucir les

regards de la jeune fille, et ses joues pâlissaient insensiblement, et de grands cercles de bistre teignaient le bord
de ses yeux. Tout à coup, comme ils étaient là, tout près
l'un de l'autre, sous le même rayon de lampe et la main
dans la main, ils entendirent un grand cri, puis un bruit
qui ressemblait à celui de la chute d'un corps pesant retentit dans la chambre voisine. Tous les deux se levèrent
en sursaut.

— Mon Dieu! qu'est-ce que cela? dit Barberine.

Mais Saint-Bertrand ne l'écoutait pas. Il s'empara de la
lampe, ouvrit la porte de la chambre, et, levant la lampe
au-dessus de sa tête, il regarda. Barberine l'avait suivi.

Un cruel spectacle s'offrit à leurs yeux.

Adélaïde gisait à terre, le visage écarlate, les yeux gon-
flés. Elle agitait ses mains et criait :

— Au secours! J'étouffe!

Barberine voulut se jeter sur elle, mais Saint-Bertrand
l'en empêcha. Posant la lampe sur un guéridon, il se
baissa, s'agenouilla, déchira en un tour de main, et sans
dire un mot, le corsage de la malheureuse femme; puis
il ouvrit la fenêtre toute grande; puis il revint au corps
étendu, et qui respirait un peu mieux maintenant, le saisit dans ses bras et le porta sur le lit.

Après cela, il prit la lampe de nouveau, la leva encore,
et, d'un œil attentif, examina le visage de la malade.

La malade criait :

— J'étouffe! Saignez-moi!

— Elle vient de dîner, dit Saint-Bertrand, une saignée
la tuerait.

— J'étouffe! répétait la malade.

— Que faire? demandait Barberine en se tordant les mains.

Saint-Bertrand se débarrassa de la lampe, puis il prit son chapeau.

— Je vais chercher un médecin, dit-il.

— Ah! ne me quittez pas, mon cher monsieur le vicomte, dit Adélaïde.

Saint-Bertrand hésitait; mais, en ce moment, un bruit de pas précipités résonna dans le salon; on entendit battre une porte, et Gaskell, hagard, furibond, entra dans la chambre.

Il n'y vit tout d'abord que Saint-Bertrand, car il ne pensait à nul autre, et, s'élançant vers lui :

— Ah! monsieur, lui dit-il d'un ton concentré mais violent, ce que vous avez fait est indigne! Abuser de ma confiance! de celle d'une mère! Suivez-moi par ici, monsieur, il faut que nous ayons une explication.

— Eh! la la! perdez-vous l'esprit, monsieur Gaskell? dit Saint-Bertrand comprenant aussitôt que *quelqu'un avait parlé*.

Gaskell allait répondre, lorsqu'un mouvement qui se fît du côté du lit attira son attention. Adélaïde se débattait toujours contre l'étouffement qui la faisait haleter. En voyant *l'objet de sa haine* pénétrer ainsi chez elle, sans même sembler s'apercevoir de son état, elle eut un terrible accès de colère.

— C'est une abomination! s'écria-t-elle. Ce maudit homme ne me laissera-t-il pas mourir tranquille? N'y a-t-il donc personne ici qui me débarrassera de sa vue?

Gaskell s'approcha du lit.

— Qu'est-ce que vous avez? lui dit-il.

— Elle se meurt! dit Barberine en sanglotant.

— Bah! répondit imprudemment l'impresario, c'est *encore* une indigestion.

Ce mot malencontreux, et surtout le ton qui l'accompagna, exaspérèrent Adélaïde.

— Comment! une indigestion?... Quand j'étouffe!... quand il faut me saigner!... quand... Au secours, monsieur le vicomte! s'écria-t-elle.

Et elle retomba, défaillante, sur ses oreillers.

Gaskell voulut barrer le chemin à Saint-Bertrand, qui s'avançait vers le lit; mais Barberine le saisit par le bras.

— Je vous en prie, allez chercher un médecin tout de suite, lui dit-elle.

— Quoi! fit l'impresario, tu veux que je te laisse avec ce séducteur?

— De quoi vous mêlez-vous? dit Adélaïde.

Puis, se tournant vers Saint-Bertrand, elle ajouta:

— Otez-le de devant mes yeux.

Gaskell, poussé dans le salon par Barberine et Saint-Bertrand, essaya vainement de raconter ce qu'il savait. Barberine ne l'écoutait pas. Elle ne pensait qu'à sa mère. Elle ne comprenait rien à la conduite de l'impresario. Saint-Bertrand lui reprochait amicalement de prendre si peu d'intérêt à son ancienne amie; il lui mettait son chapeau dans la main; lui disait qu'il n'y avait pas une minute à perdre pour chercher un médecin; qu'il en trouverait un à l'Opéra; qu'ils s'expliqueraient plus tard si, réellement, il y avait lieu, pour eux, de s'expliquer sur un fait quelconque, mais qu'il fallait, avant tout, sauver la malade. Et Barberine, pleurant, irritée, tapant du pied, répétait sans cesse :

— Mais partez donc ! Êtes-vous devenu fou ? Voulez-vous la laisser mourir ?

Gaskell partit enfin, se frappant le front avec désespoir, et se promettant de revenir tout de suite.

Alors, sans même essayer de prévenir les accusations de Gaskell, Saint-Bertrand appela la femme de chambre et fit déshabiller Adélaïde. On la mit dans son lit, on lui fit avaler quelques tasses d'eau chaude, et, l'indigestion suivant enfin son cours naturel, Adélaïde se sentit momentanément un peu soulagée, mais brisée.

Barberine pleurait toujours. Elle s'agitait dans le vide, ne sachant que faire et ne se sentant propre à rien. Mais, à travers ses larmes, elle vit une chose qui l'émut profondément. Saint-Bertrand, sans lui dire un mot, commença à tout disposer dans la chambre pour que la malade ne fût pas troublée. Il ferma la fenêtre, baissa les rideaux, et, marchant sur la pointe des pieds, mit un abat-jour sur la lampe, fit emporter les vêtements qui traînaient sur les meubles, attisa le feu sous la bouilloire, releva les oreillers, mit un édredon sur le pied du lit, et, parlant avec une voix basse qu'il s'efforçait de rendre affectueuse :

— Ne vous inquiétez pas, dit-il à Adélaïde, vous êtes mieux déjà, et le médecin va venir.

Le cœur d'Adélaïde se fondait sous le poids de la reconnaissance. Voir un homme si *comme il faut!* si bien né! lui prodiguer de tels soins, avec des attentions si délicates, à elle, pauvre coryphée! cela lui faisait venir les larmes aux yeux, et, balbutiant :

— Oh! monsieur le vicomte, disait-elle, cher monsieur le vicomte, que ne vous dois-je point aujourd'hui!

— Vous sentez-vous un peu mieux, maman? demandait Barberine en embrassant le front de sa mère.

— Pas trop! faisait Adélaïde d'un ton piteux. J'étouffe moins; je n'étouffe même plus... c'était cette maudite choucroute!... mais je souffre beaucoup... dans le dos!

Et, pleurant, elle recommença à s'agiter sous ses draps.

Il semblait que Saint-Bertrand représentait alors la Providence pour Barberine.

— Que faut-il faire? lui demanda-t-elle encore.

Saint-Bertrand ne négligeait rien pour soulager les souffrances d'Adélaïde; mais il commençait à perdre courage. Il s'approcha du lit et lui toucha les tempes. Elles étaient baignées de sueur.

— Voilà que j'étouffe de nouveau! s'écria-t-elle tout à coup.

Il alla prendre la bouilloire et lui fit avaler une dixième tasse d'eau chaude.

Cependant Gaskell, maudissant le hasard qui s'était servi de cette indigestion pour l'empêcher de faire expulser le séducteur séance tenante, avait repris sa course vers l'Opéra, où la représentation continuait sans incidents, devant une salle comble.

Gaskell, ainsi que le lui avait dit Saint-Bertrand, était sûr de trouver là un médecin : il en trouva même deux ; car, sur les douze ou quinze docteurs qui veillent à la santé des pensionnaires de l'Académie royale de musique, il y en a toujours deux de service, se relayant de dix en dix jours, et qui sont obligés d'assister à toutes les représentations. Ce soir-là, par hasard, les médecins de service étaient ces deux rivaux célèbres alors, aussi bien par l'étonnante différence de leurs caractères que par leurs habitudes et leurs modes d'expérimentation. L'un comptait cinquante-cinq printemps, et se nommait le docteur Berthaut. Mais, comme il était de complexion amoureuse, jovial d'ailleurs, communicatif, et qu'il voyait toujours *tout en rose*, on l'avait surnommé le docteur Tant-Mieux. L'autre était parvenu à l'âge vénérable de soixante-quatre hivers, et s'appelait le docteur Cliquet. Mais, comme, au *rebours* de son confrère, il avait des mœurs très-pures, l'air d'un croque-mort en fonctions, qu'il parlait peu et d'un ton bourru, par monosyllabes, et qu'il voyait toujours *tout en noir*, on l'avait surnommé, par opposition, le docteur Tant-Pis. Inutile de dire que ces deux Esculapes s'exécraient. Ils s'évitaient dans les couloirs et les coulisses, ne se parlaient qu'autant que les nécessités du service les y obligeaient. Jamais on ne les avait vus se saluer. Pendant les représentations, le premier, nécessairement, habitait le foyer de la danse. Là, papillonnant, riant, contant des histoires, offrant des jujubes aux coryphées qu'il appelait *ses chères poulettes*, écoutant leurs confidences, leur donnant des conseils — aussi bien pour le soin de leur beauté et de leur santé que pour se conduire dans les sentiers périlleux de l'amour et de l'art chorégraphique — il avait toujours à la bouche des paroles aimables. Aussi le respectait-on fort peu, et se permettait-on de lui faire toute sorte de niches, telles que

de s'asseoir sur son chapeau oublié sur une banquette,
d'enlever ou de noircir à la fumée des bougies les verres
de ses lunettes, de *chipper* son mouchoir dans sa poche
et de le suspendre au bouton de la taille de son habit,
d'appuyer une joue couverte de céruse sur la manche de
cet habit pour la blanchir, — mais on l'adorait. L'autre,
au contraire, ne mettait jamais les pieds au foyer, à moins
d'y être impérieusement obligé. Il avait sa place marquée
à l'amphithéâtre, auprès du couloir. Là, juché sur un tabouret, grave comme un pontife, tout de noir habillé,
avec des gants de filoselle et une cravate blanche, il écoutait la musique de Meyerbeer ou de Rossini, avec la docilité d'un caniche et l'intelligence d'un bœuf. Il y avait des
opéras qu'il avait ainsi entendus trois cent soixante-douze
fois, sans sourciller ni broncher, et des ballets qu'il avait
regardés jusqu'à cent trente-cinq fois sans y rien comprendre. Mais cela lui était tout un. Il accomplissait un
devoir, et le devoir passait avant toutes les choses du
monde dans l'esprit du docteur Tant-Pis.

Comme il avait toujours professé la plus grande aver-
sion pour les demoiselles du corps de ballet, et qu'il ne
cessait de déblatérer sur leurs mœurs légères, elles le
détestaient de tout leur cœur et lui *faisaient les cornes* du
plus loin qu'elles l'apercevaient. Aussi les fréquentait-il le
moins possible, et s'était-il spécialement attaché à soigner
les machinistes. Quand l'un d'eux avait reçu un portant
sur la tête, était tombé sous une trappe ou du haut des frises, vite on allait chercher M. Cliquet. Au contraire, lorsqu'une danseuse s'était foulé le pied, ou souffrait de ses
durillons, on lui envoyait M. Berthaut.

Les rivaux ne se faisaient donc pas réellement concurrence, et, si l'un avait été moins gouailleur, et si l'autre avait eu l'esprit moins revêche, ils auraient pu finir par s'entendre. Malheureusement, la médecine était là, c'està-dire le métier. L'un, c'était le docteur Tant-Mieux, tenait pour les traitements doux, anodins, bénins, employait les tisanes gommeuses, les laxatifs et les émollients, faisait enfin de la médecine de couvent. L'autre, le grand TanPis, étant un peu chirurgien, avait la férocité des tigres. Il ne parlait que de scier, de couper, de tailler, d'amputer, d'employer le fer rouge et le bistouri. Il aimait, disait-on tous bas, *à charcuter les gens*; les gémissements des patients lui ravissaient l'âme; l'odeur du sang flattait ses nerfs olfactifs. Il faisait de la médecine de tortionnaire, de bourreau. C'était, du reste, je l'ai dit, un homme vertueux. Somme toute, on l'estimait, mais on le redoutait comme la peste. Et le docteur Tant-Mieux, qui *faisait des mots*, l'appelait plaisamment *vampirique*.

Le premier de ces deux docteurs qui tomba sous la main de Gaskell fut l'aimable Tant-Mieux. Au moment où l'impresario pénétrait dans le foyer, il le vit occupé à rattacher avec des épingles la ceinture d'une jeune fille dont l'agrafe s'était cassée. Il lui fit part de l'événement qui l'amenait là, et aussitôt le bon docteur, abandonnant sa tâche agréable, s'écria :

— Comment donc! pauvre chère femme! mais j'y vais tout de suite!

Et, entraîné par son habitude de rassurer les gens, il ajouta :

— Ce ne sera rien.

Gaskell emmena le docteur, et traversa avec lui les coulisses, puis le couloir qui circule derrière les premières loges et l'amphithéâtre. Au beau milieu de ce couloir, un grand monsieur stationnait, les mains derrière le dos, l'œil braqué sur la lucarne d'une loge. C'était le docteur Tant-Pis.

— Parbleu! se dit Gaskell, je vais emmener aussi celui-là. C'est bien le diable si elle ne se tire pas promptement d'affaire avec deux médecins. Elle sera complétement rétablie demain matin, et nous pourrons alors procéder à l'expulsion de ce vicomte.

Sans prévenir le docteur Tant-Mieux, il aborda le docteur Tant-Pis, et lui exposa son cas. L'autre dit aussitôt :

— Je vous suis, je vous suis à l'instant.

Et, entraîné par l'habitude comme son confrère, il ajouta :

— C'est très-grave.

Cependant, apercevant son ennemi, il fit un pas de retraite, et dit :

— J'ignorais que vous fussiez déjà pourvu d'un médecin.

Et l'autre, piqué au jeu, revenant sur ses pas, dit à son tour à Gaskell :

— Avons-nous donc besoin de monsieur?

— Oui, fit Gaskell, la malade veut avoir une consultation. Il faut donc que vous m'accompagniez tous les deux.

— Soit, monsieur, fit Tant-Pis.

Et il se plaça au côté gauche de Gaskell.

— Soit, cher monsieur, fit Tant-Mieux.

Et il se plaça au côté droit.

Comme un malfaiteur entre deux gendarmes, ou, mieux encore, comme un monsieur dont la maison brûle, entre les deux pompiers qu'il est allé querir, Gaskell sortit de l'Opéra.

En route, le docteur Tant-Pis lui demanda quelques détails sur le menu du dîner, cause apparente de la maladie; et, quand il les connut, il dit gravement :

— Les truffes ne se digèrent pas comme les pommes de terre

— Et le vin de Bourgone, dit alors son confrère, prompt à la riposte, est un peu plus capiteux que le petit-lait.

Gaskell, qui n'avait aucune inquiétude sur l'état d'Adélaïde, écouta fort peu les docteurs. Mais, dès qu'il eut pénétré avec eux dans la chambre de la malade, il lui fallut se rendre à la triste évidence. La pauvre Adélaïde était fort mal. Elle avait vomi vingt fois en une heure, et se plaignait toujours d'une atroce douleur dans le dos.

Barberine, à demi pâmée sur les pieds de sa mère, sanglotait à se déchirer la poitrine.

Et Saint-Bertrand, soutenant le buste de la malade entre ses deux bras, ne sachant plus que faire pour la soulager, lui prodiguait de banales consolations.

XVII

LE MÉDECIN TANT-PIS, LE DOCTEUR TANT-MIEUX ET LE CÉLÈBRE HOMŒOPATHE

S'il n'y avait pas eu entre eux une créature qui souffrait véritablement et cruellement, c'eût été un spectacle cu-

rieux, et presque risible, que celui des deux médecins
entourant le lit de la malade. D'abord, ils lui tâtèrent le
pouls, et constatèrent qu'elle avait la fièvre. Puis ils
l'interrogèrent à tour de rôle, et la malheureuse femme,
dominant pour un instant ses souffrances, les regardait
d'un œil anxieux et effaré. Enfin, ils s'assurèrent, par le
contact des mains, du siége de son mal. Elle éprouvait
toujours une vive douleur dans le dos, une autre, très-
aiguë et lancinante, dans la région abdominale. La peau
était tantôt sèche et brûlante, tantôt baignée d'une sueur
froide ; la langue rouge sur les bords et à la pointe ; et une
agitation nerveuse secouait tout le corps, de la nuque aux
pieds.

Les médecins, l'un grave et funèbre, l'autre amène et
souriant, — mais tous deux se lançant à la dérobée des
regards de mépris, — après avoir recueilli les renseignements nécessaires, se retirèrent dans le salon pour déli-
bérer. Saint-Bertrand, ayant fermé la porte derrière eux,
mit un doigt sur ses lèvres, pour engager Barberine à
garder le silence, et, se glissant sur la pointe des pieds
dans un couloir qui, de la chambre à coucher, aboutissait
à la seconde porte du salon, il appliqua l'oreille à la serrure de cette porte, voulant connaître l'avis réel des médecins, apprendre s'ils étaient d'opinion partagée, et se
conduire en conséquence.

Barberine, devinant ce que Saint-Bertrand allait faire,
manifesta le désir de le suivre ; mais Gaskell l'en empêcha.

Saint-Bertrand ne perdit pas un mot de la discussion des
médecins.

— C'est une indigestion. Cela passera. Elle en sera quitte pour une légère gastralgie, dit le docteur Tant-Mieux.

— Je ne suis point de votre avis, monsieur, répliqua le docteur Tant-Pis avec tristesse. Cette douleur abdominale persistante qui se répercute dans le dos, cette tension de l'abdomen, ces vomissements répétés, cette fièvre, tout cela, loin de me parler de gastralgie, me révèle la présence d'un squirre.

— Bon! un squirre! fit Tant-Mieux avec dédain.

— Oui, monsieur. Et, si le sujet nous autorisait à pratiquer immédiatement une incision sur sa personne, nous apercevrions aussitôt, au centre de la masse intestinale, cette tumeur dure, d'un blanc bleuâtre ou grisâtre, si bien connue, qui crie sous le scalpel, et dont la consistance varie depuis celle de la couenne du lard jusqu'à celle des cartilages, divisée en lobes, subdivisée en lobules, qu'unit un tissu cellulaire serré, et qui tend à progresser constamment, en tuméfiant les parties voisines.

— Ta ta ta! fit Tant-Mieux en levant les épaules, c'est une indigestion, voilà tout! Il faut arrêter les vomissements avec de l'eau de Seltz et de petits morceaux de glace; puis on mettra la malade dans un bain, et, *moyennant* quelques jours de diète, une tisane légère et des cataplasmés laudanisés, si toutefois la douleur persiste, elle sera hors d'affaire.

— C'est un squirre, reprit sèchement Tant-Pis, et le sujet succombera si on ne pratique une opération.

— Vous en parlez bien à votre aise! répliqua Tant-Mieux. Où diable a-t-on jamais vu tenter l'ablation du squirre des intestins?

— On ne l'a jamais vu, monsieur ; mais je suis homm[e]
à l'essayer, fit Tant-Pis.

— Parbleu ! je le crois bien. Vous ne songez qu'à...

— Qu'à quoi, monsieur ? demanda Tant-Pis.

— A rien, répliqua Tant-Mieux, qui ne voulait pas s[e]
mettre dans son tort.

Cependant, comme si elle eût entendu de son lit d[e]
douleur la féroce intention du docteur Tant-Pis, la malad[e]
poussait des cris qu'on entendait distinctement dans [le]
salon. — Mais les deux médecins ne s'en occupaie[nt]
guère.

Après avoir discuté quelque temps, chacun d'eux s'e[n]
fonçant d'autant' plus dans son opinion qu'il la voya[it]
contester par son confrère, ils prirent le parti de lever [la]
séance.

— Monsieur et moi, nous ne sommes pas d'accord s[ur]
le diagnostic, dit le docteur Tant-Pis à Saint-Bertrand, q[ui]
les avait devancés auprès du lit.

— Qu'est-ce que j'ai donc ? dit Adélaïde d'une vo[ix]
éteinte.

—Rien de grave, ma toute bonne, répondit Tant-Mieu[x].
Mais nous ne sommes pas d'accord ; c'est fâcheux.

Tant-Pis demeura sombre et muet.

— Alors, qu'est-ce que je vais devenir ? demanda pite[u-]
sement la malade. Une indigestion..., c'est pourtant bi[en]
simple... Il est vrai que je n'en ai pas encore eu d'au[ssi]
forte ! Ah ! je ne mangerai plus jamais de choucroute ! [ça]
fait trop de mal. Oh ! la la la la la ! le dos ! le dos ! il r[e]
semble que j'ai un pavé dans le dos.

Saint-Bertrand fronçait les sourcils.

— A quoi vous décidez-vous, messieurs? demanda-t-il aux médecins.

— A recourir aux lumières d'un troisième, répondit Tant-Pis.

— Un troisième médecin! s'écria Adélaïde, je le veux bien. Quatre médecins, six médecins, ce ne sera pas de trop. Allons, vite, Gaskell, en route! Attendez, je veux un homœopathe.

Les docteurs firent un geste de répulsion.

— Je vous dis que je veux un homœopathe, continua Adélaïde. J'en connais un ; il demeure dans la rue Laffitte, en face de chez nous. C'est un homme célèbre; il s'appelle le docteur Turlure.

Les médecins firent une geste d'horreur. Il paraît que l'homœopathe leur était connu.

Cependant, force leur fut de se soumettre, Adélaïde réclamant son homœopathe avec des cris de paon.

Pendant la courte absence de Gaskell, les deux rivaux affectèrent de ne pas se parler. Tant-Mieux, toujours souriant, allait du lit, où il encourageait la malade, à Saint-Bertrand, qu'il connaissait bien et à qui il s'amusait à conter des cancans de coulisse. Tant-Pis effrayait Barberine par ses monosyllabes, ses soupirs et ses roulements d'yeux.

Gaskell revint au bout de cinq minutes avec le célèbre homœopathe. Le célèbre homœopathe était un vieillard d'environ quatre-vingt-dix ans, de fort petite taille, à l'air excessivement vénérable, dont les cheveux argentés se déroulaient en boucles soyeuses sur les épaules, dont le menton reposait sur une haute cravate blanche, et qui était enveloppé jusqu'aux talons dans une pelisse fourrée.

Ses mains diaphanes tremblaient un peu, et sa fluette pe
sonne imposait comme celle d'un prophète.

Les deux médecins, — non sans lui témoigner le p
de cas qu'ils faisaient de lui, par leur manières, — l
firent part du résultat de leur examen, chacun d'eux m
tivant de son mieux son opinion.

Le célèbre homœopathe les écouta gravement, sans sou
ciller; puis, quand ils eurent tout dit, il les salua l'un apr
l'autre, et, de l'air recueilli d'un prêtre qui monte à l'a
tel, il se dirigea vers le lit. Adélaïde l'attendait avec u
anxiété facile à comprendre. Le célèbre homœopathe, pl
méthodique que ses confrères, et se dressant sur la poin
des pieds, pratiqua d'abord sur la malade un exam
des plus minutieux. Puis, replaçant paternellement s
deux bras sous la couverture et la regardant avec onctio
il lui dit :

— Vous grattez-vous parfois le bout du nez, chè
dame?

— Oui, quelquefois, répondit Adélaïde surprise.

— C'est cela. Et, dites-moi, vous devez avoir un app
tit exagéré qui diminue tout à coup?

— Oui! lorsque j'ai mangé, par exemple.

— C'est cela. Et vous toussez un peu, n'est-ce pas ?

— Pas beaucoup.

— C'est cela. Et vous devez éprouver des picotement
dans le gosier?

— Assez souvent, mais pas toujours.

— C'est cela. N'avez-vous pas, dites-moi, un senti
ment de reptation dans l'œsophage?

— Je ne sais pas, mais j'ai bien mal dans le dos.

— C'est cela. Et vous éprouvez souvent des lassitudes, de l'ennui, un malaise vague, n'est-ce pas?

— Oh! oui, souvent!

— C'est cela. Enfin, vous avez des nausées?

— Fréquemment depuis quelques mois, et ce soir surtout.

— C'est cela, c'est cela, murmura le célèbre homœopathe en s'éloignant du lit. Puis, réunissant ses confrères dans un angle de la chambre, il les salua de nouveau, et, renversant la tête en arrière pour les regarder au visage, il leur dit :

— Messieurs, mon opinion est faite, et s'éloigne sensiblement des vôtres. Selon moi, la malade n'a pas de squirre.

Tant-Pis, secoua convulsivement les épaules.

— ... Pas de squirre, répéta le docteur Turlure, et elle a quelque petite chose de plus qu'une légère gastralgie. La gastralgie existe, en effet...

Tant-Mieux le regarda d'un air aimable et triomphant.

— Mais, continua le docteur Turlure, pour la combattre efficacement, il convient de remonter à sa cause.

— Et quelle est cette cause? demanda brusquement le docteur Tant-Pis.

— Cette cause, monsieur, provient de la présence des entozoaires, autrement dits helminthes, dans le tube digestif. En un mot, cette gastralgie qui, si elle n'était promptement enrayée, ne tarderait pas à dégénérer en péritonite, provient uniquement des vers.

— Des vers chez un sujet de quarante-cinq ans! s'écria le docteur Tant-Pis d'un air méprisant.

— Eh! eh! cela s'est vu, fit observer son confrère Tant
Mieux.

— Qu'est-ce qu'elle a donc? demanda Gaskell, qui écoutait les trois docteurs, les mains derrière le dos et l
bouche ouverte, sans rien comprendre à leur jargon scie
tifique.

— Elle a des vers, monsieur, répondit le célèbre ho
mœopathe.

— Eh bien, je m'en étais toujours douté? s'écria l'im
presario.

— Vous le voyez, messieurs, dit le célèbre homœopa
the, monsieur s'en était toujours douté.

— Monsieur Turlure, s'écria tout à coup la malade
dépêchez-vous de me soigner, car je souffre beaucoup

— Oui, chère dame, nous allons vous soigner, répon
dit le petit homme, et dans trois jours vous pourrez va
quer à vos occupations.

— Que faut-il faire, monsieur? demanda Saint-Bertrand

Le célèbre homœopathe tira de sa poche une trouss
en cuir. Il l'ouvrit, et l'on vit alors qu'elle était pleine d
fioles mignonnes et fort gentilles, grosses comme de
tuyaux de plume, et hautes à peine comme l'ongle. D
tout petits, tout petits bouchons fermaient l'orifice d
chacune de ces jolies fioles, et, sur les tout petits bou
chons, il y avait de toutes petites lettres tracées à l'encre

Cependant, s'adressant à Adélaïde, qui continuait
geindre et à se tordre, tout en manipulant ses fioles, l
petit homme s'exprima ainsi :

— D'abord, chère dame, et afin d'arrêter le cours de
ces vomissements fatigants, nous allons vous faire prendre

veratrum. Puis, quand les vomissements seront arrêtés, et, afin de calmer les douleurs spasmodiques que vous éprouvez, nous vous administrerons *assa fœtida.* Après cela, et en vue de détruire les oxyures parasites qui vous incommodent, nous emploierons tour à tour *fucus helminthocorton, artemisia pontica, allium cepa, garcinia morella* et *opobalsamum.* Et nous corroborerons le tout par l'emploi d'*arsenica.*

—Est-ce que ce sera très-mauvais à prendre? demanda la malade effrayée de tous ces noms barbares.

— Pas du tout, chère dame, répondit le célèbre homœopathe. Nos médicaments, c'est même en cela que consiste la meilleure part de leur supériorité sur les autres, ne sentent que l'eau.

— Alors, donnez-les-moi donc tout de suite, dit Adélaïde.

— Voici, chère dame.

Le petit homme se dirigea vers le salon, où, sur une table ronde, il y avait une carafe, des verres, un encrier, des plumes et quelques cahiers de papier. Le docteur Tant-Pis s'était assis devant cette table, rédigeant une protestation motivée, dirigée contre le diagnostic et le mode de traitement de l'homœopathe. L'homœopathe, il faut le dire à sa louange, ne fit aucune attention au docteur Tant-Pis. Il versa de l'eau dans un verre, et, quand le verre fut plein aux trois quarts, il laissa tomber dans l'eau quatre globules un peu moins gros que des têtes d'épingle, et qu'il prit dans une des jolies petites fioles dont nous avons parlé. Puis il se mit à remuer l'eau lentement, à l'aide d'une cuiller.

Pendant qu'il se livrait à cette opération avec la gravité convenable, Barberine s'approcha de lui.

— Croyez-vous la guérir, monsieur ? lui demanda-t-elle.

— J'en réponds, belle enfant, dit l'homœopathe.

Mais, en ce moment, un cri terrible retentit dans la chambre à coucher, et tout le monde se précipita vers le lit, sauf le docteur Tant-Pis, que n'avaient jamais effrayé, disait-il, les pleurnicheries des malades. Il continua donc à écrire, traçant de grandes lettres, fort peu lisibles, sur sa feuille de papier ; mais, quand il se vit seul auprès du verre qui renfermait le médicament de l'homœopathe, une atroce tentation le saisit, et, avec un geste de mépris, il lança la potion dans le feu, puis remplit le verre d'eau pure. Puis, ricanant comme un vieux singe, il reprit sa plume.

Le docteur Turlure, en rentrant dans le salon, ne s'aperçut naturellement pas de la substitution, les globules homœopathiques ne renfermant pas de matière colorante.

Il s'ensuivit que, reprenant la cuiller, il se mit de nouveau à remuer un bien innocent liquide, au lieu de la potion qui, dans sa pensée, devait arrêter les vomissements d'Adélaïde.

— Faites-lui prendre une cuillerée à soupe de cette potion, toutes les heures, dit-il à Barberine.

Puis, saluant chacun à la ronde, même le docteur Tant-Pis qui lui tournait le dos, griffonnant toujours, il se retira en disant :

— Je reviendrai demain matin.

Le bon Tant-Mieux sortit derrière lui ; mais, avant de

partir, il attira Saint-Bertrand dans un coin de la chambre.

— Je n'ai pas grande confiance, lui dit-il, dans les remèdes de ce petit empirique. Administrez-les cependant. Ils ne feront ni mal ni bien. Si la brave femme continue à souffrir, faites-lui avaler de petits morceaux de glace pour arrêter les vomissements, puis couvrez-la de cataplasmes. Et n'épargnez pas le laudanum. Je reviendrai la voir au petit jour. Au surplus, reprit-il, ne vous effrayez pas. Ce ne sera rien.

Le médecin Tant-Pis, ayant enfin terminé sa protestation, apposa au bas un parafe effrayant et extraordinairement compliqué ; puis il prit son chapeau et sortit à son tour.

Alors le vicomte de Saint-Bertrand fit prendre à la pauvre Adélaïde une première cuillerée d'eau pure.

Cependant Barberine était exténuée. Elle ne craignait pas pour la vie de sa mère, mais elle recevait le contrecoup de toutes les douleurs que celle-ci endurait. De toutes les atrocités inventées par la nature pour affliger la race humaine, il n'en est pas de comparable à celle de voir souffrir une personne aimée, surtout quand on ne peut rien faire pour la soulager. Adélaïde, tout en se tordant sur son lit, promenait ses regards par la chambre. Rien de ce qui s'y passait ne lui échappait. Elle gardait sa présence d'esprit comme si elle n'eût éprouvé qu'une indisposition légère. Quand elle entendit sonner minuit, elle se tourna vers Barberine :

— Il faut que tu danses demain, lui dit-elle. Va te coucher, mon enfant.

— Je ne danserai pas demain, maman, répondit Barb
rine en sanglotant.

— Comment! tu ne danseras pas demain? s'écria
malade. As-tu perdu l'esprit? Que dirait le public? Allon
ne me tourmente pas, Barberine.

— Votre mère a raison, dit Saint-Bertrand à la jeu
fille, vous devriez vous reposer.

— Je ne peux cependant pas la laisser seule.

— Je la veillerai, répondit le vicomte.

Barberine lui serra les mains.

— Que vous êtes bon! lui dit-elle.

— Oh! oui, c'est un cœur d'or! dit Adélaïde.

Gaskell, qui voyait avec désespoir les progrès qu'av
faits son rival dans l'affection des deux femmes, engag
sa pupille à se retirer.

— Tu ne sers à rien ici, lui dit-il. Rentre donc dans
chambre. Il n'arrivera rien de fâcheux à ta mère. No
sommes deux, d'ailleurs, pour la veiller.

— Je ne veux pas de vous! s'écria Adélaïde. Vous n'e
tendez rien à ma maladie.

— Mais, bonne amie..., fit l'impresario.

La *bonne amie* lui coupa la parole :

— C'est vous qui m'avez mise en cet état, avec vos dîner

Le malheureux Gaskell poussa un soupir. Il avait u
affection très-réelle pour Adélaïde, et, au chagrin que
causaient ses souffrances, s'ajoutait la douleur de la v
le juger si mal.

Enfin, Barberine consentit à obéir aux supplications
sa mère et se retira, après l'avoir longuement embrassé
Mais Gaskell n'entendait pas laisser *sous la même clef*

jeune fille et le vicomte. Il dit à la malade, pour éviter de la contrarier, qu'il allait rentrer dans sa chambre; mais il resta dans le salon, étendu sur un canapé, luttant contre le sommeil qui le gagnait en se crevant les yeux à regarder la bougie posée sur la table. Quant au vicomte, il semblait n'éprouver aucune fatigue. Assis dans un fauteuil, auprès du lit, il demeura toute la nuit les yeux ouverts; et, d'heure en heure, il se levait et administrait une cuillerée d'eau pure à la pauvre femme. Les gémissements qu'elle poussait, les divagations que la fièvre lui arrachait, ne l'agaçaient pas plus que les ronflements de Gaskell. Il avait l'air de plaindre Adélaïde, et il la plaignait, en effet, mais il restait calme. De temps à autre, la malade, se dressant sur son lit, lui demandait avec égarement d'où provenait ce bruit effrayant qu'elle entendait. Il lui répondait que c'était celui du vent dans la cheminée, ou celui de l'eau qui chauffait dans la bouilloire, ou celui des voitures qui passaient dans la rue; et la malade, retombant alors sur ses oreillers, s'abandonnait de nouveau à ses rêves incohérents et à ses tortures.

Plusieurs fois, pendant la nuit, Barberine, qui ne pouvait dormir, se leva, s'enveloppa dans sa robe de chambre, et s'en vint, sur la pointe de ses pieds nus chaussés de pantoufles, s'assurer de l'état de sa mère. Elle passait si légèrement dans le salon, que le sommeil de Gaskell n'en était pas troublé, ce qui prouve qu'il était un assez pauvre gardien. C'est à peine si Saint-Bertrand l'entendait venir. Il se levait de son fauteuil dès qu'il l'apercevait, allait à elle, lui prenait les mains, s'efforçait de la rassurer, et l'enfant, tout en s'inquiétant outre mesure, lui témoignait sa reconnaissance par toute sorte de mots charmants. Le murmure de leurs voix faisait ouvrir les yeux de la malade. Elle grondait doucement sa fille, l'engageait à regagner son lit, lui disait que le vicomte avait pour elle les attentions d'un fils, qu'il faudrait ne jamais oublier ses bons soins; et Barberine, en se retirant, se sentait à la fois le cœur touché par la bonté du jeune homme, et déchiré par les progrès que faisait cette maladie si subite, si étrange, si cruelle. L'eau pure, nécessairement, ne pouvait enrayer sa marche, et Saint-Bertrant, qui voyait la malade s'agiter et s'affaiblir de plus en plus, commençait à être très-inquiet.

Au petit jour, en se levant, pour la sixième fois peut-être, Barberine vit une chose qui l'émut jusqu'aux larmes. Saint-Bertrand ayant surabondamment constaté l'inefficacité de la potion qu'il administrait, s'était décidé à suivre le conseil du docteur Tant-Mieux. Il avait donc été réveiller la femme de chambre, s'était procuré du laudanum, de la farine de graine de lin, et, tout en faisant avaler de petits cailloux de glace à la malade, il surveillait la confection des cataplasmes, que la femme de chambre manipulait, accroupie devant le feu. Quand Barberine entra dans la pièce, il était en train de verser de l'eau chaude dans un cruchon de grès pour réchauffer les pieds d'Adélaïde. Elle voulut lui ôter la bouilloire des mains; mais il lui résista, et force fut à l'enfant de le laisser faire.

— Où donc avez-vous appris à soigner si bien les malades? lui demanda-t-elle.

— Nulle part, répondit-il en souriant; mais cela n'est

pas du tout difficile. Il suffit de très-peu d'intelligence et de beaucoup de bonne volonté.

Ce disant, il boucha le cruchon de grès, l'enveloppa d'une serviette et le glissa sous les couvertures.

Comme il avait les mains mouillées, il prit son mouchoir dans sa poche pour les essuyer; mais Barberine le prévint et les essuya elle-même. Puis, quand elle eut fini, ne pouvant plus contenir l'élan de sa gratitude, elle lui baisa les mains, en pleurant.

Il souriait et se défendait. Il se sentait ému lui-même. Dieu, qui ne fait rien d'absolu, en déposant le germe de nombreux vices dans le cœur de cet homme, avait mis à côté, pour les corriger, une certaine bonté qui se manifestait souvent au dehors par des formes séduisantes. Malheureusement pour Saint-Bertrand, il n'avait jamais essayé de résister à ses vices. Et, malheureusement pour Barberine, elle ne se doutait même pas qu'il les eût. Comment aurait-elle pu suspecter les intentions d'un homme qui prodiguait à sa mère les soins que les enfants n'ont pas toujours pour leurs parents? Gaskell, enfin éveillé, pénétrant dans la chambre avec ses yeux bouffis, son gilet défait, sa cravate dénouée, surprit les jeunes gens se tenant les mains.

Ils ne s'inquiétèrent même pas de lui. L'un était tout au plaisir de se rendre utile à celle qu'il aimait; l'autre s'abandonnait innocemment aux effusions de sa reconnaissance.

A huit heures, le célèbre homœopathe et le docteur Tant-Mieux arrivèrent. L'état d'Adélaïde les consterna. La fièvre avait augmenté, le pouls était presque insensible et concentré, la malade se plaignait toujours de vives douleurs à l'abdomen et dans le dos, et, pâle, les traits tirés vers le haut de la face, elle se plaignait d'une voix faible et larmoyante.

L'homœopathe qui, rendons-lui cette justice, avait toujours, jusqu'alors, guéri tous ses malades, se méfia de quelque bévue, et voulut continuer l'expérience de ses potions ; mais Saint-Bertrand le remercia ; et il se retira, levant les mains au ciel et disant :

— Je suis sûr qu'on lui aura fait prendre trop de *veratrum !*

— Il faut la couvrir de sangsues ! s'écria le docteur Tant-Mieux.

On alla chercher des sangsues, mais il était trop tard. La pauvre Adélaïde se débattit tout le jour et pendant toute la nuit suivante. Saint-Bertrand ne la quitta pas d'une minute, non plus que Gaskell et Barberine. Elle s'éteignit, après quarante heures de souffrances. Bienheureuse fut-elle encore ! La machine humaine a tant de ressorts ! et ils sont si ingénieusement compliqués ! Son agonie eût pu durer quarante mois !

XVIII

LES ARTIFICES DU VICOMTE DE SAINT-BERTRAND

Pendant le dernier jour de la maladie d'Adélaïde, il y eut un moment où ceux qui la veillaient reprirent un peu

d'espoir. Adélaïde, après l'application des sangsues, s'é-
tait assoupie, et Saint-Bertrand, voulant que son sommeil
ne fût pas troublé, avait renvoyé de la chambre Gaskell et
Barberine. Barberine, à demi rassurée, s'était retirée chez
elle, et Gaskell l'y avait suivie. Pendant que la danseuse,
assise devant une table de toilette, relevait ses cheveux
défaits, l'impresario, dont les préoccupations secrètes
avaient considérablement augmenté devant l'attitude inattendue de Saint-Bertrand, se rapprocha d'elle, et, pour
la prémunir contre les tentatives du vicomte, essaya de lui
raconter ce qu'il avait appris à son sujet.

Barberine l'écouta d'abord d'une oreille distraite. Elle
avait l'esprit autre part. Mais, quand elle entendit l'impresario formuler nettement son accusation, elle se sentit
prise d'un sentiment de stupeur, et, se renversant sur le
dossier de sa chaise, l'un de ses *bandeaux* relevés, l'autre
pendant le long de sa joue, elle le regarda avec une surprise douloureuse, sans pouvoir énoncer un mot.

—Je te dis, répéta Gaskell pour la troisième fois, en
approchant sa bouche de l'oreille de sa pupille, je te dis
que j'ai appris des choses terribles sur le compte de ce
jeune homme; des choses à faire frémir! Tu ne sais pas...
tu ne peux pas te figurer... Il a changé de nom! il porte
un faux nom! Observe-toi bien avec lui.

— Comment! il porte un faux nom? fit Barbarine.

— Oui, laisse-moi parler. Je sais tout. Il a été élevé au
collége de Nancy. Il se nommait alors Louis Béraud. Il
s'est sauvé du collége à dix-huit ans, avec une femme.

Barberine, mécontente, ne répondit rien; mais elle
haussa les épaules.

— Et ta mère! reprit Gaskell d'un ton sarcastique, ta mère qui l'appelle un phénix! la bonne dupe!... Enfin, je ne veux pas l'accabler, en ce moment surtout, où la brave femme est si malade! mais elle saura tout, plus tard, quand elle sera rétablie. Oh! je ne la ménagerai pas!

— Quoi, tout? fit Barberine rougissante.

— Oui, tout! Il a mangé sa fortune! Il est ruiné! il n'a plus le sou! Et il est *tracassé* par une foule de créanciers. On l'a su par son domestique.

— Qu'importe qu'il soit ruiné! dit Barberine avec force. C'est un noble cœur.

— Laisse-moi donc, avec ton noble cœur! reprit Gaskell. Tu dis cela parce qu'il a passé une nuit auprès de ta mère. Voilà-t-il pas une belle affaire! J'ai passé la nuit aussi, moi! De plus, j'ai été chercher les médecins.

—Jamais je n'oublierai son dévouement, reprit la jeune fille. Que serions-nous devenues, sans lui? Il a eu, pour ma pauvre maman, les prévenances les plus affectueuses. En ce moment encore, il est auprès d'elle, il veille sur son sommeil, et vous l'accusez!

— Voyons, ne te monte pas la tête, interrompit l'impresario. Tu n'as été déjà que trop loin avec lui. Je sais tout. Je ne te fais pas de morale. *Ça n'est pas dans mon caractère.* Et puis tu étais peut-être excusable : je ne t'avais pas prévenue. Mais tu as eu le plus grand tort de le laisser venir dans ta chambre...

Barberine rougit encore.

— Dans ma chambre? demanda-t-elle.

— Oui, un soir, il y a quelques jours de cela. Il t'a suivie; il t'a baisé les mains; il a voulu te prendre la taille.

Alors tu t'es sauvée en emportant la lumière. Tu vois bien que je sais tout. Cet homme-là, vois-tu, Barberine, c'est un homme qui veut t'enlever !

Barberine reprit son peigne et se mit à lisser son bandeau de cheveux, pour se donner une contenance.

— Vous donnez bien de l'importance à des enfantillages, murmura-t-elle.

— Des enfantillages ! s'écria Gaskell. Est-ce aussi des enfantillages, d'avoir donné de l'argent à tes habilleuses ? Et sais-tu pourquoi il leur en a donné, de l'argent ? C'est pour qu'elles ne disent pas qu'il est allé dans ta loge ; car il a une peur terrible de *sa* comtesse.

Barberine devint plus rouge encore, et dit :

— Quelle comtesse ?

— Une comtesse dont il est éperdument amoureux, qui *ne lui laisse* aucune liberté, qui l'empêche d'aller au théâtre, et surtout au foyer de la danse.

— S'il portait un faux nom, répondit Barberine avec la logique superficielle des femmes et des enfants, il ne serait pas aimé d'une comtesse. Et si elle ne lui laissait aucune liberté, il ne viendrait pas nous voir tous les jours, il n'aurait pas passé la nuit d'hier auprès de maman, et toute la journée d'aujourd'hui. On vous a dit des mensonges.

— Mais, petite entêtée !… interrompit Gaskell.

— Non ! reprit Barberine, je ne vous écouterai pas davantage. L'affection que j'ai pour vous ne peut m'obliger à vous entendre calomnier un ami à qui je dois tant ! Quelles que soient les actions qu'on puisse lui reprocher, il n'en a pas moins droit à ma reconnaissance. D'ailleurs, vous savez bien comme on est méchant. dans le monde.

Un homme tel que lui, si bon, si dévoué, ne peut être qu'un honnête homme.

— Mais je te dis qu'il est ruiné, fit Gaskell.

— Alors, il est donc malheureux ! Raison de plus pour qu'on l'aime.

— Et sa comtesse ? reprit Gaskell avec un roulement d'yeux des plus féroces.

Barberine s'était levée. De rouge qu'il était, son visage devint subitement pâle. Elle quitta la chambre en disant :

— Cela ne me regarde pas.

Cependant, de tous les faits articulés par Gaskell, ce dernier fut le seul qui demeura dans son esprit. Il était le seul important pour elle. Les autres lui semblaient tellement improbables, qu'elle les considéra comme de pures calomnies.

Le lendemain matin, quand survint le fatal événement, si imprévu, Saint-Bertrand, de tous les gens rassemblés dans la chambre d'Adélaïde, fut le seul qui conserva sa présence d'esprit. Pendant que Gaskell, consterné, regardait la morte de tout près, mais avec défiance, comme s'il se fût attendu à l'entendre lui dire encore des choses désagréables, il écarta la femme de chambre et le docteur Tant-Mieux, prit Barberine entre ses bras et l'emporta dans la pièce la plus éloignée de l'appartement. La malheureuse enfant, suffoquée, pâmée, se débattait; mais il demeurait sourd à ses prières. — Ce spectacle pouvait la tuer, disait-il. — Et, comme Barberine s'écriait en pleurant que maintenant elle était seule au monde, il se mit à genoux devant elle, écarta ses mains de ses yeux, lui jura de l'aimer toujours, et d'avoir pour elle les soins d'une mère. Enfin, il lui parla si bien et si longtemps, que, s'il ne réussit pas à la consoler, il parvint du moins à calmer un peu sa douleur.

Gaskell vint les retrouver au moment où, chez Barberine, la stupéfaction — une stupéfaction morne, qui ressemble à l'idiotisme, et qu'ont éprouvée tous les êtres sensibles frappés par un événement imprévu — succédait aux cris et aux larmes. Saint-Bertrand, aussitôt, demanda à l'impresario de l'aider à persuader à la jeune fille de quitter cette maison de deuil. Mais Barberine, secouant sa torpeur, s'y refusa énergiquement. Tant que le corps de sa mère serait là, dit-elle, elle resterait auprès de lui. Alors, le vicomte, avec son instinct quasi féminin, comprenant qu'il fallait, à tout prix, distraire le chagrin de Barberine, écrivit à quelques-unes de ses camarades de théâtre qu'il connaissait pour de bonnes filles, leur annonça l'événement, et les pria de venir tenir compagnie à l'orpheline. Une heure après, on les vit accourir, au nombre d'une demi-douzaine. Elles avaient mis des robes sombres, comme étant *de circonstance;* toutes avaient le nez un peu rouge et la larme à l'œil, et, quoique jusqu'alors elles n'eussent eu que des relations assez froides avec Barberine, elles l'embrassèrent de fort bon cœur et lui prodiguèrent des consolations. Barberine fut touchée de l'empressement de ses camarades et de leurs témoignages de sympathie. Elle pleurait, assise au milieu d'elles, en répondant à leurs serrements de main et à leurs baisers. Une chose surtout — mieux encore que la mort subite de sa mère — avait contribué tout à coup à la faire aimer. En voyant Saint-Bertrand installé dans la maison, en apprenant avec quelle sollicitude il avait donné des soins à la défunte, chacune des expertes demoiselles qui se trouvaient là ne douta pas un instant qu'il ne fût l'amant de Barberine. Et Barberine ayant un amant n'était plus pour ces bonnes filles une supériorité blessante, mais une personne *comme les autres*, c'est-à-dire une personne charmante, une excellente camarade ! tant il est vrai qu'on ne se fait jamais apprécier ici-bas par ses qualités ou ses vertus, mais par ses fautes ou ses défauts. — Maintenant, le secret importait peu à Saint-Bertrand : il se sentait entré assez avant dans le cœur de Barberine pour ne plus craindre qu'on l'en arrachât ; il trouvait même utile qu'on l'estimât plus heureux qu'il ne l'était réellement, afin que nul n'essayât de lui disputer une place qui passait pour être sienne. Aussi, sans rien répondre aux sourires de félicitation que les jeunes consolatrices lui adressaient à la dérobée, affectait-il de parler à Barberine sur un ton presque paternel, afin de les enfoncer davantage encore dans leur erreur. Quant à Gaskell, comme il était en ce moment absolument abruti par la douleur, il ne se méfiait pas de ce manége, et, selon l'expression proverbiale, il n'y voyait *que du feu.*

Vers midi, Saint-Bertrand, laissant Barberine avec ses amies, rentra chez lui pour se reposer et changer de toilette. Il avait eu soin de se débarrasser préalablement de Gaskell en l'envoyant faire les démarches nécessaires pour la cérémonie des obsèques, qui devait avoir lieu le lendemain.

La journée se passa, longue et lourde pour Barberine. La nouvelle de la mort de sa mère s'étant rapidement répandue à l'Opéra — en même temps que celle de sa première faute — il y eut, à l'hôtel *Byron*, jusqu'au soir, une longue succession d'allants et de venants. Chacune de ses camarades voulait l'embrasser — et la regarder au visage. — On est toujours un peu curieux de la douleur et de la faiblesse d'autrui. — Le salon ne désemplit pas jusqu'à l'heure du dîner. De temps à autre, quelque jeune coryphée se levait, entrait dans la chambre mortuaire, regardait *la pauvre défunte*, s'agenouillait au bord de son lit, murmurait une courte prière, rentrait dans le salon avec les yeux rouges, embrassait l'orpheline, et, tout le jour, Barberine entendit bourdonner à ses oreilles des réflexions dans le genre de celles-ci :

— Ce que c'est que de nous !

— Mourir si jeune !

— Et si vite ! en trois jours !

— Cette pauvre madame Chaussepied !

— Elle qui allait enfin jouir de la vie !

— Qui aimait tant sa fille !

— Et l'Opéra !

— Et ses petites aises !

— Et les bons dîners !

— Voilà !

— On se donne bien du mal, on s'extermine le corps et l'âme, et puis on meurt !

— Ça ne fait rien ! elle peut se vanter d'avoir été bien soignée !

— Et bien pleurée !

— Tout le monde ira à son enterrement, bien sûr ! même le directeur et les machinistes !

— C'est qu'elle n'a plus l'air de souffrir du tout, maintenant!

— Elle a cependant bien souffert!

— Ce qu'il y a de certain, c'est qu'elle ne souffre plus.

— Elle est d'un calme!...

— Pauvre chère femme!

— Moi, je ne la trouve plus à plaindre. C'est sa fille que
je plains!

— En effet, les plus malheureux ne sont pas ceux qui
s'en vont!

— Ce sont ceux qui restent!

— Oh! oui.

Etc., etc., etc.

Une foule de choses profondes et bêtes, qui agacent et
font pleurer.

Quand la nuit vint, toutes les consolatrices décampè-
rent, les unes pour aller dîner, les autres pour se rendre
au théâtre, car on jouait ce soir-là. Saint-Bertrand et Gaskell étaient rentrés depuis longtemps, le premier, reposé
par deux heures de sommeil, le second toujours ahuri et
fatigué par les courses qu'il venait de faire. Cependant, il
s'agissait de veiller la morte. Saint-Bertrand ne voulut
abandonner ce devoir pieux à personne, quoique la mère
d'une figurante, qui faisait profession de soigner les malades, se fût proposée pour le remplir, — moyennant la
modique somme de cinq francs, le café en sus. — Vers
dix heures, le vicomte engagea Barberine à se retirer; —
elle était écrasée par la lassitude qui suit toute grande
émotion, — et il s'installa dans un fauteuil auprès du lit.
Gaskell, nécessairement, voulut l'imiter, et il s'assit en

face de lui ; mais ils n'échangèrent pas une parole. Saint-Bertrand rêvait, Gaskell dormait, le cadavre se rigidifiait. La nuit se passa sans incident notable.

Le lendemain matin, tout l'hôtel fut en désarroi par les préparatifs des funérailles. Barberine, couverte de vêtements de deuil, était renfermée dans sa chambre avec les consolatrices de la veille, revenues dès le point du jour. Gaskell faisait les honneurs. Saint-Bertrand s'effaçait le plus possible. A peine l'apercevait-on, rencogné dans un fauteuil, au fond du salon. Au moment où s'ébranla le *char funèbre*, Barberine, sanglotant, et toujours entourée de ses amies, écarta le rideau de sa fenêtre pour voir passer *ce qui restait de sa mère.* A la suite du corps, à pied, marchait Gaskell, la tête nue. Auprès de lui se pressaient le directeur avec tous ses amis — trois par devant, trois par derrière ; — puis les artistes de l'Opéra, au complet, un grand nombre de femmes en deuil, de musiciens, d'employés du théâtre et de machinistes. Cela faisait un encombrement énorme dans la rue Laffitte. Je dois dire que pas un des habitués de l'Opéra ne se montra dans cette foule recueillie. Barberine avait les yeux si pleins de larmes, qu'elle ne distinguait pas les visages dans la masse des assistants ; mais les femmes qui l'entouraient lui montrèrent le vicomte de Saint-Bertrand cheminant entre le bon docteur Tant-Mieux et le grave docteur Tant-Pis. Elle fut profondément touchée de le voir là, accompagnant publiquement les restes de la créature qu'elle avait plus aimée que personne au monde. Il leva les yeux vers la fenêtre ; mais Barberine n'y était plus. Une syncope l'avait frappée, et, pendant que le corps de sa mère était lentement convoyé vers l'église Notre-Dame-de-Lorette, ses amies s'occupaient à la délacer et à lui faire respirer des sels.

Il y eut d'étranges paroles échangées à l'église entre les deux docteurs et Saint-Bertrand. Pendant que résonnaient les notes formidables du *Dies iræ*, Tant-Pis regrettait tout haut que la famille de la défunte ne lui eût pas permis de faire l'autopsie du corps. On aurait vu alors, disait-il, qu'il ne s'était pas trompé dans son diagnostic, et que c'était réellement un squirre qui avait déterminé le décès. Saint-Bertrand lui faisait observer qu'il était un peu tard, et que le moment était assez mal choisi pour discuter de telles matières. Alors le bon Tant-Mieux, le tirant par la manche, lui expliquait comment et comme quoi l'on peut fort bien mourir d'une indigestion; car c'était une simple, une vulgaire indigestion qui avait emporté la malade; ce à quoi Saint-Bertrand répondait qu'il n'en avait jamais douté. Cette intéressante conversation continua entre eux jusqu'au cimetière; mais elle cessa aussitôt qu'on eut inhumé le corps, Saint-Bertrand s'étant petit à petit dérobé dans la foule pour échapper aux bavardages des deux docteurs. Le vicomte avait encore un autre motif pour agir ainsi. Il trouvait le moment propice pour demander une explication à Gaskell. Au lieu donc de suivre la foule qui sortait du cimetière, il se mit à marcher lentement au bord d'une allée, attendant que l'imprésario passât devant lui.

Quand il le vit à sa portée, il alla familièrement lui prendre le bras, et l'entraîna dans un sentier transversal. Gaskell surpris, — et même un peu flatté, malgré lui, — de l'action du vicomte, n'osait articuler un mot.

— Mon cher monsieur Gaskell, lui dit Saint-Bertrand, j'ai vu, l'autre jour, avec peine, que vous aviez quelques griefs contre moi. L'événement qui nous a réunis ici aujourd'hui ne m'a malheureusement pas laissé le temps de vous prier de me les faire connaître. Maintenant que ni l'un ni l'autre, nous n'avons rien de mieux à faire, permettez-moi de vous demander comment j'ai pu avoir le malheur de vous fâcher.

Il avait l'air si *bon enfant* en parlant ainsi, que Gaskell ne trouva rien à lui répondre.

— Est-ce que vous ne me ferez pas le plaisir de me dire mes torts, monsieur Gaskell? reprit Saint-Bertrand.

— Mais... vous n'avez pas de torts envers moi, monsieur le vicomte, balbutia Gaskell. Seulement...

— Seulement? fit le vicomte.

L'impresario eut un court accès de courage.

— Eh bien, vous aimez Barberine! s'écria-t-il.

— Mais certainement que je l'aime, répondit Saint-Bertrand en souriant, et de tout mon cœur. Je crois le lui avoir bien prouvé.

Gaskell, qui s'attendait à une dénégation, demeura interdit devant cette franchise.

— Est-ce qu'il m'est défendu de l'aimer? continua Saint-Bertrand. Quel mal y voyez-vous?

— Mais je l'aime aussi, moi, monsieur! répliqua Gaskell. Et mes intentions sont honorables.

— Quelles sont donc ces intentions honorables, monsieur Gaskell?

— Je veux l'épouser, monsieur.

Le pauvre homme avait cru produire un immense effet en faisant cette déclaration. Mais Saint-Bertrand ne se laissa pas effrayer par si peu de chose.

— Allons donc ! cher monsieur Gaskell ! y pensez-vous ?

— Comment ! si j'y pense, monsieur ?

— Sans doute ; vous avez pour mademoiselle Barberine l'affection qui convient à votre âge, c'est-à-dire celle d'un père, et c'est même très-bien à vous ; mais...,

— Mon affection n'a rien de paternel, monsieur.

— Tant pis ! tant pis ! fit doucement le vicomte.

— Pour qui, tant pis ? demanda Gaskell.

— Mais pour vous.

— Comment ! pour moi ?

— Eh oui ! Si le monde apprenait cela, il ne manquerait pas d'ajouter foi aux méchants bruits qui circulent. Ce sont des bruits calomnieux, j'en suis sûr ; et, pour ma part, je les ai toujours démentis, car enfin l'on se doit à ses amis ; mais il ne faudrait pas les confirmer par une conduite imprudente.

— De quels bruits voulez-vous parler, monsieur ?

— Ne les connaissez-vous pas ?

— Non.

— Vraiment ? Eh bien, l'on dit, je n'en crois rien, je vous le répète, mais enfin on dit que vous avez quelque peu exploité, depuis trois ans, mademoiselle Barberine et sa mère ; et cette dernière, je vous l'avouerai, ne se gênait pas beaucoup pour le crier sur les toits. Encore une fois, je ne crois rien de cela, cher monsieur Gaskell ; mais, au moment où mademoiselle Barberine est sur le point d'atteindre sa majorité, et où, nécessairement, le contrat passé par sa mère avec vous va se rompre, si l'on apprend que vous, à votre âge, vous voulez l'épouser, on ne croira guère à votre désintéressement. On dira que vous voulez continuer à exploiter cette pauvre fille, et vraiment, entre nous, sans vouloir vous offenser, convenez que cela en aura un peu l'air.

Gaskell fut écrasé sous le coup. Il se croyait en droit d'accuser, et c'était lui qu'on accusait. Saint-Bertrand possédait quelques notions de tactique.

— Et puis, reprit ce dernier, après la liaison qui a existé entre vous et madame Chaussepied, comment pouvez-vous songer à ce mariage?

— La liaison? s'écria Gaskell. C'est une infâme calomnie! Il n'y a jamais eu, entre nous, que des rapports d'affaires et d'amitié, monsieur.

— Dame! ce n'est pas ce que l'on dit, répliqua Saint-Bertrand. Et vous savez... le monde ne revient guère sur ce qu'il croit, d'habitude. Au surplus, se hâta-t-il d'ajouter, je ne veux m'imposer à personne. Si donc les sentiments de mademoiselle Barberine sont conformes aux vôtres, eh bien!... cela me fera beaucoup de peine, certainement..., mais je me retirerai.

Gaskell, qui n'admettait pas que Barberine pût hésiter un instant entre un solide mariage et une liaison passagère — toute séduisante qu'elle lui apparût, — se demanda s'il n'allait pas oublier sa rancune et se précipiter dans les bras du vicomte.

— Ah! monsieur, s'écria-t-il, voilà un mot qui rachète tout.

— Que rachète donc ce mot? demanda Saint-Bertrand d'un air sournois.

— Bon! je m'entends, fit Gaskell.

— Mais je ne vous entends pas, dit le vicomte, et je vous supplierai d'imiter ma franchise.

— Quoi! vous voulez?...

— Ne vous ai-je pas donné l'exemple?

Gaskell, non sans s'embrouiller dans un écheveau de réticences et de circonlocutions, raconta tout ce qu'il avait appris. Mais, poussé par un sentiment de honte, il eut soin d'ajouter qu'il n'en croyait pas un mot. Saint-Bertrand l'écoutait, les yeux baissés, calme en apparence; cependant, quand il entendit l'impresario prononcer le nom de Louis Béraud, ses dents se serrèrent avec force et il devint horriblement pâle.

— Voyez comme le monde est bête! dit-il enfin. Je ne suis jamais allé à Nancy. J'ai été élevé en Angleterre. Je n'ai jamais porté d'autre nom que celui de Saint-Bertrand, qui est le mien. Si vous voulez prendre la peine de m'accompagner chez moi, je vous montrerai mes papiers de famille, mon acte de naissance, les lettres du directeur de la maison d'éducation où j'ai passé ma jeunesse. Cela vous semble-t-il suffisant?

— Oh! monsieur le vicomte! fit Gaskell avec un ton de reproche.

— On vous a dit que j'étais ruiné, reprit l'autre. Voulez-vous que je vous prête de l'argent? J'ai cinquante mille francs à votre service.

Gaskell lui serra la main, sans pouvoir prononcer un mot.

— Quant à cette histoire de comtesse, je conviens qu'elle est vraie; mais elle n'a pas le mérite de l'actualité. Il y a plus de six mois que j'ai écrit le mot *fin* au bas de sa dernière page.

— Vraiment? demanda Gaskell.

— Et je n'ai nulle envie de la recommencer, reprit Saint-Bertrand.

— Alors, s'il en est ainsi, monsieur le vicomte, que comptez-vous faire?

— Je ne vous comprends pas.

— Je veux dire : quelles sont vos intentions au sujet de Barberine?

— Mais je n'ai pas la moindre intention à son sujet, cher monsieur Gaskell. Je vous l'ai dit, j'ai beaucoup d'affection pour elle. Je ne saurais me priver de la voir, et de lui témoigner, en toute circonstance, le plus vif intérêt. Je continuerai donc à me présenter chez elle jusqu'à ce qu'elle me montre que mes visites ne lui plaisent plus.

— Et vous ne chercherez pas à la détourner du mariage que je compte lui proposer?

— Vous tenez donc toujours à votre idée? demanda Saint-Bertrand.

— Plus que jamais! s'écria Gaskell.

— Eh bien, rapportez-vous-en à moi.

— Vous me le promettez? fit l'impresario avec méfiance; vous me le jurez?

— Je vous en donne ma parole d'honneur!

— Alors, touchez là, monsieur le vicomte.

— Un moment! s'écria Saint-Bertrand. Il faut que vous

14.

me disiez maintenant qui vous a raconté cette belle histoire de changement de nom, de ruine et de comtesse

Gaskell n'avait pas promis le secret aux habilleuses. Il
n'hésita donc pas à dire à Saint-Bertrand comment il avait
surpris leur conversation.

Le vicomte tressaillit en l'écoutant, puis il se mit à
rire aux éclats; et, prenant Gaskell sous le bras, il le fit
monter dans sa voiture et le ramena chez Barberine.

Deux jours plus tard, les habilleuses avaient quitté l'O-
péra, et Paris, et la France. Les poches bien munies
d'argent, et accompagnées d'un certain Philibert, ex-
marchand de contre-marques, elles allèrent s'établir en
Russie, en qualité de modistes, et Gaskell n'entendit
plus parler d'elles.

Barberine, le soir même de l'enterrement de sa mère,
quitta l'hôtel *Byron*, et alla demeurer avec Gaskell à l'hôtel des *Princes*, situé rue de Richelieu, près le boulevard.
Chacun d'eux eut un appartement séparé; mais Gaskell
trouva le moyen de passer toutes ses journées chez sa pupille. Saint-Bertrand y vint chaque jour pendant une semaine; mais, à la grande surprise de la danseuse, il n'y
resta jamais plus de vingt minutes. Il parlait de choses
banales avec l'impresario, et, de temps à autre, comme
il la voyait toujours triste et songeuse, il lui donnait de
vagues consolations. La jeune fille s'aperçut bientôt qu'il
se faisait de plus en plus réservé avec elle. Craignant de
l'avoir fâché, sans cependant savoir en quoi ni comment,
elle essaya de l'interroger; mais, Gaskell étant là, comme
toujours, le vicomte la regarda d'un air froid et lui fit
une réponse évasive. Le lendemain, il ne vint pas. Le sur-

lendemain il fit une courte apparition de quelques minutes, et puis quatre jours se passèrent : il ne reparut plus. Il savait qu'un des bons moyens d'avancer ses affaires auprès de la femme qu'on aime, est de feindre une subite indifférence pour elle, et il s'en servait. Gaskell, qui n'était pas dans la confidence de sa ruse, croyait triompher ; aussi était-il enchanté. Mais il n'en était pas de même de Barberine. Prenant au sérieux la conduite du vicomte, elle pâlissait, se dépitait, s'interrogeait, ne dormait plus, s'alanguissait. Enfin, le cinquième jour, l'impresario, en entrant subitement dans la chambre de sa pupille, la trouva, la face renversée sur les coussins d'un canapé, et pleurant à chaudes larmes.

———

XIX

LA REVANCHE DE GASKELL

Gaskell, effrayé des sanglots de Barberine, la souleva dans ses bras, s'assit auprès d'elle sur le canapé, et la tourmenta de questions. Il pensait que cette explosion de larmes provenait du chagrin subit et jusqu'alors trop concentré de la jeune fille ; et il lui disait que, la perte des personnes aimées étant un mal sans remède, le bon sens nous conseille de nous résigner. Il lui disait aussi qu'elle se devait à son art, et que, si elle n'essayait de réagir contre son abattement, elle ne tarderait pas à perdre ses forces. Enfin, profitant de l'occasion, tant attendue, il ajouta qu'elle ne devait pas craindre l'isolement; que lui, Gaskell, son bon ami Gaskell, ne la quitterait jamais; qu'il lui tiendrait lieu de tout, qu'elle n'avait qu'un mot à dire et qu'il était prêt à l'épouser.

Barberine, tout d'abord, ne comprit pas grand'chose à la tirade de l'impresario. Elle voyait bien cependant qu'il cherchait à la consoler, et, quoiqu'elle trouvât ses paroles un peu obscures, elle le remercia avec effusion et abandon. Le bonhomme la soutenait toujours dans ses bras; elle avait appuyé sa tête sur son épaule, et, pleurant, mais à petit bruit, elle lui disait gentiment :

— Ne vous inquiétez pas. Ce ne sera rien. Cela passera. Je ne sais ce que j'ai ce matin. En m'éveillant, je me suis senti le cœur plein de larmes.

Mais, quand, pour la seconde ou la troisième fois, Gaskell se faisant plus explicite à mesure que se calmait Barberine, prononça le mot *mariage*, la jeune fille se leva, se jeta à l'autre bout du canapé, et regarda l'impresario avec terreur.

Gaskell, qui ne s'attendait certes pas à ce mouvement de répulsion, demeurait à sa place, les bras pendants et les yeux fixes.

— De quel mariage me parlez-vous, mon Dieu? s'écriat-elle enfin.

— Mais du nôtre, répondit Gaskell.

Il avait l'air parfaitement hébété, et lui aussi, maintent, regardait éperdument la jeune fille.

— Du nôtre! reprit-elle.

Évidemment, cette idée ne pouvait entrer dans son esprit. Et elle ajouta, en frissonnant :

— Si je consentais à cela, il me semble que j'épouserais mon père.

Son père!... De tous les obstacles que Gaskell avait entrevus, celui-là était certainement le moindre. Lui qui, selon son expression très-juste, quoique surannée, *brûlait de mille feux* pour Barberine, il ne pouvait concevoir qu'elle ne vît en lui qu'un vieillard, une créature qui avait fait son temps, ou, du moins, ne comptait plus, n'avait plus de sexe. Aussi la désillusion qui le frappa, l'atteignant à la fois dans son amour-propre et dans sa passion, fut-elle des plus douloureuses. Cependant, il réagit violemment contre son humiliation, et, prenant les deux mains de la jeune fille :

— Sans doute, lui dit-il, je ne suis qu'un vieux bonhomme; mais je t'aime comme tu ne seras jamais aimée. Ne regarde pas mon visage; ne cherche en moi que mon cœur. C'est moi qui t'ai faite ce que tu es! La première fois que je te vis, tu n'étais qu'une enfant pâlie par la fatigue et les privations; aujourd'hui, grâce à moi, tu es la fleur des jeunes femmes. Laisse-moi parler, je t'en prie : chaque jour, depuis trois ans, j'ai rêvé de trouver en toi un monde de joies, une sorte de paradis personnifié. Je n'ai vécu que par toi, pour toi. Pas une autre pensée que la tienne n'est entrée dans ma tête, qui te semble une caboche. J'ai cinquante ans, cela est vrai, et, malheureusement, je n'y puis rien! et, pourtant, auprès de toi, je me suis senti toujours jeune. Rappelle-toi qui te soignait quand tu étais malade; qui, en voyage, se dépouillait de son manteau pour te réchauffer; qui t'a donné les premières notions intelligentes de la danse; qui te faisait pleurer en forçant tes petits pieds rebelles à se déboîter, —c'était pour ton bien!—qui a longuement préparé tes premiers succès; qui les a goûtés plus que toi; qui ne t'a jamais offert que de bons conseils. Où trouveras-tu jamais une amitié plus franche que la mienne? Toute femme doit se marier. Épouseras-tu un jeune homme? Hélas! les jeunes gens ne savent plus aimer aujourd'hui. C'était bon de mon temps! Maintenant, les étourdis sont des sages. Ils n'ont plus d'illusions. Ils ne songent qu'à gagner de l'argent. Sont-ils bêtes! Un jeune mari se lassera de toi au bout de six mois. La jeunesse se lasse de tout! Il fera comme tant d'autres! Tu es mince, blonde, petite, avec des yeux bleus; il rêvera de grandes brunes aux yeux noirs. Il ira dépenser avec des coquines tout l'argent que tu gagneras. Moi, chaque sou que j'ai gagné, grâce à toi, je l'ai mis soigneusement de côté, mais c'était pour assurer ton avenir. Ta mère m'accusait de t'exploiter. Hélas! si j'avais su t'exploiter, serais-je devant toi comme un suppliant? Non, non, sache-le bien, ton vieux Gaskell, dévoué comme un chien, n'a jamais aimé en toi que toi-même. Je sais bien que cela doit t'étonner de me voir te parler ainsi, pour la première fois, après trois ans de silence. Mais songe que tu ne t'appartenais pas, que ta mère était là! toujours là! et la pauvre femme avait d'étranges idées pour une mère! Je ne l'accuse pas, cependant; elle n'est plus; Dieu veuille avoir son âme! Mais il faut songer à toi, aujourd'hui : tu n'es plus une enfant, et que de gens vont t'entourer, dans l'idée de te faire servir leur cupidité ou leurs plaisirs. Alors, si je ne suis plus auprès de toi, si tu m'as renvoyé, que deviendras-tu contre ces gens adroits, sans expérience ni malice, comme tu es; tout cœur, toute dévouée, et te figurant innocemment qu'il en est de même des autres? Oh! Barberine! ma petite Barberine! s'il est vrai que la droiture des intentions se manifeste sur le visage des personnes, regarde le front ridé de ton vieil ami; tu n'y découvriras pas une pensée qui ne soit inspirée par le désir de ton bonheur.

Il s'agitait en parlant ainsi, il gesticulait, et ses yeux bleus s'éclairaient de lueurs d'une tendresse infinie, pendant que, ridicule et pathétique, l'intonation de sa voix trahissant ses efforts, parcourait toute la gamme des sons perceptibles, et que, sur son crâne luisant, se dressaient ses rares cheveux. Cela faisait mal à voir que cette passion si verte dans ce cœur de vieillard. Elle était d'autant plus touchante qu'elle avait je ne sais quoi de baroque; elle était d'autant plus comique qu'elle était vraie.

Barberine se sentait émue; mais elle demeurait muette. Que pouvait-elle répondre à cette déclaration inattendue? Comment s'y prendre pour respecter ces sentiments sans désespérer ce brave homme? Il avait toujours été si tendre pour elle! Elle s'était si bien habituée à l'idée qu'il lui tiendrait à jamais lieu de père! Maintenant, voilà qu'il lui dévoilait tout à coup une passion extravagante. Elle ne la partageait pas, elle ne la pourrait jamais partager, quand même l'image de Saint-Bertrand n'aurait pas été imprimée toute vive dans son cœur.

Avant tout, elle ne voulut pas lui laisser le moindre doute sur la nature de son affection. Elle lui dit:

— J'ai toujours eu pour vous les sentiments d'une fille. J'espère que nous ne nous quitterons jamais; que vous continuerez à veiller sur moi, à prendre soin de moi, de mes intérêts. Je ne me conduirai que par vos conseils. Ma mère était injuste pour vous, je le sais; je tâcherai de vous le faire oublier. Enfin, je vous aimerai bien, toute ma vie; mais... ne me parlez plus *de tout cela*. Je ne puis m'habituer à cette idée de mariage. Ce que vous me demandez est impossible.

Gaskell s'était levé. Sa figure de poupée avait une expression d'anxiété qui la rendait encore plus grotesque.

— Ah! Barberine! s'écria-t-il, je le vois bien, si tu refuses de m'épouser, c'est que tu en aimes un autre.

Elle était restée assise. En entendant ces mots, les larmes lui revinrent aux yeux.

— Non, non : vous vous trompez, répondit-elle.

— Je ne me trompe pas, reprit l'impresario avec tristesse, c'est M. de Saint-Bertrand que tu aimes.

Elle secoua la tête.

— Cela n'est pas, dit-elle en pleurant.

Et, comme Gaskell insistait, elle se leva, lui serra la main, essuya ses yeux et sortit de la chambre en ajoutant :

— Croyez-le bien : cela n'est plus.

Contrairement au désir de Barberine, ces derniers mots eurent pour effet de rendre un peu d'espoir à Gaskell.

— Après tout, le premier coup est porté! se dit-il. Elle reviendra sur sa décision. Je lui ferai quitter Paris. Elle oubliera ce vicomte, ne le voyant plus. Allons, tout n'est pas encore perdu! Mais c'est égal! ma délicatesse ne m'a pas réussi. J'aurais dû m'y prendre plus tôt : à Varsovie, quand elle et sa mère ne savaient plus à quel saint se vouer, par exemple !

Le soir de ce même jour, Barberine devait danser pour la première fois depuis la mort de sa mère. Elle avait déjà repris ses leçons. Lorsque Gaskell fut parti, elle s'habilla, et se rendit au théâtre, accompagnée de sa femme de chambre.

Vers trois heures, la leçon étant terminée, elle changeait de costume dans sa loge, lorsqu'on vint la prévenir que le directeur de l'Opéra désirait lui parler.

Elle alla aussitôt le trouver dans son cabinet. Ce directeur était fort obligeant et fort doux. Il aimait beaucoup Barberine. Il se leva en l'apercevant, lui serra les deux mains avec effusion et la fit asseoir.

— Ma chère enfant, lui dit-il, j'ai voulu vous voir pour causer un peu d'affaires avec vous. Vous me devez encore trois représentations ; mais ce n'est pas de cela qu'il s'agit. Dans quelques jours, vous serez majeure. Je désire vous attacher à mon théâtre. Voici mes propositions : nous signerons un traité pour trois ans ; je vous donnerai cinquante mille francs par an, et vous aurez trois mois de congé. Cela vous semble-t-il raisonnable ?

Barberine commença par le remercier. Puis elle lui dit que, tout en reconnaissant la libéralité de ces propositions, elle ne croyait pas devoir s'engager sans avoir consulté Gaskell.

— Eh ! à quoi bon Gaskell ? s'écria le directeur. Quel besoin avez-vous de lui ? Le traité qu'il a fait avec votre mère est sur le point d'expirer. Vous n'avez pas de motifs pour le renouveler. Croyez-moi : ne vous placez jamais volontairement dans la dépendance de personne.

— Je ne sais, répondit Barberine, s'il lui conviendrait à lui-même de renouveler ce traité. Il ne m'en a pas encore parlé. Mais il a toujours été très-bon pour moi. Je lui dois tout ce que je suis. Accordez-moi quelques jours de réflexion, je vous prie. Ce que je puis vous dire, dès à présent, c'est que, si j'accepte vos propositions, je prendrai mon premier congé immédiatement après les trois représentations que je vous dois. Je désire quitter Paris pendant quelque temps.

Elle rougit en prononçant ces derniers mots ; mais le directeur n'y fit aucune attention. Il acquiesça à sa demande et ils se quittèrent.

C'était l'heure où Barberine faisait sa promenade quotidienne. Mais, ce jour-là, au lieu de se rendre aux Champs-Élysées, comme elle en avait l'habitude, elle monta dans un fiacre avec sa femme de chambre et se fit conduire au cimetière. C'était la première fois qu'elle y allait, et elle y avait donné rendez-vous à un marbrier pour arrêter avec lui le plan du tombeau de sa mère. Mais quelle fut sa surprise, en arrivant à l'endroit qu'on lui désigna, de voir que le tombeau était déjà fait et mis en place. C'était un gracieux monument de marbre blanc, en forme de vasque, qui de loin ressemblait à une grande corbeille, et qui était tout couvert de fleurs. Elle demanda qui avait donné l'ordre d'édifier ce monument. On lui répondit que c'était un *jeune monsieur* de vingt-cinq ans environ, qui était venu lui-même au cimetière, par trois fois, pour surveiller les travaux, et que *tout était payé*. Elle se retira, profondément touchée, mais comprenant moins que jamais le mobile qui faisait agir le vicomte.

— M'aime-t-il réellement? se disait-elle. Mais alors pourquoi *m'a-t-il boudée* pendant huit jours? Et pourquoi ne vient-il plus me voir?

Le même soir, au moment où, parée de son costume de sylphide, elle suivait le couloir qui conduisait de sa loge au foyer, elle vit de loin, dans la partie la plus obscure de ce couloir, une ombre qui se dirigeait lentement vers elle. Elle reconnut le vicomte et, perdant toute présence d'esprit, elle essaya de passer, en s'inclinant; mais la place était étroite, et il la retint par les mains. Plus que jamais il avait l'air triste.

— Barberine, pourquoi me fuyez-vous ainsi? lui dit-il.

Elle eut à peine la force de répondre :

— J'allais vous adresser la même question

— Oh ! moi! fit-il avec un subit emportement, ma conduite s'explique d'elle-même, car vous me haïssez.

— Je vous hais?

— Oui.

— Et comment?

— Ce Gaskell n'est-il pas toujours auprès de vous? N'est-ce pas vous qui le priez de ne jamais vous quitter, afin que je ne puisse vous dire un seul mot? Si sa présence, comme à moi, vous était odieuse, vous sauriez bien parfois l'engager à rester chez lui. Mais non!... Et c'est à peine si vous me répondez quand je vous parle !

Barberine resta stupéfaite. Elle ne comprenait rien à l'injustice de Saint-Bertrand. Lui qui s'était toujours montré si doux avec elle, elle ne l'aurait jamais cru capable d'une telle colère. On eût dit qu'il prenait un cruel plaisir à la faire souffrir dès le début de leur liaison. Cependant, comme elle avait un peu la vertu de l'abnégation, elle ne songea qu'à le calmer.

Il l'entraîna sur la scène, derrière un amas de décors qui projetait une grande ombre sur tout le côté gauche, et, là, regardant bien si personne ne pouvait les surprendre :

— Je vous prie de me pardonner mon emportement, lui dit-il, mais vous savez que je vous aime, et votre indifférence me cause de cruels tourments.

— Mon indifférence ! dit-elle..

Et, comme il ne lui parlait plus, elle reprit :

— Je n'ai jamais prié M. Gaskell de rester chez moi quand vous y êtes ; mais j'ai pour lui la plus grande estime, la plus sincère affection, et je ne puis le renvoyer. Vous dites que je réponds à peine quand on me parle. C'est bien à vous plutôt que ce reproche pourrait s'adresser. Pourquoi, depuis cinq jours, n'êtes-vous pas venu me voir ?

— Eh ! ce n'est pas vous voir, fit le vicomte subitement adouci, que vous voir en présence d'un tiers !

— Ne serait-ce pas plutôt, répliqua Barberine avec intention, qu'on vous a défendu de retourner chez moi ?

— De qui donc voulez-vous parler ?

— D'une personne qui, à ce qu'il paraît, à ce qu'on m'a dit du moins, n'est pas sans se croire des droits sur vous.

— Personne, que vous, n'a de droits sur moi, Barberine.

— Oh ! moi !...

— Mais je vous le jure.

— Quoi! même pas...?

— Qui?

— Une comtesse.

Sur ce mot, le vicomte s'emporta de nouveau.

— Qui vous a parlé de cette personne? s'écria-t-il. C'est encore Gaskell, n'est-ce pas? Cet homme-là doit être terriblement amoureux de vous, car il me hait de tout son cœur. Eh bien, il vous a fait un mensonge. Il est allé chercher dans mon passé, pour nous brouiller, je ne sais quelle aventure terminée depuis plus de six mois. Quels mensonges vous a-t-il faits encore?

Barberine était embarrassée, car, se rappelant les médisances de Gaskell, sa conscience lui disait que le vicomte avait touché juste. C'est pourquoi elle ne répondit pas à sa question.

— Tenez, reprit Saint-Bertrand, ne vous en rapportez point à moi. Vous allez entrer au foyer, n'est-ce pas? Eh bien, interrogez le premier de mes amis que vous rencontrerez. Demandez-lui si j'ai dit vrai. La personne dont Gaskell vous a parlé a quitté la France et n'y reparaîtra jamais.

Et, sa voix s'adoucissant de nouveau, il ajouta :

— Y reviendrait-elle d'ailleurs, qu'importe? Je n'aime que vous, Barberine. Je n'ai jamais aimé que vous.

Il lui avait repris les mains. Elle soupirait.

— Que je voudrais vous croire! murmura-t-elle.

— Croyez-moi! s'écria-t-il, car je suis sincère.

Elle lui serra la main.

— Vous viendrez me voir demain, n'est-ce pas?

Le vicomte secoua la tête.

— Non, dit-il tristement.

— Mais alors nous ne nous verrons donc plus? Où nous verrons-nous?

— Le soir, à l'Opéra, si vous voulez.

Elle fit une petite moue de dépit; mais, rencontrant les yeux du jeune homme, elle ne put s'empêcher de rougir. Son regard avait une inquiétante expression où le désir et la résolution se mêlaient de façon étrange.

Tout à coup on entendit résonner les premières notes de l'orchestre. Barberine voulut s'échapper; mais Saint-Bertrand la retint, et, comme elle ne se défendait pas, il la serra sur son cœur.

Quand il entra dans sa loge, le vicomte fut accueilli par un bruyant éclat de rire.

— Qui vous rend donc si joyeux? demanda-t-il à ses amis.

— Ton habit, lui répondit-on.

Le fait est que les revers de l'habit de Saint-Bertrand étaient tout couverts de poudre de riz.

Deux jours après, il attendit encore Barberine au passage, et cette fois, comme la première, il se montra, en lui parlant, tour à tour irrité et caressant. Elle lui demanda de nouveau s'il ne viendrait pas chez elle, et, de nouveau, il répondit non. Barberine, ce soir-là, ne le perdit pas un moment de vue en dansant. Aussi dansa-t-elle d'une façon un peu incorrecte.

Enfin le jour où elle devait danser pour la dernière fois arriva. Saint-Bertrand, avant le ballet et pendant l'entr'acte, lui parla longuement dans la coulisse. Il avait l'air de la supplier, et elle semblait interdite. Au moment où le rideau s'abaissa, vers minuit, comme Gaskell se dispo-

sait à suivre Barberine dans sa loge, il se vit tout à coup
entouré par un groupe de machinistes qui traînaient derrière eux un long décor, et, comme, en même temps, les
rampes de gaz s'éteignirent dans les frises, il se jeta de
côté, vers la porte de la loge du directeur, afin de n'être
pas renversé dans l'obscurité. Pendant ce temps, Barberine
avait quitté la scène et s'était dirigée vers le couloir qui
mène, d'un côté aux loges des artistes, et, de l'autre, à la
porte de sortie aboutissant au passage de la rue Drouot.
Un homme l'attendait à l'angle de la scène et du couloir.
Dès qu'il la vit arriver, marchant vite, et tout échauffée
par la danse, les cheveux défaits, haletante, les épaules en
sueur, il se jeta sur elle, l'enveloppa des pieds à la tête
dans une sorte de domino de soie noire, rabattit le capuchon de ce domino sur son visage et l'entraîna derrière
lui. Une foule énorme de comparses, de machinistes, d'employés du théâtre se dirigeant vers le passage, les entourait si bien, que personne ne les reconnut. Barberine avait
fait d'abord un mouvement de résistance ; puis, paralysée
par l'émotion, elle s'était abandonnée. Un coupé stationnait devant le passage. Le cocher, guides en main, se tenait
prêt à toucher son cheval, et le groom maintenait la portière de la voiture toute grande ouverte. Saint-Bertrand
s'y jeta avec Barberine, le groom s'élança sur le siége, et
le cheval partit à fond de train. Trois minutes plus tard, la
sylphide, laissant tomber son manteau, apparut, éblouissante et honteuse dans le salon blanc et rose de la rue
Saint-Georges. Saint-Bertrand souriait. En ce moment, il
l'adorait. Aussi la rassurait-il de son mieux.

Le lendemain, vers midi, comme le vicomte prenait une

tasse de thé dans son cabinet, son valet de chambre lui remit une carte de visite. Le vicomte se leva, garda la carte dans la main, et se dirigea vers le salon. Gaskell l'y attendait. Le malheureux impresario avait vieilli de dix ans en une nuit. Saint-Bertrand fut effrayé de l'air de souffrance étendu sur son visage. Il y avait une résignation douloureuse et presque de la majesté dans son attitude; et le bord de ses yeux était rouge comme s'il eût longuement pleuré.

Dès qu'il vit entrer Saint-Bertrand, il lui dit :

— Monsieur le vicomte, je désire parler à Barberine.

Saint-Bertrand, qui ne s'attendait point à tant de douceur, fut pris au dépourvu.

— Pourquoi cela? murmura-t-il.

Gaskell sourit tristement.

— Parce que je pars, monsieur le vicomte, que je ne reviendrai probablement jamais en France, et que je dois lui faire mes adieux.

Saint-Bertrand demeurait muet et rêveur. Gaskell ajouta :

— Je vous prie, laissez-moi la voir. Vous n'avez rien à craindre de cette entrevue. D'ailleurs, vous y assisterez, si vous voulez.

Saint-Bertrand retrouva enfin sa présence d'esprit.

— Je vais la prévenir, répondit-il; asseyez-vous, monsieur Gaskell.

Une minute après, il rentra dans le salon, donnant le bras à Barberine. La danseuse, confuse et pâlie, portait un costume du matin très-élégant, mais qui n'avait point été fait pour elle. Gaskell, en l'apercevant, se leva, et voulut l'embrasser au front; mais elle se précipita dans ses bras, et ils s'étreignirent convulsivement.

Saint-Bertrand s'était assis dans un fauteuil. Barberine et Gaskell prirent place, en face de lui, sur un canapé. La danseuse essuyait ses yeux et ne disait rien. L'impresario, quand il eut calmé son émotion, lui prit la main.

— Ma chère enfant, lui dit-il, je ne te ferai pas de morale. Je n'en ai pas le droit. Je sais, mieux que personne, qu'on ne raisonne pas quand on aime. D'ailleurs, il est trop tard pour que j'essaye de dessiller tes yeux. A mes conseils, tout paternels et dictés, crois-le bien, par le souci de ton bonheur, tu as préféré ceux de ta mère. C'est bien. Je n'ai rien à dire. Puisses-tu ne le regretter jamais !

Barbérine détournait le visage. Quant au vicomte, il tenait sa main gauche ouverte et renversée dans la paume de sa main droite, et paraissait examiner ses ongles avec la plus grande attention. Mais son regard, passant pardessus le bout de ses doigts, allait de temps à autre interroger le visage de Gaskell. L'impresario ne s'en effrayait pas.

— Je suis venu te faire mes adieux, reprit-il ; je pars ce soir.

— Mon Dieu ! pourquoi voulez-vous partir ? s'écria Barberine.

— Veux-tu donc que je sois témoin de ton bonheur ?

Barberine baissa la tête.

Il continua :

— Comme je vais très-loin d'ici ; que, d'ailleurs, je ne suis plus jeune, — ici une expression d'amertume contracta ses lèvres, — il est probable que nous ne nous reverrons jamais, mon enfant.

Barberine ne le laissa point achever.

— C'en est trop ! Je ne veux pas de cela ! s'écria t-elle.
Gaskell dit :

— Tu oublies que tu as perdu le droit de m'imposer ta
volonté.

— Mais enfin, reprit la danseuse, qui vous oblige à partir ? Ce n'est pas bien à vous. Vous me faites beaucoup de
chagrin.

— Je t'en ferais bien plus en demeurant, répondit Gaskell. Non, reprit-il, il le faut, et ma décision est irrévo-
cable.

Barberine se tordit les mains en levant les yeux.

Gaskell ajouta :

— Tu n'as plus besoin de moi. Te voilà lancée, accep-
tée. Désormais, pour peu que tu aies d'esprit de conduite,
ton avenir est assuré. Cependant, comme il faut tout prévoir, si jamais le malheur t'atteint, si quelque peine, trop
vive pour que tu puisses la supporter seule... — ici son
regard alla chercher celui de Saint-Bertrand — enfin, si
quelque douloureux événement te remet ton vieil ami en
mémoire, écris-moi. Adresse ta lettre à New-York, poste
restante. Je reviendrai.

Barberine pleurait en se cachant la face dans les mains.

— Maintenant, reprit l'impresario de la même voix
douce et posée, nous allons faire nos comptes.

Barberine leva la tête. Saint-Bertrand baissa les yeux.

L'impresario tira une liasse de papiers de sa poche.

— Depuis trois ans que dure notre association, dit-il,
tu as gagné cent vingt mille francs. Nous en avons
dépensé soixante mille. Restent soixante mille francs.
Les voici.

Disant cela, il lui mit un paquet de billets de banque sur les genoux.

Mais Barberine s'était levée.

— Qu'est-ce que cela veut dire? s'écria-t-elle. Vous me donnez cela, à moi? Vous ne me devez rien. Il avait été convenu que vous vous chargeriez de toutes nos dépenses, et que tout ce que je gagnerais, pendant trois ans, vous appartiendrait...

— Je ne l'ai jamais entendu ainsi, répondit simplement Gaskell.

— Mais ma mère!... fit Barberine.

— Ta mère m'accusait de t'exploiter, dit Gaskell. Je suis heureux de te prouver le contraire.

— Mais cela n'est pas juste! reprit Barberine. Pendant ces trois années, sans vous, sans vos conseils, je ne serais jamais parvenue à gagner le quart de cette somme. C'est à vous que je dois mon talent...

— Tu ne le dois qu'à toi-même. Mes conseils étaient peu de chose et ne méritent pas d'être rémunérés. Au surpius, ce n'est point une proposition que je te fais; c'est une volonté que je t'impose.

— Mais qu'allez-vous devenir, sans argent? demanda la jeune fille.

— Je possédais une vingtaine de mille francs quand je te rencontrai à Varsovie. Je les ai conservés. Cette somme est plus que suffisante à un vieux bonhomme comme moi. D'ailleurs, je vais reprendre les affaires.

Barberine était atterrée. Elle voulut parler encore; mais l'impresario, se levant, lui mit la main sur la bouche.

— Et maintenant, dit-il, embrasse-moi, mon enfant.

Barberine se laissa tomber dans ses bras.

— Vous vous vengez bien cruellement! lui dit-elle.

Gaskell ne répondit rien. Il embrassa la jeune fille avec effusion, à plusieurs reprises. On voyait luire dans ses yeux la satisfaction du devoir accompli, et il suffisait de regarder le visage de Saint-Bertrand, pour rencontrer le conraste le plus pénible.

— Soyez heureux, monsieur le vicomte, dit tout à coup l'imprésario.

Et il lui tendit bravement la main.

Puis, quand il eut serré cette main, il s'élança dehors.

Mais son courage l'abandonna sur le palier. Et ce fut en pleurant qu'il se dit:

— Je suis un vieux fou! Quelle apparence y avait-il qu'elle pût me préférer à ce jeune homme!

FIN D'UN DÉBUT A L'OPÉRA.

TABLE

FIN DE LA TABLE

Poissy. — Typ. S. LEJAY ET Cⁱᵉ.